DuMont Schnellkurs

20. JAHRHUNDERT

Martina Langer-Plän

DUMONT

Impressum

Umschlagvorderseite von links nach rechts und von oben nach unten:
Albert Einstein, Foto von Arthur Sasse, 1951; Josephine Baker, um 1926; Explosion der ersten Wasserstoffbombe, Eniwetok-Atoll, 1.11.1952; Adolf Hitler; Jahreswechsel 1989/90, Brandenburger Tor; Che Guevara, Foto von Alberto Korda, 1960; Diana, Prinzessin von Wales, bei einem Wohltätigkeitsdinner in Sydney 1996; Edwin E. Aldrin auf dem Mond, 21.7.1969

Umschlagrückseite von links nach rechts:
Der Dalai-Lama; Martin Luther King, 1963.

Seite 2
Französischer Atomtest auf dem Mururoa-Atoll, 1972

Die Deutsche Bibliothek - CIP-Einheitsaufnahme

Martina Langer-Plän:
20. Jahrhundert / Martina Langer-Plän. - Orig.-Ausg. -
Köln : DuMont-Literatur-und-Kunst-Verl. 2002
(DuMont-Taschenbücher ; 532 : DuMont-Schnellkurs)
ISBN 3-8321-5573-2

Originalausgabe

Redaktion und Lektorat: Lioba Waleczek, Rolf Weiss, Köln
Druck und buchbinderische Verarbeitung: Editoriale Lloyd

Printed in Italy ISBN 3-8321-5573-2

DuMont Schnellkurs

20. JAHRHUNDERT

Martina Langer-Plän, geboren 1960, studierte Geschichte und Germanistik. Derzeit ist sie wissenschaftliche Angestellte am Lehrstuhl für Didaktik der Geschichte der Universität Regensburg.

DuMont Schnellkurs

Inhalt

Vorwort

Über das 20. Jahrhundert besitzen wir mehr Informationen aus allen Regionen der Erde als über jedes Jahrhundert zuvor. Für keinen anderen Zeitraum gibt es so reichhaltige und vielgestaltige Quellen und eine solche Fülle an Forschungsthemen. Damit die wesentlichen Informationen zum Thema in verständlicher und übersichtlicher Form präsentiert werden können, zumal im Rahmen eines „Schnellkurses", ist vor allem Mut zur Lücke zu zeigen. Stehen hier doch oft nur wenige Zeilen für Sachverhalte zur Verfügung, die ganze Bibliotheken füllen können. Es muss demnach vor allem eine gut begründete Auswahl der entsprechenden Ereignisse, Personen, Strukturen und Entwicklungen getroffen werden. Wichtigstes Kriterium ist in diesem Zusammenhang sicherlich deren jeweilige weltpolitische Bedeutsamkeit, wie sie in den Urteilen der verschiedenen Historiker erfasst wird. Noch ein weiteres Problem stellt sich dem Geschichtswissenschaftler, wenn er sich einer Zeit zuwendet, die nahe an die Gegenwart heranreicht: Er soll Entwicklungen und Ereignisse beurteilen, auch wenn diese vielleicht noch gar nicht abgeschlossen oder detaillierter Forschung zugänglich sind. Noch deutlicher als bei ferneren Epochen können hier subjektive Anschauungen und Werthaltungen aufgrund der eigenen Verwobenheit in die Ereignisse Einfluss auf die Darstellung gewinnen.
Aus diesen Gründen ist der vorliegende „Schnellkurs" auf eine multiperspektivische Sicht der Dinge angelegt. Wo immer möglich, werden verschiedene Perspektiven – z.B. nationale und ethnische, parteipolitische und ideologische – und die aus ihnen resultierenden unterschiedlichen Urteile berücksichtigt. Dass die Darstellung insgesamt einem (west-)europäischen Geschichtsverständnis folgt, sei daher ausdrücklich angemerkt.

Regensburg, Mai 2002

Das Jahrhundert von „Auschwitz und Disneyland“ – Zeitalter der Extreme?

Ein Jahrhundert in seiner Gesamtheit zu betrachten, ist ein schwieriges Unternehmen. Leider halten sich die historisch besonders bedeutenden Ereignisse und Entwicklungen nicht an die vom Menschen gewählte Gliederung der Zeit: Veränderungen und Neuanfänge datieren eben nicht im Jahr 100, 1000 oder 2000. Vielmehr liegen diese Markierungen häufig quer zum Gang der Geschichte, wobei es uns oft erst in der Rückschau gelingt, die besonderen Merkmale der jeweiligen Epochen herauszuarbeiten. Historikern gilt das 20. Jahrhundert als „kurz“: Man lässt es mit dem Beginn oder dem Ende des 1. Weltkriegs, als deutlichem Abschluss vieler Entwicklungen des 19. Jahrhunderts, beginnen und mit dem Zusammenbruch des Ostblocks im Jahr 1989 enden, da zu diesem Zeitpunkt der die Weltordnung beherrschende Ost-West-Konflikt endet.

Zu Beginn des 20. Jahrhunderts prägten Pferde, die man auch bei öffentlichen Verkehrsmitteln einsetzte, das Straßenbild …

Problematischer ist es, für dieses 20. Jahrhundert eine einheitliche Bezeichnung zu finden. Bilden der Aufstieg Amerikas und das Ende der europäischen Vorherrschaft die entscheidenden Merkmale? Ist es das Jahrhundert der Technik, der Raumfahrt, der Kommunikation – oder der Völkermorde, der Vertreibungen, der Atombombe?

Das 20. Jahrhundert war ohne Zweifel das bewegteste in der bisherigen Menschheitsgeschichte. Der Historiker Eric Hobsbawm nennt es das „Jahrhun-

… Knapp 70 Jahre später war es bereits möglich, auf dem Mond einen „Spaziergang“ zu unternehmen.

Immer wieder kommt es im 20. Jahrhundert in den so genannten Entwicklungsländern zu Hungerkatastrophen – wie hier im Sudan 1993. Häufig treten sie in und nach Kriegen oder Grenzkonflikten auf.

dert der Extreme“ bzw. – drastisch formuliert – das Jahrhundert „von Auschwitz und Disneyland“. Treffend drückt Hobsbawm damit aus, wie sehr dieses Jahrhundert von Gegensätzen und extremen Entwicklungen gekennzeichnet ist: Die Zahl der demokratisch geführten Staaten nahm ungemein zu, die Menschenrechte wurden weltweit institutionalisiert und deutlicher geachtet und verteidigt, mehr Menschen als je zuvor in der Geschichte der Menschheit lebten in Wohlstand. Technische Errungenschaften erleichterten Leben und Arbeiten, die Kommunikation zwischen den Angehörigen verschiedener Nationen, ja selbst Kontinenten wurde zeitgleich möglich, Verkehrsmittel überwanden in wenigen Stunden Entfernungen, die zuvor nur in Wochen oder Monaten zu bewältigen waren. Aber auch brutalste Terrorregime und Diktaturen prägen das Bild dieses Jahrhunderts; Menschen verachtender Ideologien wegen verloren Millionen ihr Leben. Die Zivilbevölkerung wurde zum erklärten Ziel militärischer Angriffe, und rassistische Auswüchse, die Benachteiligung von

Ein Tiefpunkt des Jahrhunderts, unvorstellbares Grauen: Die millionenfachen Morde in den Vernichtungslagern (wie hier in Bergen-Belsen) stellen eines der entsetzlichsten Verbrechen des Jahrhunderts dar.

In den reichen Ländern gibt es Nahrungsüberfluss. Ob exquisite Süßigkeiten wie hier in einem berühmten Wiener Café, ob Fisch, Fleisch, Wurst, Gemüse, Obst, ob Exotisches oder regionale Produkte – alles ist erhältlich.

Frauen, Kinderarbeit und Sklaverei hinterlassen weiterhin ihre Spuren in der Weltgeschichte. Eine unglaubliche Bevölkerungsexplosion – von 2 Milliarden Menschen im Jahr 1930 wuchs deren Zahl auf inzwischen 6 Milliarden an – und massive Landflucht führen – vor allem in den so genannten Entwicklungsländern – zu immer mehr Armut und Hunger. Zum Ende des 20. Jahrhunderts verfügten zwischen 700 und 800 Millionen Menschen nicht über genügend Nahrungsmittel. Erneut sind Seuchen und andere Krankheiten weltweit auf dem Vormarsch, den Fortschritten der Medizin zum Trotz.

Auch die politische Geschichte des 20. Jahrhunderts war von gewaltigen Veränderungen geprägt und brachte u.a. das Ende der europäischen Vormachtstellung, den Aufstieg neuer Supermächte wie der USA, der Sowjetunion, Chinas und Japans, zunächst die Teilung der Welt in zwei Blöcke und schließlich den Zerfall des Ostblocks sowie den Gewinn staatlicher Souveränität ehemals kolonialisierter Völker. Viele Probleme der Gegenwart und Zukunft wurzeln in der Geschichte des 20. Jahrhunderts. Nur wer diese Geschichte kennt, kann die überkommenen Schwierigkeiten und Konflikte verstehen und entsprechend handeln.

Ein Höhepunkt des Jahrhunders, Triumph der Gerechtigkeit – nach 26 Jahren politischer Haft wird Nelson Mandela am 11.2.1990 von Staatspräsident Frederik Willem de Klerk entlassen. Das Ende der mit einer Vielzahl menschenunwürdiger Maßnahmen verknüpften Rassentrennung (Apartheidspolitik) deutet sich an.

Das Erbe des „langen" Jahrhunderts

Das 19. Jahrhundert wird von Historikern auch als das „lange" Jahrhundert bezeichnet, denn die charakteristischen Entwicklungen setzen bereits 1789 mit der Französischen Revolution ein und erfahren erst mit dem 1. Weltkrieg die wesentlichen Änderungen und Brüche. Was das 19. Jahrhundert prägte, ist in vielerlei Hinsicht auch zur Grundlage des 20. geworden, und dementsprechend wurzeln viele seiner Probleme in dieser Zeit. Manche von ihnen sind bis heute ungelöst geblieben. Folgende Entwicklungen des 19. Jahrhunderts wirkten sich besonders nachhaltig auf das 20. aus:

Technisierung und Industrialisierung nehmen hier, im „Jahrhundert des Fortschritts", ihren Ausgang und werden im 20. Jahrhundert in bislang ungekannter Weise fortentwickelt. Des weiteren verzeichnen die für allgemeine bürgerliche Gleichheit und Volkssouveränität streitenden Demokratiebewegungen im Anschluss an die Französische Revolution und im Zuge des nachfolgenden Jahrhunderts zunehmend Erfolge. Die Ursprünge des Sozialismus wiederum, der die Welt des 20. Jahrhunderts entscheidend prägte, liegen in den Lösungsansätzen zur sozialen Frage, die sich im 19. Jahrhundert unübersehbar stellte.

Eine prägende Kraft des 19. Jahrhunderts war der Nationalismus. Die Idee der Selbstbestimmung, die Forderungen nach politischer Partizipation und sozialer Gerechtigkeit – Gedanken, die sich seit der amerikanischen und der Französischen Revolution in der westlichen Welt verbreiteten – waren eng mit der Vor-

Industrialisierung:
Durch den wissenschaftlich-technischen Fortschritt wandelte sich die Agrargesellschaft in eine Industriegesellschaft. In Europa, z. B. in Großbritannien, setzt dieser Prozess etwa im letzten Drittel des 18. Jhs. ein, in Deutschland dagegen erst im 19. Jh. Neue Techniken werden eingeführt, die Arbeit mechanisiert und die Produktion erhöht.

Sozialismus:
Die weit verbreitete Armut im 19. Jh führte zur Vorstellung einer Gesellschaft, in der Gleichheit, Solidarität und Gerechtigkeit herrschen. **Karl Marx** und **Friedrich Engels** entwickelten eine Theorie, wonach der Kapitalismus so viele Probleme mit sich bringe, dass er schließlich scheitern und einer letztlich kommunistischen Gesellschaft weichen müsse, in der wiederum sämtliche Produktionsmittel Gemeineigentum wären. Der Marxismus wurde u. a. von Lenin weiterentwickelt und zur Grundlage des sowjetischen Sozialismus.

Karl Marx (Trier 1818 – London 1883). „Ein Gespenst geht um in Europa, das Gespenst des Kommunismus" – so beginnt das berühmte, 1848 erschienene Manifest der Kommunistischen Partei.

stellung von der Nation und dem Nationalstaat verknüpft. Das so genannte Nationalgefühl, das als ein wesentlich in gemeinsamer Sprache und Kultur wurzelnder „gemeinschaftlicher Geist“ begriffen wurde, spielte im Hinblick auf die nun einsetzende Entstehung zahlreicher Nationalstaaten eine bedeutsame Rolle. Im letzten Drittel des 19. Jahrhunderts allerdings entwickelte sich der Nationalismus zu einer Ideologie, derzufolge die eigene Nation bzw. das eigene Volk absolut gesetzt wird. Zu weiten Teilen wurde die Politik dieser Jahre – das Zeitalter des Imperialismus – von nationalistischen Erwägungen bestimmt. Sowohl die europäischen Großmächte als auch die USA und Japan waren bestrebt, die Welt durch den Gewinn von Kolonien unter sich aufzuteilen. Daran wird deutlich, dass der Glaube an die vermeintliche Überlegenheit der eigenen Nation u. a. dazu diente, die Unterwerfung und Ausbeutung der Kolonien zu rechtfertigen. Die Erweiterung der eigenen Herrschaftsgebiete wurde das vorrangige Ziel der beteiligten Mächte, die sich einen aggressiven Wettlauf um Gebiete in Afrika, Südostasien und Ozeanien lieferten. Nicht zuletzt hier liegen die Ursachen für zahlreiche Konflikte, die insbesondere zu Beginn des 20. Jahrhunderts mehrfach schwere Krisen heraufbeschworen und schließlich auch zum Ausbruch des 1. Weltkriegs beitrugen.

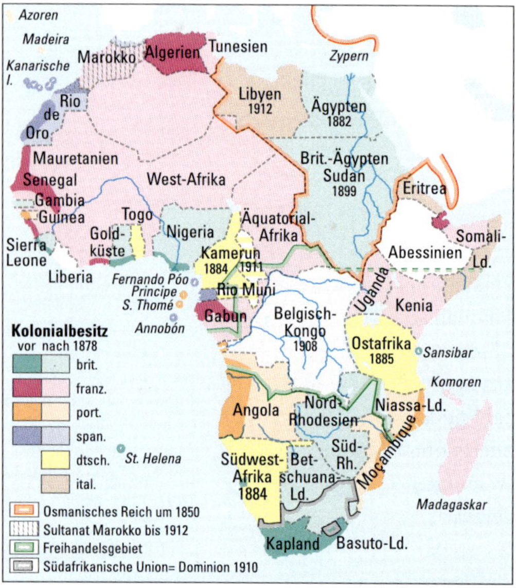

Die Karte zeigt die fast vollständige Aufteilung Afrikas unter den europäischen Kolonialmächten vor 1914.

Nationalismus und Imperialismus wirken in das 20. Jahrhundert fort: Im Faschismus, im Nationalsozialis-

So wie hier ein Aufseher der belgischen Kongokolonie sah sich der „weiße Mann“ fast überall als „Herr“ über die als minderwertig betrachteten „Eingeborenen“.

mus und im so genannten Sowjetimperialismus begegnen die furchtbaren Entstellungen eines an sich selbst irre gewordenen Nationalismus. Dennoch ist die Überzeugung, dass das Glück vor allem in einem Nationalstaat zu finden ist, bis heute weit verbreitet. Dies zeigt sich an der hohen Zahl neuer Staatsgründungen am Ende des 20. Jahrhunderts und an den zahlreichen von nationalistischen Bewegungen geschürten ethnischen Konflikten der Gegenwart.

Auch wenn im Laufe des 20. Jahrhunderts viele der Kolonien selbständige Staaten wurden, so sind doch bis heute die Folgen von Unterdrückung und Abhängigkeit hinsichtlich der wirtschaftlichen, gesellschaftlichen und politischen Verhältnisse vielfach zu spüren.

John D. Rockefeller (1839–1937), der Gründer der Standard Oil Company und des Standard Oil Trust (1882), mit dem 95% aller Raffineriegeschäfte der USA kontrolliert wurden. Rockefeller symbolisiert den Aufstieg der USA zur führenden Industriemacht und galt lange als der reichste Mann der Welt.

Die neuen Weltmächte: USA und Japan

Im Zusammenhang mit dem Wiederaufbau (Reconstruction) des nach dem Sezessionskrieg (1861–1865) stark zerstörten Landes entwickelten sich die Vereinigten Staaten innerhalb von nur zehn Jahren zur wirtschaftlichen Großmacht. Dazu trug vor allem auch der breit angelegte Ausbau der transkontinentalen Eisenbahnlinien bei. Amerika wurde aufgrund zahlreicher Erfindungen zum Vorreiter des technischen Fortschritts. Banken und Börse florierten. 1900 war die amerikanische Industrieproduktion ihrem Umfang

Symbolisch steht auf diesem amerikanischen Wahlplakat von 1896 der Präsidentschaftskandidat William McKinley auf einer Dollarmünze und bringt so die wachsende Bedeutung der US-Wirtschaft zum Ausdruck.

nach größer als die Leistung von Großbritannien, Frankreich und Deutschland zusammengenommen. Gewaltige industrielle Imperien, große Kauf- und Versandhäuser sowie die ersten Ladenketten entstanden. Allerdings blieben die Arbeits- und Lebensbedingungen in dem durch hohe Einwanderungszahlen charakterisierten Land für weite Bevölkerungskreise noch lange schlecht.

Gegen Ende des 19. Jahrhunderts greifen die USA in die Welt hinaus, gewinnen Gebiete und Einfluss, u.a. auch in Lateinamerika. Der amerikanische Imperialismus zeigt sich in erster Linie als rigorose Durchsetzung wirtschaftlicher Interessen in den jeweils abhängigen Staaten und wurde deshalb auch „Dollarimperialismus“ genannt. Trotz des isolationistischen Grundzugs der amerikanischen Politik – man scheute davor zurück, sich in die Angelegenheiten Europas einzumischen – befanden sich die USA auf dem Weg zur Großmacht. So engagierten sie sich etwa bei Kolonial-Konflikten in Ostasien und entwickelten sich zu einem mächtigen Rivalen Japans. Mit dem Eintritt in den 1. Weltkrieg wird erstmals sichtbar, dass die USA mit dem Ende des 19. Jahrhunderts ein wichtiger Faktor der Weltpolitik geworden waren. Im 20. Jahrhundert entwickelten sie sich zur „Supermacht“ schlechthin.

Japan war bis in die 2. Hälfte des 19. Jahrhunderts durch Politik, Sprache und Kultur weitgehend von der Außenwelt isoliert gewesen. Nach einer politischen Revolution 1868 lag die Macht in den Händen einer neuen Elite, die im Hinblick auf politische, ökonomische und militärische Belange westliche Prinzipien aufgriff, um so dem Land eine bedeutende Stellung in der Welt zu verschaffen. Es folgte eine rasante Verwestlichung in nahezu allen Bereichen des zivilen und politischen Lebens. Die Entwicklung eines landesweiten Banken- und Währungssystems und der Aufbau eines leistungsfähigen Transport- und Kommunikationswesens legten die Grundlage für ein geradezu spektakuläres Wirtschaftswachstum. Trotz des Mangels an Rohstoffen stieg Japan zum Beginn des 20. Jahrhunderts als erste nicht-westliche Nation zu einem modernen und mächtigen Industriestaat auf. Aufgrund der begrenzten geographischen Ressourcen und des enormen Bevölkerungswachstums reihte sich auch Japan im letzten Jahrzehnt des 19. Jahrhunderts in die Reihe jener Mächte ein, die in kolonialer Expansion die Lösung ihrer Probleme sahen, und wurde – wie etwa die Konflikte mit Russland zeigen – zu einem beachtenswerten Faktor der Weltpolitik.

Seit dem 17. Jahrhundert hatte sich Japan wirtschaftlich und kulturell von anderen Ländern weitgehend isoliert. 1853 erreichten vier Schiffe der US-Marine das heutige Tokio. Der Kommandant M. C. Perry überbrachte die Aufforderung zur Aufnahme von Handelsbeziehungen mit den USA. Dies war der erste Anstoß für die bald darauf erfolgende Öffnung des gänzlich in seinen Traditionen verharrenden Staates.

Der Erste Weltkrieg

Eine neue Qualität des Krieges

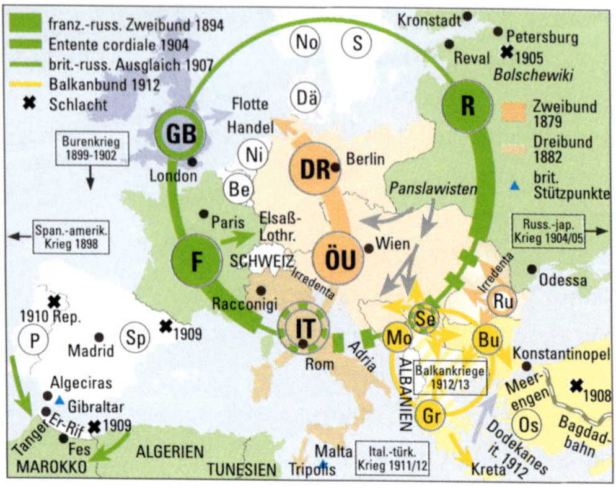

Ein kompliziertes System von Bündnissen kennzeichnet die europäische Politik vor dem 1. Weltkrieg. Den Mittelmächten Österreich-Ungarn und Deutschland standen Frankreich, Russland und Großbritannien gegenüber.

„The Great War"

Der 1. Weltkrieg oder, wie er von den englischsprachigen Zeitgenossen genannt wurde, „The Great War", trägt in sich bereits die Züge einer neuen Zeit: Er war der erste Krieg, in den Regionen auf der ganzen Welt involviert waren. Die so genannten Mittelmächte Deutschland und Österreich-Ungarn und ihre Verbündeten (Osmanisches Reich und Bulgarien) kämpften gegen die so genannten Alliierten, d.h. die Entente aus Russland, Frankreich und Großbritannien, auf deren Seite sich Serbien, Belgien, Italien, Rumänien, Portugal, Japan, die USA, Griechenland und China einreihten. Da die Kolonien und Herrschaftsbereiche der Großmächte in den Konflikt miteinbezogen wurden, führte dies zu Kriegsschauplätzen an den unterschiedlichsten Orten der Welt. Auch die fortgeschrittene Industrialisierung und Technisierung veränderte das Kriegsgeschehen: Maschinengewehre, motorisierte Fahrzeuge, Panzer und Luftschiffe sowie der Einsatz von Massenvernichtungswaffen (Giftgas) eröffneten neue militärische Möglichkeiten. Die Bilanz des Krieges war furchtbar: Mit 10 Millionen Gefallenen gewann die Zahl der Toten ein bislang ungekanntes Ausmaß, das galt gleichermaßen für die Zahl der Verwundeten, die Schäden an Häusern, Fabriken, Straßen und Eisenbahnen. Auswirkungen hatte das Kriegsgeschehen auch auf die Wirtschaft der europäischen Großmächte: Kriegswirtschaftliche Maßnahmen, enorme Verschuldung und Raubbau zeitigten weit über das Kriegsende hinausreichende Folgen. Neu und für das 20. Jahrhundert kennzeichnend, war die Art und Weise der Ideologisierung des Krieges: Nicht nur die Soldaten, auch die Zivilbevölkerung wurden in eine hasserfüllte Kriegspropaganda miteinbezogen. Die darin zum Ausdruck kommenden Gedanken zirkulierten allerdings schon in den Vorkriegsjahrzehnten – insbesondere in nationalistischen Kreisen – und sollten noch lange das Leben der Völker mitbestimmen.

Die Ursachen

Was den Ausbruch des 1. Weltkriegs tatsächlich verursacht hat, wird unter Historikern bis heute kontrovers diskutiert. Manche weisen Deutschland die Hauptschuld zu, andere begnügen sich mit der Feststellung, dass die Politiker der beteiligten europäischen Mächte einem geradezu teuflischen Mechanismus nicht mehr zu widerstehen vermochten und man gewissermaßen in den Krieg hineingeschlittert sei.

Auch die Zivilbevölkerung wurde an der hasserfüllten Kriegspropaganda beteiligt. Lieder, Gedichte, Postkarten etc. zielten auf die Verunglimpfung des Gegners, Vorurteile und Hass wurden bewusst geschürt.
Selbst kleine Kinder bezog man hierbei ein, wie dieses Bild aus dem 1914 erschienenen Bilderbuch „Das Volk steht auf" zeigt.

Unbestritten sind die tiefer liegenden Ursachen für den Kriegsausbruch. Der jahrzehntelange Kampf um die Vormachtstellung in Europa und der Wettlauf um die Kolonien wie auch der zunehmende Nationalismus hatten zu einer äußerst angespannten Lage zwischen den europäischen Großmächten und tiefem Misstrauen selbst zwischen Bündnispartnern geführt. Gerade auch der politische und wirtschaftliche Aufstieg Deutschlands nach dem Krieg mit Frankreich 1870/71 zur Großmacht bzw. dessen aggressiv betriebene Weltpolitik sowie die nach Abdankung des Reichskanzlers Bismarck veränderte Bündnispolitik unter Wilhelm II. schürten gewaltige Ängste bei den Nachbarn. Dies führte u. a. zu engeren Zusammenschlüssen zwischen England, Frankreich und Russland (Entente Cordiale 1904 und Triple-Entente 1907). In Deutschland selbst, das sich als „verspätete" Nation betrachtete und deshalb immer an Minderwertigkeitsgefühlen litt, wurden hierdurch wiederum Ängste vor einer „Einkreisung" und einem Angriffskrieg durch die feindlichen Nachbarn geweckt. In allen europäischen Ländern strebte man nach Sicherheit, in manchen auch nach Erhöhung des Machtpotentials. Dies bedingte letztlich eine erhöhte Kriegsbereitschaft, die sich in verstärkten Rüstungsanstrengungen zu Lande und zu Wasser niederschlug.

In bestimmten Regionen – auch in den Kolonien – traten in der Vorkriegszeit anlässlich unterschiedlicher Krisen die schwelenden Konflikte besonders deutlich zutage: Einer dieser gefährlichen Konfliktherde war die Balkanhalbinsel, deren Gebiete – die zum zerfallenden Osmanischen (Türkischen) Reich gehörten – schon lange Gegenstand vor allem österreichisch-ungarischer und russischer Interessen waren. Die 1908 erfolgte Annexion Bosniens und der Herzegowina durch Österreich erwies sich als wesentlicher Schritt auf dem Weg zum Krieg. Das von Russland unterstützte Serbien nämlich sah durch Österreichs Vorgehen seine Pläne zur Vereinigung der südslawischen Völker unter seiner Herrschaft massiv behindert. Es verwundert nicht, dass aus diesem Konflikt schließlich auch der unmittelbare Anlass für den Kriegsausbruch resultierte.

Der Ausbruch

Im Juni 1914 besuchten der österreichische Thronfolger Franz Ferdinand und seine Ehefrau die bosnische Hauptstadt Sarajewo und wurden dort von dem Studenten Gavrilo Princip im Auftrag einer nationalistischen serbischen Geheimorganisation bei einem Attentat ermordet. Auch wenn die Sachlage sich zum damaligen Zeitpunkt nicht gänzlich klären ließ, war man in Österreich davon überzeugt, dass die serbische Regierung hinter dem Attentat steckte. Am 23. Juli stellte Österreich-Ungarn, dem nach vergeblichen Verhandlungen mit Serbien uneingeschränkte Unterstützung von Seiten des Deutschen

Der Attentäter von Sarajewo, Gavrilo Princip, wird festgenommen. Er gehörte einer nationalistischen serbischen Organisation an.

Reiches zugesichert wurde – dies ist wichtig im Hinblick auf die Schuldfrage – Serbien ein Ultimatum. Darin wurden auch Forderungen gestellt, die deutlich in die serbische Souveränität eingegriffen hätten. Serbien, das seinerseits für den Kriegsfall mit russischer Unterstützung rechnen durfte, beantwortete das Ultimatum zwar fristgerecht, erfüllte aber nicht alle österreichischen Forderungen und machte gleichzeitig mobil. Österreich erachtete das Ultimatum als abgelehnt und erklärte Serbien, trotz mehrfacher Vermittlungsversuche von verschiedenen Seiten, am 28. Juli den Krieg. Die darauf folgende russische Mobilmachung am 30. Juli betrachteten die Deutschen als Bündnisfall und machten ebenfalls mobil. Am 1. August erklärte man Russland den Krieg, am 3. August schließlich Frankreich, das gleichfalls bereits mobil gemacht hatte. Die Verletzung der belgischen Neutralität durch Deutschland wiederum führte zum Kriegseintritt Großbritanniens. Ein Prozess war in Gang gekommen, der im Lauf der nächsten Monate und Jahre auch den Kriegseintritt der weiteren Verbündeten der Entente und der Mittelmächte nach sich zog, bis schließlich fast ganz Europa und große Teile der Welt in das Geschehen verstrickt waren. Neutral blieben in Europa lediglich die skandinavischen Staaten, die Niederlande, die Schweiz und Spanien.

Der Kriegsverlauf bis 1917

Je wahrscheinlicher der Krieg wurde, desto mehr entbrannte in breiten Bevölkerungsschichten der Länder Europas eine ungeheure Kriegsbegeisterung. Der Andrang von Freiwilligen war enorm. Auf allen Seiten – auch in den politischen und militärischen Führungskreisen – glaubte man, der Krieg werde von kurzer Dauer sein. „Weihnachten sind wir wieder zu Hause", hieß es bei allen. Doch dies sollte sich als schwerwiegender Irrtum herausstellen.

Gemäß dem so genannten „Schlieffen-Plan" von 1905 wollten die Deutschen durch einen raschen Vorstoß nach Westen die französische Armee von Norden her

Bertha von Suttner (1843–1914), die Begründerin der Deutschen Friedensgesellschaft und Friedensnobelpreisträgerin des Jahres 1905, äußerte bereits 1913 Befürchtungen, dass es zum Ausbruch eines großen Krieges kommen werde: „Die europäische Situation wird immer ärger. Und ich finde das richtige Wort nicht, das ich so gerne in diesen Niagaramordslärm hineinschreien möchte ... Im Ganzen scheint es mir, daß sich der große europäische Kladderadatsch vorbereitet. Wie soll so viel gesätes Unkraut nicht aufsprießen, so viel aufgehäuftes Pulver nicht explodieren, Trägheit, Gleichgültigkeit, dumpfes Gehenlassen sind die Komplizen des Eifers, den die Bösen und Dummen entfachen." Am 28. 6. 1914, sieben Tage nach ihrem Tod, fand das Attentat in Sarajewo statt. Während ihrer letzten Tage rief sie – im Delirium – immer wieder den Titel ihres berühmten Werkes: „Die Waffen nieder".

Noch jubeln die Soldaten – wie hier in einem Zug aus München. Der Glaube an den schnellen Sieg erweist sich schon bald als schwerer Irrtum. „Die Bevölkerung wurde vom Kriegsfieber gepackt. In sämtlichen Hauptstädten schrie sie nach dem Sieg“, beschrieb der britische Premierminister David Lloyd George die Situation.

umfassen und vernichtend schlagen, um daran anschließend die militärischen Kapazitäten so weit als möglich der Ostfront zuzuführen. Dabei wurde mit einem Durchmarsch durch Belgien, bei dem es zu Massakern an der Zivilbevölkerung kam, bewusst die Verletzung von dessen Neutralität in Kauf genommen. Weder den Deutschen noch den Franzosen gelang jedoch der erhoffte rasche Durchbruch. Bereits mit der Marneschlacht (September 1914) trat – trotz einiger Erfolge auf beiden Seiten – ein Stillstand ein. Die Front erstarrte von der Nordseeküste bis zur Schweizer Grenze – ein jahrelanger Stellungskrieg begann, der gewaltige Verluste an Menschenleben und Material forderte. In den „Materialschlachten“ bei Verdun und an der Somme 1916 beklagten beide Seiten insgesamt über eine Million Tote – erzielten jedoch keine militärischen Fortschritte.

Im Osten wurden die nach Ostpreußen eingerückten russischen Truppen in den Schlachten bei Tannenberg und an den Masurischen Seen von den Mittelmächten wieder zurückgedrängt, Lemberg und Ostgalizien gingen jedoch verloren. 1915 gelang es, das russische Heer aus Galizien, Polen und Kurland zu drängen, Serbien zu erobern und damit eine Landverbindung zur Türkei herzustellen. Auch nach dem Kriegseintritt des ehemaligen Bündnispartners der Mittelmächte, Italien (1915), sowie Rumäniens (1916) auf Seiten der Alliierten verbesserte sich deren Situation im Osten nicht. Mit Ausnahme Griechenlands gelangte ganz Südosteuropa in die Hand

Die Karte zeigt die rasch erstarrte Front im Westen und die Gebietsgewinne im Osten und Südosten.

der Mittelmächte. Die erste „Brussilow-Offensive“ der russischen Armee (1916) erbrachte dieser ebenfalls keine strategischen Vorteile, doch führten die großen Verluste zu einer immer stärker spürbar werdenden Demoralisierung des russischen Heeres. Bis 1917 blieb der Frontverlauf im Osten im Großen und Ganzen unverändert.

Unterdessen gewann der Krieg zur See eine besondere Bedeutung. Vor allem der U-Bootkrieg, in dessen Verlauf Deutschland als Reaktion auf die britische Blockade auch Handelsschiffe beschoss, trug – zumindest indirekt – zur Kriegsentscheidung bei. Die 1915 erfolgte Versenkung des Passagierdampfers Lusitania, der auch Munition befördert hatte, wirkte sich wegen des Todes von 139 amerikanischen Staatsbürgern unter den über 1000 toten Zivilisten in bedeutsamer Weise auf die Stimmung in den bislang dem Krieg ferngebliebenen USA aus.

Epochenjahr 1917 – die weltgeschichtliche Wende

Das Jahr 1917 wird als weltgeschichtliche Wende begriffen, gilt aber auch als eine Epochengrenze, mit der das 20. Jahrhundert begonnen habe. Erste weltgeschichtlich bedeutsame Ereignisse deuten an, dass es die beiden Großmächte USA und Russland sein werden, die den Verlauf der politischen Geschichte dieses Jahrhunderts maßgeblich bestimmen. Von entscheidender Bedeutung war zunächst der Kriegseintritt der USA. Deren Präsident Woodrow Wilson hatte sich bereits 1914 entsprechend der bis dahin vorherrschenden Haltung der USA, sich nicht in europäische Angelegenheiten zu mischen (Isolationismus), für die strikte Neutralität der Vereinigten Statten ausgesprochen. Im Laufe des Krie-

Das Bild zeigt gefallene deutsche Soldaten zu Beginn einer Offensive an der Westfront.

Über viele Monate zog sich die **Schlacht von Verdun** hin, in der hunderttausende Soldaten ihr Leben verloren. Auch kam es im Verlauf der Kämpfe zu enormen Materialverlusten, ohne dass militärisch bedeutsame Ergebnisse erzielt wurden. In seinem weltberühmten Roman „Im Westen nichts Neues“ (1928) beschreibt der deutsche Schriftsteller Erich Maria Remarque die schreckliche Situation in den Schützengräben während des jahrelangen Stellungskriegs an der Westfront, bei dem erstmals auch biologische und chemische Waffen in großem Umfang eingesetzt wurden: „Ein überraschender Gasangriff rafft viele weg. Sie sind nicht dazu gelangt, zu ahnen, was ihrer wartete. Einen Unterstand voll finden wir mit blauen Köpfen und schwarzen Lippen. In einem Trichter haben sie die Masken zu früh losgemacht; sie wußten nicht, daß sich das Gas auf dem Grunde am längsten hält; als sie andere ohne Maske oben sahen, rissen sie sie auch ab und schluckten noch genug, um sich die Lunge zu verbrennen. Ihr Zustand ist hoffnungslos, sie würgen sich mit Blutstürzen und Erstickungsanfällen zu Tode.“

Der Demokrat **Woodrow Wilson** (1856–1924) war der 28. Präsident der Vereinigten Staaten. Nach mehreren erfolglosen Versuchen, die europäischen Parteien zum Friedensschluss zu bewegen, sahen sich die USA schließlich doch zum Kriegseintritt gezwungen. In seiner Kriegsbotschaft vom 2.4.1917 formulierte Wilson die mit dem Kriegseintritt der Amerikaner verknüpften Vorstellungen: „Wir haben keine eigenen Ziele, denen wir dienen. Wir verlangen nach keiner Eroberung, keiner Herrschaft. Wir sind lediglich einer der Vorkämpfer für die Rechte der Menschheit."

ges gewannen jedoch zum einen die engen historischen und kulturellen Bindungen an England und Frankreich, zum zweiten die wirtschaftlichen Verflechtungen als wichtigster Gläubiger der Alliierten sowie zum dritten die Vorstellungen von einer demokratisch und humanitär gefestigten friedlichen Weltordnung immer mehr Bedeutung. Mehrfache Verletzungen der Neutralität und schließlich die Erklärung des uneingeschränkten U-Boot-Krieges durch das Deutsche Reich weckten in den USA Befürchtungen, ein von den Mittelmächten dominiertes Europa werde dem Miteinander der Staaten und den Ideen von Freiheit und Demokratie entgegenstehen. Im April 1917 traten die USA in den Krieg ein und trugen – nach anfänglichen Schwierigkeiten – durch den Einsatz von rund anderthalb Millionen Soldaten 1918 nicht nur zum Sieg der Alliierten, sondern in dessen Folge auch entscheidend zur Gestaltung einer neuen politischen Ordnung bei.

Das zweite einschneidende Ereignis des Jahres waren die politischen Ereignisse in Russland: Im Laufe des Krieges hatten sich dessen innenpolitische Probleme durch das Versagen des zaristischen Regimes erheblich verstärkt. Die mangelhafte Versorgung der Bevölkerung und der zudem schlecht ausgestatteten Truppen, aber auch die großen Verluste bis 1915 führten zu unhaltbaren Zuständen und im Februar 1917 zu Aufständen, gegen die einzuschreiten sich die Truppen in St. Petersburg weigerten. Damit war die Regierung entmachtet. Ein Ausschuss des Parlaments, der „Duma", ernannte sich zur „Provisorischen Regierung" und erreichte die Abdankung des Zaren. Doch verfolgte die aus bürgerlichen Liberalen gebildete Regierung gänzlich andere Zielsetzungen als die der notleidenden Arbeiter und Bauern. Überall entstehende Arbeiter- und Soldatenräte und unterschiedlichste sozialistisch orientierte Bewegungen kämpften gegen die „Provisorische Regierung". Als taktische Maßnahme ließ die deutsche Regierung im April den Bolschewikenführer Wladimir Iljitsch Uljanow, genannt Lenin, aus dem schweizerischen Exil nach Russland bringen.

Man hoffte, dadurch dem Gegner den entscheidenden Schlag zuzufügen. Doch erst im Zuge der so genannten Oktoberrevolution und in den darauf folgenden Wochen konnten die Bolschewiki, ausgehend von St. Petersburg und Moskau, die Macht in Russland erringen.

Am 15. Dezember 1917 schloss die bolschewistische Regierung mit dem Deutschen Reich einen Waffenstillstand, der im März 1918 schließlich zum Sonderfrieden von Brest-Litowsk führte. Dabei nahmen die Bolschewiki auch von Deutschland geforderte harte und demütigende Reparationsleistungen für Russland in Kauf, denn nur ein Frieden konnte ihre Machtübernahme sichern, die als Beginn der proletarischen Weltrevolution bzw. als Vorschein des künftigen Weltfriedens angesehen wurde. Für die Mittelmächte bedeutete dies, dass im Osten militärische Kräfte frei wurden und in Frankreich eingesetzt werden konnten.

Lenin wirbt um Unterstützung für den Krieg gegen Polen. Wladimir Iljitsch Uljanow (1870– 1924) – seit 1901 **Lenin** genannt – war bereits als Student Anhänger der revolutionären Bewegung. Nach mehrjähriger Verbannung (Ostsibirien) emigrierte er 1900 in den Westen, wo er seine Ideen einer „revolutionären Kaderpartei" (als „Vorreiter des Proletariats") zur Schaffung eines sozialistischen Staates entwickelte. Nach der Teilnahme an der russischen Revolution von 1905 emigrierte er im Dezember des Jahres erneut. 1912 wurde der von Lenin geführte Flügel der russischen Sozialdemokaratie (Bolschewiki) als selbständige Partei anerkannt. Nach den Aufständen im Februar wurde Lenin im April 1917 mit Hilfe der deutschen Regierung nach Russland eingeschleust und dort zur zentralen Figur der Oktoberrevolution.

Das Kriegsende

Trotz einer im März gestarteten Großoffensive der Mittelmächte blieb der erhoffte Durchbruch an der Westfront aus. Die erschöpften Deutschen sahen sich am 18. Juli einer Gegenoffensive der Alliierten gegenüber, die inzwischen durch die amerikanischen Truppen erheblich verstärkt waren. Die Lage wurde für die Mittelmächte schließlich aussichtslos. Nach langem Zögern unterbreitete die deutsche Regierung am 3. Oktober dann ein Waffenstillstandsangebot. Auch die österreichisch-ungarische, die bulgarische und die türkische Armee mussten sich geschlagen geben und schlossen Waffenstillstandsabkommen. Vom 8.–11. November fanden bei Compiègne die Waffenstillstandsverhandlungen zwischen dem Deutschen Reich und den alliierten Mächten statt, die den Krieg endgültig beendeten.

Am 11.11.1918 wurde im Wald von **Compiègne** der **Waffenstillstand** unterzeichnet.
Der französische Marschall Ferdinand Foch diktierte die Waffenstillstandsbedingungen. Die Deutschen mussten aus Frankreich, Belgien, Luxemburg sowie aus dem Elsass und dem linksrheinischen Gebiet abziehen. Auch im Osten mussten sie sich hinter die Grenzen von 1914 zurückziehen.

Ab 13.30 Uhr wurde am 9.11.1918 die **Abdankungserklärung des deutschen Kaisers** in einem Extrablatt verbreitet: „Seine Majestät der Kaiser und König haben sich entschlossen, dem Throne zu entsagen. Der Reichskanzler bleibt noch so lange im Amte, bis die mit der Abdankung Seiner Majestät, dem Thronverzichte Seiner Kaiserlichen und Königlichen Hoheit des Kronprinzen des Deutschen Reiches und von Preußen und der Einsetzung der Regentschaft verbundenen Fragen geregelt sind. Er beabsichtigt, dem Regenten die Ernennung des Abgeordneten Ebert zum

Das Ende der Monarchien

Zeitgleich mit den zur Niederlage der Mittelmächte führenden militärischen Entwicklungen nahmen auch einschneidende politische Umwälzungen ihren Anfang. Der Krieg hatte aufgrund seiner langen Dauer vor allem auch für die Zivilbevölkerung spürbare Auswirkungen gehabt. Als sich die Hoffnung auf den schnellen Sieg zerstreute, ergriff weite Teile der Bevölkerung in den beteiligten Ländern eine immer stärkere Unruhe. Vor allem bei den Mittelmächten sorgten die Leistungen, die für Rüstung und Kriegsführung erbracht werden mussten, die enorme Verknappung von Lebensmitteln und anderen Gütern des täglichen Bedarfs sowie weitere Entbehrungen für Kriegsmüdigkeit und allgemeine Unzufriedenheit. Dies wiederum bestärkte den verbreiteten Wunsch nach politischer Erneuerung. Auch der Burgfrieden, den die ansonsten miteinander konkurrierenden politischen Parteien bei Kriegsbeginn in den einzelnen Ländern geschlossen hatten, geriet nun ins Wanken. Innerhalb Deutschlands etwa wuchs vor allem bei den Sozialdemokraten die Zahl derer, die den Krieg ablehnten. Als die drohende Niederlage unvermeidlich schien, brach sich der Widerstand endgültig Bahn. Die Meuterei von Marinesoldaten, die sich Ende Oktober weigerten, noch einmal zu einem Angriff auszulaufen, markiert den Beginn der Revolution im Deutschen Reich. Arbeiter- und Soldatenräte bildeten sich im ganzen Land, der Abdankung des bayerischen Königs folgte am 9. November die des deutschen Kaisers. Der Sozialdemokrat Friedrich Ebert übernahm die Bildung einer Regierung. Deutschland wandelte sich – auch unter außenpolitischem Druck – in den nächsten Monaten von der Monarchie zur parlamentarischen Republik. Verschiedenerorts wurde vergeblich versucht, radikalere Lösungen durchzusetzen. Der österreichisch-ungarische Vielvölkerstaat, der mit dem Tod Kaiser Franz Josephs I. bereits im Jahr 1916 seine Integrationsfigur verloren hatte, zerfiel mit dem Kriegsende unaufhaltsam. Ungarn, die Tschechoslowakei und die Südslawen wurden unabhängig, und am 11. November erklärte Kaiser Karl I. den Regierungsverzicht. Die Habsburger Monarchie wurde ebenso wie der deutsche Nachbar zur Republik. In Ungarn scheiterte – wenn auch erst im Folgejahr – der Versuch der Gründung einer Räterepublik.

Reichskanzler und die Vorlage eines Gesetzentwurfs wegen der Ausschreibung allgemeiner Wahlen für eine verfassunggebende deutsche Nationalversammlung vorzuschlagen, der es obliegen würde, die künftige Staatsform des deutschen Volkes einschließlich der Volksteile, die ihren Eintritt in die Reichsgrenzen wünschen sollten, endgültig festzustellen.
Der Reichskanzler
Prinz Max von Baden".

Friedensschlüsse und die Entstehung neuer Staaten

Im Januar 1919 begannen in Paris langwierige Friedensverhandlungen, an denen 27 siegreiche Nationen teilnahmen. Die Mittelmächte und Russland hingegen waren nicht beteiligt. In Paris stellte sich die unlösbare Aufgabe, Europa nach dem Zusammenbruch der besiegten Staaten und dem Auseinanderfallen des Habsburger und des Osmanischen Reiches zur Zufriedenheit aller neu zu ordnen. Besonders bemerkenswert ist die Anwesenheit des amerikanischen Präsidenten während der sechs Verhandlungsmonate – eine einmalige Angelegenheit in der Geschichte der USA –, die sein großes persönliches Engagement dokumentiert. Sein bereits im Jahr zuvor formuliertes 14-Punkte-Programm sollte in Paris als Grundlage für die zu treffenden Entscheidungen dienen. Wilsons Ziel war es, die europäische Welt nach dem Ende der ohne Volksbeteiligung regierenden Monarchien „safe for democracy" zu machen und damit eine dauerhafte Friedensordnung zu installieren. Das zentrale Anliegen war dabei die Wahrung des Selbstbestimmungsrechts der Völker, was eine besondere Sensibilität bei der Ziehung neuer Grenzen erfordern würde. Die Errichtung eines Völkerbunds sollte zur Stabilisierung und Konfliktregelung beitragen, offene Diplomatie an Stelle der alten Geheimdiplomatie eine demokratisch legitimierte Außenpolitik der Staaten sichern.

Doch die Realität gestaltete sich anders: Wilsons idealistisches Konzept, das ein dauerhaftes friedliches Miteinander der Staaten garantieren sollte, konnte die konkurrierenden nationalen Ansprüche und Vorstellungen der Siegermächte nicht befriedigen. Hier spielten vor allem Großbritannien – vertreten von Lloyd George, der

Am 9.11.1918 um 14.00 Uhr hielt der sozialdemokratische Abgeordnete Philipp Scheidemann von einem Fenster des Reichstagsgeäudes aus eine Rede an die versammelten Massen. Spontan rief er – zum Entsetzen Friedrich Eberts – die deutsche Republik aus, obwohl hierfür noch kein Beschluss der Nationalversammlung vorlag.

Die **Satzung des Völkerbundes** (1920). Art. 8 verlangt die nationale Abrüstung bis zu einem Minimum, das mit nationaler Sicherheit und internationalen Aufgaben vereinbar ist. Art. 11 legt fest, dass jeder Krieg und jede Kriegsgefahr eines einzelnen Mitglieds, den gesamten Bund betrifft. Laut Art. 12 müssen friedensgefährdende Streitigkeiten zwischen den Mitgliedern einem Schiedsgericht vorgetragen werden, dessen Entscheidungen gemäß Art. 13 umzusetzen sind. Nach Art. 16 befindet sich ein Mitglied, das einen Krieg beginnt, automatisch im Krieg mit allen Mitgliedsstaaten des Völkerbundes.

übrigens immer wieder deutsche Positionen zu berücksichtigen bereit war – und Frankreich – vertreten von Clemenceau – die gewichtigsten Rollen, aber auch Italien und Japan erhoben massive Forderungen. Dabei ging es zum einen um die Erfüllung von Kriegszielen, die ja auch Gegenstand verschiedener Geheimverträge gewesen waren, zum anderen um grundlegende Aspekte, wie etwa das berechtigte französische Sicherheitsbedürfnis gegenüber Deutschland. Die ehrliche Überzeugung der Siegermächte, derzufolge das deutsche Reich für den Kriegsausbruch verantwortlich war, wurde von den Deutschen weder verstanden noch geteilt. Unter Protest unterzeichneten sie am 28. Juni 1919 den Versailler Friedensvertrag, der vor allem das Bestreben der Siegermächte deutlich machte, die ihrer Meinung nach von Deutschland ausgehende Gefahr ein für allemal zu bannen. Das Deutsche Reich musste zahlreiche Gebiete abtreten, darunter Elsass-Lothringen, Posen und Westpreußen; in anderen Gebieten wie Oberschlesien und Teilen von Ostpreußen sollten Abstimmungen über die künftige staatliche Zugehörigkeit stattfinden; das Saargebiet wurde für 15 Jahre unter die Verwaltung des Völkerbunds gestellt. Die deutschen Kolonien mussten ebenfalls aufgegeben werden, während die Kohlegruben an Frankreich fielen. Auch in die deutsche Militär-, Außen- und Wirtschaftspolitik griff man massiv ein. In Art. 231 wurde Deutschland als Urheber des Krieges für die Verluste und Schäden verantwortlich gemacht. Über die Höhe der Reparationszahlungen und die damit verbundenen politischen Absichten konnten sich die Siegermächte allerdings auch in den zahlreichen Konferenzen der Folgejahre nicht einigen. Österreich, dem auferlegt wurde, sich keinesfalls mit Deutschland zusammenzuschließen, Bulgarien, Ungarn und die Türkei unterzeichneten eigene Friedensverträge (1919/20). Durch die entsprechenden Vereinbarungen verzeichneten einige Siegermächte erhebliche Gebietsgewinne, Italien etwa gewann Südtirol, das Küstenland um Triest, Triest selbst und Istrien hinzu. Im Verlauf des Krie-

Der britische Premierminister David Lloyd George, der französische Präsident Georges Clemenceau und der amerikanische Präsident Woodrow Wilson auf dem Weg zur **Versailler Friedenskonferenz**

ges und begünstigt durch die Niederlage der Mittelmächte waren in Europa neue selbstständige Staaten entstanden, deren Völker seit langem den Wunsch nach nationaler Eigenständigkeit und Unabhängigkeit hegten: die Tschechoslowakei, Polen und Jugoslawien, als Königreich der Serben, Kroaten und Slowenen, Finnland, die baltischen Staaten, aber auch das als Besiegter geltende Ungarn. Jedoch schuf man in einigen Gebieten durch unterschiedlichste Gebietsarrondierungen zugunsten der Sieger zahlreiche neue Minderheitenprobleme, die die Zukunft der jungen Staaten massiv belasteten und Verletzungen des Völkerrechts darstellten. Als großer Erfolg Wilsons darf die Errichtung des Völkerbunds bezeichnet werden, wenngleich diese Institution kaum echte Handlungsmöglichkeiten besaß und diese zudem durch das Prinzip der Einstimmigkeit erheblich beschnitten wurden.

Die Karte zeigt die Gebietsveränderungen in Mitteleuropa nach dem 1. Weltkrieg.

Art. 231 des **Versailler Vertrages** bezeichnet Deutschland als Verursacher des Krieges: „Die alliierten und assoziierten Regierungen erklären, und Deutschland erkennt an, daß Deutschland und seine Verbündeten als Urheber für alle Verluste und Schäden verantwortlich sind, die die alliierten und assoziierten Regierungen und ihre Staatsangehörigen infolge des ihnen durch den Angriff Deutschlands und seiner Verbündeten aufgezwungen Krieges erlitten haben."

In Deutschland nahm man den Versailler Vertrag vielerorts zum Anlass, Ressentiments gegen die Siegermächte zu schüren und Hassgefühle lebendig zu halten. Eine maßgebliche Verantwortung der deutschen Führung für den Krieg wurde bestritten und die „mildernden" Bestimmungen des Vertrages ignoriert. Gerade auch rechtsextreme Kreise konnten bei ihrer Agitation an dieser weit verbreiteten Einstellung anknüpfen. Dass sowohl in Polen als auch in der Tschechoslowakei Gebiete mit überwiegend deutscher Bevölkerung bei den neuen Staaten belassen bzw. ihnen ausdrücklich zugesprochen worden waren, gab weiteren Anlass, sich nicht mit dem Vertrag abzufinden. Dass Deutschland selbst den Russen kürzlich einen ebenso harten Frieden diktiert hatte, ließ man nun außer Acht. Es kann nicht verwundern, dass sich die Friedensverträge von Paris unter diesen Umständen nicht in der erhofften stabilisierenden Weise auf Europa auswirken konnten.

Die Zwischenkriegszeit

In den beiden Jahrzehnten bis zum 2. Weltkrieg wird die Krise Europas immer deutlicher. Der „Große Krieg" hatte die Grundlagen des weltpolitischen Systems, innerhalb dessen Europa eine Vormachtstellung genossen hatte, gewaltig erschüttert. Durch die Friedensschlüsse von Paris waren die Probleme jedoch nicht gelöst worden. Dass die demokratisch legitimierten Politiker der Siegerstaaten allzu große Rücksicht auf die Stimmung breiterer Schichten, aber auch auf egoistische nationale Interessen nahmen, ließ sie – zur tiefen Enttäuschung Wilsons – keine tragfähige politische Konstruktion für die Zukunft finden. Materielle und psychische Kriegsfolgen, gesellschaftliche und politische Umbrüche, die Auswirkungen der Wirtschaftskrise, die Veränderung des Alltagslebens, der Anbruch des Zeitalters der Massen – auf all dies war man nicht vorbereitet.

In vielen europäischen Ländern wurde die Demokratie durch autoritäre oder totalitäre Regime beseitigt:

1922 Italien (Mussolini)
1923 Bulgarien (Ząnkow) Spanien (Primo de Rivera), Türkei (Atatürk)
1925 Albanien (Zogu)
1926 Polen (Piłsudski) und Portugal (General Gomes da Costa)
1929 Jugoslawien (König Alexander) und Litauen (Smetona/Voldemaras)
1930 Rumänien (Königsdiktatur)
1932 erneut in Portugal (Salazar)
1933 Deutschland (Hitler)
1934 Österreich (Dollfuß)
1934 Estland (Päts) und Lettland (Ulmanis)
1935 Griechenland (General Metaxas)
1936 Spanien zum 2. Mal (General Franco)

Konkurrenz der Weltanschauungen

Bereits während des Krieges deutete sich in zwei weltgeschichtlich herausragenden Ereignissen – dem Kriegseintritt der USA und der russischen Revolution – die für das 20. Jahrhundert bestimmende dualistische Weltordnung der politischen Systeme und Überzeugungen an: Auf der einen Seite stehen die USA, verkörpert durch Woodrow Wilson und dessen leidenschaftliches Eintreten für die Wahrung und Schaffung von Demokratien, auf der anderen Seite steht Lenin als Verkörperung der Hoffnung auf eine kommunistische Weltrevolution. Und noch einer weiteren, wenn auch nicht so langlebigen Kraft, die sich gegen die Demokratie richtet, wächst nach dem Krieg erhebliche Bedeutung zu: dem Faschismus bzw. Nationalsozialismus. Totalitäre Ideologien, Einheitsparteien, Aufhebung der Gewaltenteilung, vollständige Kontrolle aller Kommunikationsmittel und der Wirtschaft sowie Sozialisierung und Verstaatlichung waren die Kennzeichen der entsprechenden linken wie rechten autoritären Systeme.

Die Situation nach Beendigung des Krieges ließ zunächst an einen Sieg der Demokratie glauben, denn sie hatte die größte Ausbreitung der Geschichte erreicht. Viele Monarchien waren von demokratischen Regierungen abgelöst worden. Doch bereits 15 Jahre später hatte sich das Bild grundlegend geändert, die totalitären Bewegungen entfalteten enorme Anziehungskraft, was zur Errichtung der autoritären Systeme führte. Die Demokratie hatte nicht überall die Kraft, im labilen Nachkriegseuropa jene Probleme zu lösen, die mit dem Niedergang bzw. dem Untergang des Deutschen Reichs, Österreich-Ungarns und des Osmanischen Reichs, durch Wirtschaftskrisen, durch kriegsbedingte Verluste und vielfache Enttäuschungen weiter Bevölkerungskreise entstanden. Neben der Schweiz und der jungen Tschechoslowakischen Republik überstanden bis zum 2. Weltkrieg in Europa vorwiegend die konstitutionellen Monarchien mit festem parlamentarischen Rahmen unbeschadet als Demokratien: Großbritannien, die Niederlande, Belgien, Luxemburg, Norwegen, Dänemark und Schweden. Frankreich fand sich dagegen in einer Dauerkrise, es gab zahlreiche Regierungswechsel, nationalistische und halbfaschistische Organisationen setzten den Regierungen zu. 1935 kam eine aus Sozialisten und Kommunisten bestehende Volksfrontregierung an die Macht, die die innere Spaltung des Landes aber nicht überwinden konnte. Von den neuen Staaten, die nach dem 1. Weltkrieg entstanden waren, konnte sich außer der Tschechoslowakischen Republik kein einziger als Demokratie behaupten.

Der Kommunismus hatte dagegen mit der Russischen Revolution erstmals auf Staatsebene einen Erfolg errungen. Nach dem Friedensschluss mit dem Deutschen Reich 1918, der für Russland gewaltige Reparationsforderungen mit sich brachte, hatten Lenin und die von den Bolschewiken gegründete „Russische Kommunistische Partei“ die Diktatur des Proletariats errichtet. Es folgte eine große Enteignungswelle – Vergesellschaftung des Privateigentums an den wichtigen Produktionsmitteln – und der Ausschluss aller ande-

Der Begriff **Totalitarismus** wird vor allem für Herrschaftssysteme verwendet, in denen alle Lebensbereiche vom Staat durchdrungen werden und kein staatsfreier Raum bestehen bleibt. Ursprünglich von Benito Mussolini im positiven Sinne gebraucht, diente der Begriff alsbald zur negativen Kennzeichnung der Systeme bzw. Ideologien wie Nationalsozialismus und Kommunismus. Merkmale sind u. a. Ein-Parteien-System, zentralistisch organisierte Hierarchien (Führer), Ausschaltung jeglicher Opposition, Gleichschaltung aller gesellschaftlicher Gruppen, Kräfte und Organisationen sowie behauptete Gültigkeit des vom Staat vertretenen Gedanken- und Wertesystems, das durch Manipulation und Propaganda durchgesetzt wird.

Der Begriff **Faschismus**, mit dem man ursprünglich die von Mussolini 1919 gegründete Bewegung bezeichnete, wurde später für alle extrem nationalistischen, autoritären Systeme nach dem 1. Weltkrieg verwendet. Einige Theorien erklären seine Entstehung aus Krisensituationen in sich modernisierenden Gesellschaften. Heute wird der Begriff zunehmend verwendet, um ganz allgemein autoritäres politisches Handeln zu kennzeichnen.

Nach der Abdankung des **Zaren Nikolaus II.** wurde seine Familie von September 1917 bis April 1918 u. a. in Westsibirien festgehalten. Danach überführte man sie nach Jekaterinenburg (Ural). Als sich im Verlauf des Bürgerkrieges zarentreue „weiße" Truppen der Stadt näherten, wurde die gesamte Familie von einem Kommando unter Führung der Geheimpolizei „Tscheka" erschossen.

Neue ökonomische Politik (NEP): Die katastrophale Wirtschaftslage in der Sowjetunion zu Beginn der 20er Jahre erforderte dringend Reformen, die Lenin gegen heftigen Widerstand aus der Partei durchsetzte. Die bislang für die – dennoch höchst unzureichende – Versorgung der Bevölkerung erbarmungslos ausgebeuteten Bauern sollten im Zuge der NEP entlastet werden. Die willkürlichen Requisitionen wurden durch eine Naturalsteuer ersetzt; über Überschüsse konnte frei verfügt werden, um so die Bauern von den Vorteilen einer Produktionssteigerung zu überzeugen. Auch dem Kleingewerbe und dem Handel gewährte man Anreize. Hungersnöte gab es dennoch. Erst 1926 erreichten die in der Landwirtschaft erzielten Erträge wieder das Vorkriegsniveau.

ren politischen Parteien aus den Sowjets (den Räten). Die Enttäuschung der Bauern darüber, dass das Land nicht an sie verteilt worden war, wurde von zarentreuen Offizieren benutzt, um im Frühjahr 1918 die von den Alliierten und deutschen Freikorps unterstützten „weißen Armeen" aufzustellen, die gegen die „Roten Armeen" unter Trotzki antraten. Ein Bürgerkrieg folgte, der, verschlimmert durch Missernten und Hungersnöte, Millionen Menschen das Leben kostete. Am 16. Juli 1918 wurde die russische Zarenfamilie ermordet. Erst 1921 hatten die Bolschewiki endgültig gesiegt und die russische Sowjetrepublik wurde mit der Ukraine, Weißrussland, Georgien, Armenien und Aserbaidschan zur Union der sozialistischen Sowjetrepubliken (UdSSR) – die erste kommunistische Großmacht war entstanden.

Die kommunistische Ideologie war jedoch zunächst untrennbar mit der Vorstellung von einer Weltrevolution verbunden. Mit dem Sieg in Russland gewann die bolschewistische Partei als siegreiches Vorbild auch die führende Rolle in der globalen sozialistischen Bewegung. 1919 wurde in Moskau die III. Kommunistische Internationale („Komintern"), ein von der Sowjetunion dominierter Zusammenschluss internationaler sozialistischer Bewegungen, gegründet, der 1920 bereits 124 kommunistische und 31 nichtkommunistische Parteien angehörten. Die Kommunistische Partei der Sowjetunion, wie sie sich seit 1919 nannte, spielte dabei die entscheidende Rolle. Die erwartete Welle der für den Sieg des Sozialismus als notwendig erachteten kommunistischen Revolutionen in Europa bzw. der Welt blieb jedoch aus. Dass sich diese kommunistische Doktrin nicht erfüllte, war aber für den nach Lenins Tod (1924)

– durch brutale Ausschaltung seiner Gegner – in den darauf folgenden Jahren zum Alleinherrscher aufsteigenden Stalin kein Problem. Er sah die Möglichkeit eines „Sozialismus in einem Land" und erzwang in einer „Revolution von oben", die abermals Millionen Menschen durch Terror oder Hunger das Leben kostete, eine Agrarrevolution und die Industrialisierung der Sowjetunion.

Jossif Wissarionowitsch Dschugaschwili, genannt **Stalin**, der „Stählerne", wurde am 21.12.1879 in Georgien geboren (neuere Forschungen nennen den 18.12.1878). Nach dem Besuch eines Priesterseminars wurde er zunächst Mitglied der Sozialdemokratischen Partei (1902) und schließlich des bolschewistischen Zentralkomitees (1912). Mehrfach wurde er vor der Oktoberrevolution verhaftet. Seine totalitäre Diktatur dauerte von 1924–1953. Er konzentrierte alle Macht an der Parteispitze, schaltete durch Terrormaßnahmen alle Abweichler aus, errichtete Arbeitslager und verstärkte die Rolle der Sowjetunion im Weltkommunismus.
Dieses Foto aus dem Jahr 1936, auf dem sich Stalin als liebevolles „Väterchen" präsentierte, wurde in der Sowjetunion zum Kultobjekt. Es zeigt eine Seite des brutalen Diktators, die dieser gerne in der Öffentlichkeit verbreiten ließ. Der Vater des Kindes wurde im Zuge von Stalins Säuberungsmaßnahmen als Volksfeind erschossen.

Eine neue politische Bewegung nahm in Italien ihren Anfang: der Faschismus. Auch hier war die Enttäuschung über das Ergebnis des Krieges – trotz der erheblichen Gebietsgewinne des Königreichs Italien – aufgrund der vorher geweckten unrealistischen Erwartungen groß. Der ehemalige Sozialist Benito Mussolini gewann nun als Führer der „Fasci di Combattimento" (Bünde des Kampfes) großen Einfluss. Italien befand sich wirtschaftlich in einer desolaten Lage, die bürgerkriegsähnliche Zustände hervorrief. Während einer Welle von Streiks und Unruhen bekämpften die Fasci gewaltsam und von staatlicher Seite völlig unbehelligt sozialistische Organisationen und erfuhren von unterschiedlichen Kreisen der Bevölkerung große Zustimmung, weil man sie – im Gegensatz zur liberalen Regierung – als Garanten der Ordnung betrachtete. Als die Sozialisten 1922 zum Generalstreik aufriefen, nutzte Mussolini die Gelegenheit zur Erringung der Macht. König Vittorio Emanuele III. ernannte ihn zum Ministerpräsidenten. Systematisch baute Mussolini in den folgenden Jahren seine Herrschaft aus. Die faschistischen Kampfgruppen wurden ihm als Sicherheitsmiliz unterstellt, ein Wahlgesetz sicherte der PNF, der Partito Nazionale Fascista, die Mehrheit, Gegner bzw. die Opposition wurden mit terroristischen Mitteln aus-

Der italienische Diktator **Benito Mussolini**, 1926; hier zeigt er sich mit seinem Löwenbaby – eine typische Geste, die den pompösen Stil des Faschistenführers verdeutlicht.

geschaltet, die Medien und die Justiz kontrolliert; wer Karriere machen wollte, musste Parteimitglied sein. Zwar blieb die Monarchie erhalten, doch Mussolini hatte unumschränkte Regierungsgewalt.

In Spanien werden die gegensätzlichen Strömungen, die das Klima der Zeit bestimmen, besonders deutlich: Nach einem Militärputsch im Jahr 1923 kehrte das Land 1931 zur Demokratie zurück und die Monarchie wurde abgeschafft. 1936 kam die Volksfront an die Macht, gegen die jedoch mehrere Generäle einen erneuten Putsch anzettelten. In dem folgenden Bürgerkrieg engagierten sich die europäischen Länder entsprechend ihrer herrschenden politischen Ausrichtung. Faschisten, Demokraten und Bolschewisten kämpften gegeneinander, es endete mit dem Sieg General Francos, der bis 1972 regierte.

Wie konnte es dazu kommen?

Wo lagen die Ursachen für die Anziehungskraft der faschistischen und auch der nationalsozialistischen Bewegungen in den jeweiligen Ländern? Die Antworten auf diese Frage fallen unterschiedlich aus. Richtig ist wohl, von einem Ursachengeflecht auf der politischen, der wirtschaftlichen und der gesellschaftlichen Ebene auszugehen. Eines jedoch ist unstrittig: Starke Führer mit breiter Massenwirkung versprachen Sicherheit in unsicherer Zeit, sie wussten Hass, Wut und enttäuschte Hoffnungen zu nutzen, appellierten an Instinkte und Ängste, an alte und neue Vorurteile, schufen Mythen, stärkten das Selbstwertgefühl der einen durch die Abwertung bzw. Ausgrenzung der anderen, suchten über die Medien und durch Massenveranstaltungen ein homogenes kollektives Bewusstsein zu schaffen. Dagegen hatten die Demokratien mit ihren oft quälend langsamen Entscheidungsprozessen zum damaligen Zeitpunkt nur schwer Bestand. Histo-

Pablo Picassos Gemälde „Guernica“, das für den spanischen Pavillon der Weltausstellung von 1937 entstand, bietet auf fast 8 m Länge eine bis heute beeindruckende Anklage gegen Gewalt und Krieg. Guernica, eine spanische Kleinstadt im Baskenland, wurde während des Bürgerkriegs durch einen Angriff der deutschen Legion Condor, die zur Unterstützung der Faschisten in den **Spanischen Bürgerkrieg** eingegriffen hatte, am 26.4. 1937 völlig zerstört. Die deutsche Luftwaffe bombardierte auch andere spanische Städte (u. a. Madrid und Bilbao). Vor allem aber Guernica ist zum Sinnbild für den im 2. Weltkrieg immer wieder praktizierten Terror gegen zivile Ziele geworden. 1645 Menschen starben bei dem Angriff, der am Anfang einer Vielzahl solcher militärisch sinnloser deutscher Militäraktionen stand.

riker ziehen oft das britische Beispiel heran, um zu erläutern, weshalb sich hier die Demokratie – wie ja auch in einigen westeuropäischen und in den skandinavischen Ländern – als stabil erwies. Gerade der unangefochtene Fortbestand der Monarchie mit ihren traditionellen Bindungen und die kontinuierliche Entwicklung des politischen Systems und seiner Parteien seit dem 17. Jahrhundert hatten zu allgemeiner Anerkennung bei den Bürgern geführt und brachten so Beständigkeit und Sicherheit. Radikale Parteien hatten trotz der Wirtschaftskrise keine Chance. In Frankreich war die Entwicklung zur Demokratie revolutionär und sprunghaft gewesen. In den meisten anderen Ländern Europas war sie erst nach dem 1. Weltkrieg entstanden. Hier fehlte das tiefe Vertrauen in die demokratischen Institutionen, woraus die Anfälligkeit für radikale Bewegungen resultierte.

Gesellschaftlicher Wandel – The Roaring Twenties

Der Mythos der „Goldenen Zwanziger“, der „Roaring Twenties“, ist bis heute geläufig. Trotz welterschütternder Wirtschaftskrise, trotz Arbeitslosigkeit, gewaltbereiter politischer Bewegungen und weit verbreiteter Enttäuschung über die Ergebnisse des Großen Kriegs gilt dieses Jahrzehnt der Nachwelt als Synonym für Lebenslust, Aufbruchstimmung und kulturelle Blüte.

In den USA wirkte sich wirtschaftlicher Aufschwung erstmals auch auf breitere Bevölkerungsschichten aus.

Kunst, Musik, Literatur, Theater, Architektur, Film – überall lassen sich mit den **„Goldenen Zwanzigern“** bis heute berühmte Namen verknüpfen (hier nur einige Beispiele): Arnold Schönberg, Igor Strawinsky, George Gershwin, Louis Armstrong, Georg Trakl, Robert Musil, Erich Kästner, Kurt Tucholsky, Else Lasker-Schüler, Rainer Maria Rilke, Thomas und Heinrich Mann, James Joyce, T. S. Eliot, Marcel Proust, Ernest Hemingway, Thomas Wolfe, Eugene O'Neill, Josephine Baker, Buster Keaton, Marlene Dietrich, Greta Garbo

Selbst so genannte Normalverdienende konnten sich nun neueste technische Errungenschaften leisten und die dadurch erreichten Erleichterungen für sich nutzen.

Die Revolutionierung des Alltagslebens durch modernste Haushaltsgeräte und durch Supermärkte nahm damals ihren Anfang. Die wachsende Konsumbereitschaft bestimmte zunehmend soziale Werte und Normen, Freizeit entwickelte sich zum wichtigen Bezugspunkt im Leben der Menschen. Überall – auch in Europa – vermochten Sportveranstaltungen die Massen zu begeistern.

In Europa, das sehr an den Kriegsfolgen litt, hatte, vor allem auch vor dem Hintergrund der Verarmung einst wohlhabender Schichten, das bürgerlich geprägte Wertesystem der Vorkriegszeit keinen Bestand mehr. Standesunterschiede wurden nivelliert, es ergaben sich weithin ungeahnte Aufstiegsmöglichkeiten. Einengende Moralvorstellungen, gerade auch was zwischenmenschliche Beziehungen betraf, legte man ad acta. Feste und Bälle, Tanz und populäre Musik, Kabarett und Variéte wurden zum beliebten Zeitvertreib. Frauen brachen aus alten Rollenmustern aus, Bubikopf, Zigarettenspitze und eine neue, eher lässige Mode avancierten zum Symbol einer beginnenden Befreiung.

Die liebenswert-komische Figur des Tramps in Charlie Chaplins (1889–1977) weltberühmten Filmen der 20er Jahre – wie „Goldrausch“ oder „Lichter der Großstadt“ – traf in besonderer Weise das Lebensgefühl des von der modernen Welt überforderten Menschen.

Das Auto begann seinen ungeheuren Siegeszug um die Welt, die Flugtechnik erreichte mit Lindberghs Atlantikflug 1927 einen ihrer ersten Höhepunkte. In den rasant wachsenden Großstädten bestimmte ein neues, schnelles Tempo das Leben der Menschen. Die neuen Medien (Radio, Kino, Buchklub und Massenpresse) formten die Standards der neuen Massenkultur in erheblichem Maße mit. Vor allem der Film, der sowohl künstlerische als auch populäre Unterhaltung brachte und die Menschen begeisterte, gewann beträchtliche Bedeutung.

Die 20er Jahre markieren auch den Beginn einer neuen Massenbewegung. Freizeitgestaltung wurde für breite Schichten zu einer wichtigen Frage.

In den Künsten machten sich die Brüche der Zeit besonders deutlich bemerkbar, auch wenn viele der oft als schockierend empfundenen Entwicklungen bereits in der Zeit vor dem Krieg ihre Wurzeln hatten. Zwölftonmusik und Jazz, Expressionismus, Bauhaus, Futurismus, Dadaismus etc. sprengten die bislang herrschenden Vorstellungen.

Aber auch Vergangenheitssehnsucht und Krisenbewusstsein sowie Skepsis gegenüber der neuen Zeit wurden zum Ausdruck gebracht. Oswald Spengler etwa verfasste 1918 sein viel gelesenes Werk „Der Untergang des Abendlandes“ und José Ortega y Gasset brachte 1930 das Buch „Der Aufstand der Massen“ heraus.

Das 1927/28 entstandene Triptychon „Großstadt“ von Otto Dix (hier der Mittelteil) ironisiert und entlarvt das Leben der modernen Großstadtbewohner.

Das Gefühl von Zerfall und Bedrohung findet sich in der Kunst nach dem 1. Weltkrieg häufig. In dem Gedicht „Weltende“ drückt Jakob van Hoddis dies meisterhaft aus: „Dem Bürger fliegt vom spitzen Kopf der Hut,/ In allen Lüften hallt es wie Geschrei./ Dachdecker stürzen ab und gehen entzwei,/ Und an den Küsten – liest man – steigt die Flut.“

Stabile Weltordnung – ein scheiternder Traum

Obwohl im ersten Jahrzehnt nach dem Krieg mit zahlreichen Konferenzen und mittels Verträgen versucht wurde, das Zusammenleben der Staaten friedlich zu gestalten, endeten doch alle Bemühungen letztlich in einem neuen Krieg. Die Gründung der ersten internationalen Friedensorganisation – des Völkerbundes – hätte man als ein Hoffnungszeichen für die Zukunft verstehen können. Doch zeigte sich in dessen Schicksal die Brüchigkeit der

Zahlreichen Bündnisse sollten die europäischen Staaten vor Angriffen sichern und die Stabilität aufrechterhalten.

Ruhrkampf: Im Januar 1923 stellte die Reparationskommission gegen die Stimme Großbritanniens fest, dass die deutschen Lieferungen von Holz und Kohle nicht den geforderten Mengen entsprachen. Dies führte in Deutschland zu heftigsten Protesten. Die Reichsregierung beschloss den passiven Widerstand. Alle Reparationsleistungen wurden eingestellt, die Beamten angewiesen, nicht mit den Besatzern zusammenzuarbeiten. Auch der Abtransport von Holz und Kohle wurde gestoppt, woraufhin die Besatzer Zechen und Fabriken stilllegten.

neuen Ordnung. Zum einen fehlte die weltweite Akzeptanz: Die USA etwa waren überhaupt nicht beteiligt, da der Senat den Versailler Vertrag, als dessen Bestandteil die Satzung des Völkerbunds am 10. Januar 1920 in Kraft trat, nicht ratifizierte. Zum anderen blieb das Engagement des Völkerbunds bei allen Konflikten der Zwischenkriegszeit letztlich erfolglos. Auch erste Ansätze zur Gründung einer europäischen Union fanden keine Resonanz, ebenso wenig wie die pazifistischen Bewegungen breiteren Zuspruch erhielten. Die USA spielten in den Folgejahren, wenngleich im Hinblick auf die ihr zustehenden Rückzahlungen ihrer Kredite von ihren Verbündeten weiterhin in die Politik der Europäer verstrickt, auf dem alten Kontinent keine aktive politische Rolle.

Hier bestimmten alte und neue Probleme die Situation. Vor allem die aufgrund der Friedensverträge vorgenommenen Grenzziehungen führten wegen der damit einhergehenden Gebietsverluste bzw. der so entstehenden ethnischen Minderheiten in zahlreichen Ländern zu massiver Unzufriedenheit bei den jeweiligen Volksgruppen. Der Wunsch nach Rückgewinnung blieb bei den Verlierern bestehen und schwelte drohend im Hintergrund aller politischen Entwicklungen.

Das Gleichgewicht der Mächte hatte sich auf dem Kontinent gravierend verändert. Die Vorkriegsordnung ließ sich nicht wiederherstellen. Frankreich war nach dem Niedergang der Mittelmächte und in Anbetracht des damals noch ungewissen Status des ehemaligen russischen Reiches – das seinerseits durch eine Anzahl kleinerer, teilweise instabiler Staaten von Mitteleuropa getrennt war – nun die dominierende Macht auf dem Kontinent. Vorrangiges Ziel seiner Politik war es, das Land vor dem noch immer gefürchteten deutschen

Nachbarn zu sichern. Aufgrund der finanziellen Abhängigkeit von den USA konnte diesem Sicherheitsbedürfnis nur bedingt genügt werden, da weder Großbritannien noch die USA auf Dauer ein starkes Frankreich und ein schwaches Deutschland wollten, zumal man befürchtete, letzteres könne sich dem Kommunismus öffnen. Auch Frankreichs Besetzung des Rheinlandes 1923 aufgrund unzureichender Kohlelieferungen von Seiten der Deutschen fand nicht ihren Beifall. Frankreich entschloss sich daher, den gefürchteten Nachbarn durch Verträge zu binden, schloss aber auch andere Bündnisse, z. B. mit der Tschechoslowakischen Republik und Polen.

Russland konnte, als einer der großen Verlierer im ersten Jahrzehnt nach dem Krieg und aufgrund der innenpolitischen Vorgänge, zunächst nicht seine traditionelle Rolle als Hegemonialmacht spielen. Dass Teile seines ehemaligen Staatsgebietes nun zu unabhängigen Staaten geworden waren, die die Sowjetunion geographisch vom Westen trennten, wurde misstrauisch betrachtet, man vermutete hier ein eventuelles Aufmarschgebiet der Westmächte. Vor allem das erheblich vergrößerte Polen, dessen östliche Provinzen nun auch weißrussische und ukrainische Bevölkerungsanteile einschlossen, blieb ein Dorn im Auge. Da im polnischen Westen andererseits auch deutsche Volksgruppen siedelten, trafen sich in der negativen Haltung gegenüber Polen deutsche und russische Interessen. Nachdem immer deutlicher wurde, dass eine kommunistische Revolution in Deutschland oder gar in Europa – und damit die Überwindung des kapitalistischen Staatensystems – aussichtslos war, zielte die Sowjetunion nunmehr darauf ab, dort den Status quo zu erhalten. Ihr unmittelbares Interesse wandte sich nun Asien zu, wo man in dem durch den Versailler Vertrag schwer enttäuschten China einen möglichen Kandidaten für den Kommunismus erkannte. Mit Deutschland, das man als Gegner der Westmächte betrachtete, wurden wirtschaftliche und militärische Abkommen getroffen.

Deutschlands Außenpolitik war vor allem vom Kampf gegen die Bestimmungen des Versailler Vertra-

Der unter Leitung des US-Bankiers **Charles Dawes** in London 1924 unterzeichnete Plan bringt Entspannung in die Reparationsfrage. Die deutschen Zahlungen wurden auf jährlich 2,5 Mrd. RM festgesetzt (bis 1928/29), wobei eine Erholung der deutschen Wirtschaft bewirkt werden sollte. Ein US-Darlehen von über 800 Millionen Goldmark wird zur Unterstützung gewährt. Die **Verträge von Locarno** 1925 trugen zur Stabilisierung in Euopa bei. Deutschland, Frankreich, Belgien, England und Italien erklärten in einem „Garantiepakt“ die deutsche Westgrenze für unverletzlich. Damit wurde von Deutschland die Abtretung Elsaß-Lothringens und Eupen-Malmedys anerkannt. Mit Frankreich und Belgien wurden Schiedsabkommen geschlossen, Schiedsgerichte sollten fortan Konflikte klären. Ende 1928 zeichnete sich ab, dass Deutschland weiterhin mit den Zahlungen überfordert war. Der amerikanische Wirtschaftsexperte **Owen D. Young** entwarf einen Plan, wonach erstmals die Laufzeit der Zahlungen begrenzt (bis 1988) und deren Höhe erneut gemindert wurde. Auch die Jahresraten wurden verringert. Zudem beschloss man eine Vorverlegung für die Räumung des Rheinlandes von 1935 auf 1930.

Großbritannien schuf im „British Commonwealth of Nations“ eine Staatengemeinschaft bestehend aus dem Mutterland und den **Dominions** (Kanada, Australischer Bund, Neuseeland, Südafrikanische Union, Irischer Freistaat, Neufundland) – als autonome Gemeinschaften völlig gleichberechtigt, aber durch gemeinsame Treue gegenüber der Krone verbunden.

Irland stand seit Jahrhunderten unter englischer Herrschaft, war aber katholisch geblieben. Im 17. Jahrhundert wurden mehrere große Aufstände niedergeworfen. Im 19. Jahrhundert gab es zunehmend Bemühungen um Unabhängigkeit. 1916 wurde der Osteraufstand in Dublin blutig niedergeschlagen. 1919 errichteten Abgeordnete der Sinn-Féin-Bewegung ein Parlament und eine provisorische Regierung, die Großbritannien jedoch nicht anerkannte, was zu schweren Auseinandersetzungen führte. 1920 gewährte der „Government of Ireland Act“ dem Land begrenzte Autonomie, allerdings wurden sechs nördliche Grafschaften als Nordirland abgetrennt. 1922 trat die Verfassung des Irischen Freistaates in Kraft. 1949 löste sich Irland vollständig vom Commonwealth.

ges gekennzeichnet. Die Förderung der Beziehungen zu Russland wollte man als Warnung an Frankreich und Polen verstanden wissen (Rapallo 1922). Außenminister Stresemann versuchte ab 1923, Deutschland durch wirtschaftliche und gesellschaftliche Bindungen an den Westen und politische Abkommen mit Russland (1926 Berliner Vertrag: Zusicherung gegenseitiger Neutralität, Beistandsabkommen für den Fall eines polnischen Angriffs) im Hinblick auf seine essentiellen Interessen im Gleichgewicht zu halten. Seine Erfolge zeigten sich im Dawes-Plan 1924, dem Vertrag von Locarno 1925, der Aufnahme in den Völkerbund 1926 und dem Young-Plan 1930.

Großbritannien wiederum war durch den Weltkrieg finanziell erheblich geschwächt; das Empire zählte aber nun aufgrund des Gewinns der deutschen Kolonien mehr Einwohner denn je (454 Millionen). Dort lagen auch seine eigentlichen Interessen, weniger in Europa, wo es wie bereits vor dem Krieg, um den Erhalt eines Gleichgewichts der Kräfte bemüht war. Die Völker des Empire hatten im Krieg für Großbritannien kämpfen müssen – daraus waren Erwartungen entstanden, die den sich überall formierenden Unabhängigkeitsbewegungen (von denen die des „zivilen Ungehorsams“ von Mahatma Gandhi in Indien sicher die berühmteste ist) Auftrieb gaben. Ähnliche Entwicklungen ließen sich auch in den französischen Kolonien beobachten. 1926 wurden auf der Imperial conference den Dominions, jenen Staaten, die nun als gleichberechtigte Mitglieder des Empire betrachtet wurden, größere Freiheiten in der Außen- und Verteidigungspolitik zugestanden. Ab 1931 konnten die Beziehungen untereinander und zum Mutterland selbständig geregelt werden. Damit waren jedoch weder die inneren Probleme der Staaten noch die aus der Kolonialzeit resultierenden gelöst.

Im Nahen Osten entstanden nach dem Zerfall des Osmanischen Reiches neue Problemfelder. Längst waren auch hier nationalistische Bewegungen aktiv und im Falle der Türkei, die 1923 von Kemal Pascha (Atatürk) zur Republik erklärt wurde, auch erfolgreich. Das von den Alliierten gegebene Versprechen, eine Herrschaft der Haschemiten (eine der bedeutendsten arabischen Herrschaftsdynastien) in ganz Arabien zu unterstützen, und zwar durch Geheimabkommen zur Aufteilung des arabischen Orients in Einflusszonen und durch die berühmte Balfour-Erklärung, mit der 1917 den Juden die Errichtung einer neuen Heimat in Palästina zugesichert wurde, verkehrte sich allerdings in sein Gegenteil und führte zu einem jahrzehntelang andauernden, erbitterten und hasserfüllten Kampf gegen Engländer und Franzosen. Die bis heute anhaltend feindliche Haltung gegenüber dem Staat Israel hat hierin eine ihrer Wurzeln. Auch im Fernen Osten bestimmten Konflikte zwischen dem erstarkten Japan und dem durch innere Kämpfe erschütterten China das politische Geschehen.

Die Friedensordnung des 1. Weltkrieges hatte also bestehende Probleme nicht gelöst, sondern vielmehr weitere geschaffen. Der Völkerbund erwies sich als tendenziell unwirksames Instrument, während die nationalen Interessen nach wie vor höher eingestuft wurden als die Bemühungen um die Erhaltung des Friedens. Der Weg in den zweiten großen Krieg war bereits gebahnt – die Zeit des Friedens war tatsächlich lediglich eine Zeit zwischen den Kriegen.

Zusammenbruch der Weltwirtschaft

Dass der 1. Weltkrieg auch im wirtschaftlichen Bereich das Ende einer Ära bedeutete, wurde von den Verantwortlichen zunächst nicht gesehen. Die ersten fünf Friedensjahre waren gekennzeichnet durch ernste Depression in einigen Ländern, durch Hyperinflation in anderen und durch allgemeine Verlangsamung der internationalen Wirtschaftsaktivitäten. Dies war allerdings nicht auf einen Produktionsrückgang zurückzuführen. Vielmehr war das einigermaßen effiziente System zum internationalen Austausch von Kapital und Arbeit, Rohstoffen und Fertigprodukten, das in der 2. Hälfte des 19. Jahrhunderts den Übergang der westlichen Welt zu einer internationalen Industrieordnung

In Deutschland kam es 1923 aufgrund der wirtschaftlichen Folgen des Ruhrkampfes zur Hyperinflation. Die Reichsbank druckte zur Deckung des steigenden Geldbedarfs immer mehr Papiergeld. Gleichzeitig sank die Warenproduktion, was zu einer rasanten Geldentwertung führte.
Ein Dollar kostete 1923:

Mai	47 670
Juni	109 996
Juli	353 412
August	4 620 455
Sept.	98 860 000
Oktober	25 260 000 000

Reichsmark. Anfang Novomber lag der Preis für einen Dollar bei 2 193 600 000 000 RM, Mitte des Monats bereits bei 4 200 000 000 000.

ermöglicht hatte, brüchig geworden. Stagnation prägte das Bild der Weltwirtschaft, als sich in der zweiten Hälfte der 20er Jahre schließlich ein leichter Aufschwung abzeichnete, der sich in den USA zum Boom entwickeln sollte.

Die USA – schon 1914 die stärkste Wirtschaftsmacht weltweit – vergrößerten ihren Vorsprung weiter. Während des Krieges erhielten die Alliierten von den USA erhebliche Darlehen, die wiederum wegen der damit getätigten Einkäufe auf dem amerikanischen Markt diesem selbst zugute kamen.

Bis 1929 gaben die USA auf dem Finanzmarkt den Ton an. In Europa waren die von Deutschland zu leistenden Reparationen und die Schulden innerhalb der Entente gegenüber Großbritannien sowie der gesamten Entente gegenüber den USA von großer Bedeutung für die Wirtschaft. Ein besonderes Problem stellten die Reparationsleistungen dar: Gemäß der „Zahlungsfestlegung" von 1921 sollte Deutschland einen (illusorischen) Betrag von 132 Milliarden Goldmark zahlen, dessen Höhe allerdings in dieser Festlegung bereits relativiert war und im Dawes-Plan 1924 erneut verringert wurde. Die USA waren zwar gegen die Reparationszahlungen der Besiegten gewesen, forderten ihre Außenstände bei den Alliierten dagegen unnachgiebig ein. Ab 1921 wurden Ländern, die ihren Zahlungsverpflichtungen nicht nachkamen, keine Kredite mehr gewährt. Deutschland hingegen wurde großzügig gefördert. Ein aberwitziges System entstand: Mit dem von den USA geliehenen Geld bezahlten die Deutschen die Reparationen an die europäischen Alliierten, die damit wiederum ihre Schulden bei den USA beglichen.

Die europäischen Staaten versuchten sich dem ökonomischen System der USA anzupassen. Die Produktion war dort nicht durch politische Regulierungen begrenzt, so dass Überproduktion drohte. Um die Umsätze zu erhöhen, wurde ein für die Banken gewinnträchtiges Kreditsystem entwickelt, das jedoch bei einer Verknappung der Kredite zu einer Katastrophe innerhalb der weithin fremdfinanzierten Wirtschaft führen musste. Dies geschah am 24. Oktober 1929, dem so genannten Schwarzen Freitag – eigentlich ein Donnerstag, aber in Europa erfuhr man erst einen Tag später davon – als die New Yorker Börse zusammenbrach. Die Folge war eine massive Wirtschaftskrise, die sich schließlich auf die ganze kapitalistische Welt auswirkte. Unmittelbar betroffen waren zunächst die lateinamerikanischen Staaten, die den USA Rohstoffe lieferten. Als Amerika in den Jahren darauf verstärkt Kapital zurückrief und gleichzeitig die Einfuhr erschwerte, war davon vor allem Europa betroffen, dessen Wirtschaft ab Ende 1931 zusammenbrach. Die Reaktionen der von Massenarbeitslosigkeit und Verelendung bedrohten Menschen waren unterschiedlich: Es gab Streiks und Proteste in den USA, in Deutschland wuchsen die Stimmengewinne der Nationalsozialisten, während in Großbritannien die Konservativen gestärkt wurden.

Vor der New Yorker Börse strömen die Menschen nach der Nachricht vom Börsen-Crash in Panik zusammen. Spekulationsgeschäfte hatten die Aktienkurse seit 1928 massiv in die Höhe getrieben. Am 24. 10. 1929, einem Donnerstag, wurde ein plötzlicher Sturz der Kurse ausgelöst. Es kam zu Panikverkäufen, auch die Papiere großer US-Gesellschaften fielen um bis zu 40%.

Um die weltweiten Konsequenzen abzumildern, wurden 1931 im Rahmen des so genannten „Hoover-Moratoriums“ zunächst alle Reparationen und die Rückzahlung von Kriegsschulden für ein Jahr ausgesetzt. Dies reichte den Europäern jedoch nicht. Sie stellten die Zahlungen gänzlich ein, was zur Folge hatte, dass sich die USA ab 1934 – unter Präsident Roosevelt – weigerten, Ländern, die ihre Kriegssschulden nicht bezahlt hatten, weitere Kredite zu gewähren. Damit kapselten sie sich nun auch in wirtschaftlicher Hinsicht ab.

Ein gemeinsamer Versuch zur Lösung der weltweiten wirtschaftlichen Krise war damit gescheitert. Auf nationaler Ebene versuchten die Länder durch verschiedene Maßnahmen wie Abwertung und Devisenbewirtschaftung Abhilfe zu schaffen. Europas Staaten liefen Gefahr, geschlossene Handelsstaaten zu werden.

Über Jahrhunderte hin wurde weltweit in etwa das gleiche Pro-Kopf-Einkommen erzielt. Erst im 19. Jahrhundert begannen sich die Verhältnisse zu ändern: Durch die Anhäufung und weltweite Verbreitung von Kapital, durch technischen Fortschritt und veränderte Arbeitsorganisation erhöhte sich in Europa und in den USA der Lebensstandard um das Drei- bzw. Vierfache. Im 20. Jahrhundert steigerte sich das Wachstumstempo in bis dahin ungekanntem Ausmaß und erfasste auch Länder wie Japan, China und Indien. Insbesondere zwei Faktoren werden hier von den Wissenschaftlern als entscheidend genannt: 1) Der rasche Zuwachs an Kapital ermöglicht es, mehr zu investieren, d. h. mehr Maschinen einzusetzen und so die Produktion zu erhöhen. 2) Der technische Fortschritt wiederum führt zu steigender Produktivität bei gleichbleibendem Investitionsvolumen.

Typisch für die Wirtschaft des 20. Jahrhunderts ist es auch, dass sie immer stärker vom Welthandel geprägt wird. Bereits vor dem 1. Weltkrieg hatten die Europäer einen weltweiten Markt etabliert. Grundlage hierfür war die Industrialisierung, die neben Wohlstand allerdings auch Armut und die soziale Frage hervorgebracht hatte. Der 1. Weltkrieg zerrüttete die gesamte europäische Wirtschaft, auch die siegreichen Staaten waren davon betroffen, doch sehen manche Forscher gerade in solchen Konflikten fortschrittliche Impulse

Technologiebörse NASDAQ, Chicago, 2000

am Werk, werden doch vielfach neuen Techniken die Wege geebnet und hemmende Strukturen zerstört.

In den kommunistischen und den national-autoritären bzw. faschistischen Systemen, die nach dem 1. Weltkrieg entstanden, suchte man eigenständige wirtschaftliche Strukturen zu errichten, die weitestgehend der staatlichen Kontrolle unterlagen, was kurzzeitige, aber eben keine dauerhaften Erfolge erbrachte. So erzielte die Sowjetunion mit ihren Fünf-Jahres-Plänen hohe Wachstumsraten, während in Deutschland mit einer auf einen neuerlichen Krieg hin ausgerichteten Wirtschaft die Arbeitslosigkeit beseitigt wurde.

Für die freie Wirtschaft stellten die Weltwirtschaftskrise im Jahr 1929 und die Große Depression, die den Zusammenbruch der Handelsströme bewirkte und das Vertrauen in den offenen Handel zerstörte, gewaltige Einbrüche dar. Der Außenhandelswert weltweit schrumpfte um über 60 Prozent, die Märkte brachen ein und überall errichtete man Einfuhrbarrieren.

Erst nach dem 2. Weltkrieg gelang es allmählich, den Welthandel wieder zu beleben. Unter Führung der USA entstand eine tendenziell offene Weltwirtschaftsordnung, die alle, also auch die besiegten Staaten umfasste und im Zuge der Verwirklichung des Marshallplans in Europa den Grundstein für wirtschaftliche Prosperität legte.

Auch institutionell und durch entsprechende Abkommen wurden die neuen Entwicklungen, die bis in die 80er Jahre des 20. Jahrhunderts vorwiegend die führenden Wirtschaftsnationen betrafen, unterstützt: 1944 wurde der Internationale Währungsfond gegründet; mit dem General Agreement on Tariffs and Trade – Allgemeines Zoll- und Handelsabkommen (GATT) – von 1947 wurde der Weg für den Abbau von Handelsschranken bereitet; die Wechselkurse wurden festgesetzt, Devisenkontrollen allmählich abgebaut.

Während in Europa in der zweiten Hälfte des 20. Jahrhunderts eine ganze Reihe leistungsfähiger moderner Sozialstaaten entstand, die wie die USA ihren Bürgern mehrheitlich einen denkbar hohen Lebensstandard garantierten, trifft dies für die so genannten Entwicklungsländer nicht zu. Seit den 70er Jahren fordern sie eine Neuordnung der Weltwirtschaft, bei der ihre Belange stärker berücksichtigt werden. Doch haben es auch einige dieser Länder und viele der so genannte Schwellenländer zu einem beachtlichen Wirtschaftswachstum gebracht.

Seit dem Zerfall des Ostblocks 1989 folgt die Weltwirtschaft in ihrer Gesamtheit wieder marktwirtschaftlichen Prämissen und findet sich somit in einer Situation, wie sie bereits vor 100 Jahren bestand, allerdings auf einem erheblich höheren Niveau: Der Wohlstand ist größer und weiträumiger gestreut, eine Welthandelsorganisation wacht über den internationalen Handel, während die Bedeutung des Goldes im Hinblick auf die Stabilität der Währungen zurückgegangen ist. Indessen ist die Kluft zwischen den ärmsten und den reichsten Nationen ins schier Unermessliche gewachsen.

Eine der meistdiskutierten Entwicklungen zum Ende des 20. Jahrhunderts ist die Globalisierung, also die zunehmende weltweite Vernetzung von Märkten, deren Kennzeichen etwa die große Bedeutung internationaler Finanzmärkte, der umfassende Welthandel und die zunehmend internationale Ausrichtung vieler Unternehmen ist. Sie löst bei vielen Menschen Ängste aus, weil man befürchtet, dass sich Krisen rascher verbreiten, internationaler Konkurrenzdruck spürbarer wird, keine Schutzmechanismen für nationale Anliegen mehr gegeben sind und die multinationalen Konzerne sich nahezu jeder Kontrolle entziehen.

Griff nach der Weltmacht: Deutschland und der Nationalsozialismus

Auch Deutschland gehörte zu jenen Ländern, in denen sich die neu errichtete Demokratie nach dem 1. Weltkrieg nicht bewähren konnte, obwohl sie durchaus länger als in vielen anderen Ländern, wie etwa Italien, Bestand gehabt hatte. Dass die Demokratie in diesen Jahren in Deutschland völlig chancenlos war, kommt einer unzulässigen Vereinfachung gleich. Doch hatte sie von Anfang an mit zahlreichen Schwierigkeiten zu kämpfen: Zum einen kam die Niederlage im Krieg für viele völlig unerwartet. Der Versailler Vertrag und die Zuweisung der Verantwortung für den Ausbruch des Krieges, die daraus resultierende Verpflichtung zu Reparationsleistungen und die Gebietsverluste wurden weithin als Schande empfunden, die das Entsetzen über die Niederlage noch verstärkte. Enttäuschung, Hass- und Rachegefühle vergifteten das öffentliche Klima und schufen den Nährboden für radikale politische Gruppierungen. Von linker Seite kritisierte man die Gründung der Weimarer Republik als Verrat der Sozialdemokratie an der Arbeiterklasse, von rechter Seite wurde die Niederlage als Ergebnis eines Verrats der Linken am Vaterland und die Demokratie als von außen erzwungen dargestellt. Ständig sah sich die junge Republik in den ersten Jahren massiven Angriffen (Putschversuche, Aufstände und Attentate) ausgesetzt.

In den 20er Jahren stabilisierte sich die wirtschaftliche Situation, nicht zuletzt wegen der hohen amerikanischen Kredite und Investitionen, die die Höhe der Reparationszahlungen übertrafen. Stresemann erzielte große außenpolitische Erfolge im Hinblick auf die Wiedereingliederung Deutschlands in die Völkergemeinschaft. Dennoch konnten die radikalen Kräfte nach Stresemanns Tod in Folge der Weltwirtschaftskrise, vor allem wegen der enormen Arbeitslosigkeit, eine breite Masse für das antidemokratische Lager gewinnen, zumal mehrere Regierungen nacheinander scheiterten und die Reichskanzler jeweils zurücktraten. Der Glaube der Konservativen, Hitler bzw. seine Partei, die NSDAP,

Weite Verbreitung – vor allem durch rechtsgerichtete Propaganda – fand die so genannte **Dolchstoßlegende**. Danach war – wie entgegen den historischen Tatsachen dargestellt wurde – die Niederlage im 1. Weltkrieg nicht der militärischen Führung anzulasten, sondern durch politische Fehlentscheidungen und vor allem durch die Sozialisten und Pazifisten verursacht worden. Der „im Feld unbesiegten Truppe" sei hinterrücks der Dolch in den Rücken gestoßen worden. Vor allem die Novemberrevolution 1918 wurde so als eigentliche Ursache der Niederlage dargestellt.

Terror durch rechtsradikale Gruppen:
Ermordet wurden u. a.: Rosa Luxemburg und Karl Liebknecht (15. 1. 1919); Kurt Eisner, bayerischer Ministerpräsident (21. 2. 1919); Matthias Erzberger, ehemaliger Reichsfinanzminister (26. 8. 1921) Außenminister Walter Rathenau (24. 6. 1922).

Umsturzversuche:
Kapp-Putsch (13.–17. 3. 1920
Putsch der Schwarzen Reichswehr (1. 10. 1923)
Hitlerputsch (8./9. 11. 1923)

durch eine Beteiligung an der Regierung für die eigenen Zwecke ausnutzen zu können, erwies sich als ungeheure Fehleinschätzung. Als der 85-jährige Reichspräsident Paul von Hindenburg auf Ratschlag des Exkanzlers von Papen am 30. Januar 1933 Hitler zum Reichskanzler berief, war das Schicksal der Weimarer Republik besiegelt.

Der „Stosstrupp-Hitler München" war eine der SA-Abteilungen, die sich beim Hitler-Putsch (8./9. 11. 1923) am „Marsch auf die Feldherrnhalle" beteiligten

Die Errichtung der Diktatur

Die Reichstagswahlen vom 5. März fanden bereits unter starken Einschränkungen statt; nach dem Reichstagsbrand (den man den Kommunisten in die Schuhe schob) wurden durch eine Notverordnung „zum Schutz von Volk und Staat" wesentliche Grundrechte außer Kraft gesetzt. Die Wahl brachte der von Hitler geführten Koalition die Mehrheit; am 23. März 1933 riss Hitler dann durch das „Ermächtigungsgesetz", das der Regierung (die behauptete, damit die Probleme Deutschlands endlich lösen zu können) unumschränkte Vollmacht gab, die Macht an sich. Alle Parteien – mit Ausnahme der SPD (die kommunistischen Abgeordneten waren bereits inhaftiert worden oder geflohen) – stimmten dafür. Es begann der Prozess der so genannten „Gleichschaltung", d.h. die Ausschaltung der föderalen Aspekte (im Hinblik auf das Verhältnis zwischen dem Reich und seinen Ländern und Kommunen), die Auflösung der Gewerkschaften, die Vereinnahmung von Rundfunk und Presse zu Regierungszwecken, die Auflösung der Parteien (durch Verbote und vielfältige Repressalien) sowie die Schaffung eines Gesetzes gegen die Gründung neuer Parteien. In der Reichstagswahl am 12. November 1933 konnte nur noch die NSDAP antreten und erhielt 92,3% der Stimmen. Nach Hindenburgs Tod 1934 wurde Hitler auch Reichspräsident und erhielt damit den Oberbefehl über die Wehrmacht.

1932 gab es in Deutschland über sechs Millionen Arbeitslose, davon waren dreieinhalb Millionen Langzeitarbeitslose. Die Ernährungssituation war für viele Familien katastrophal.

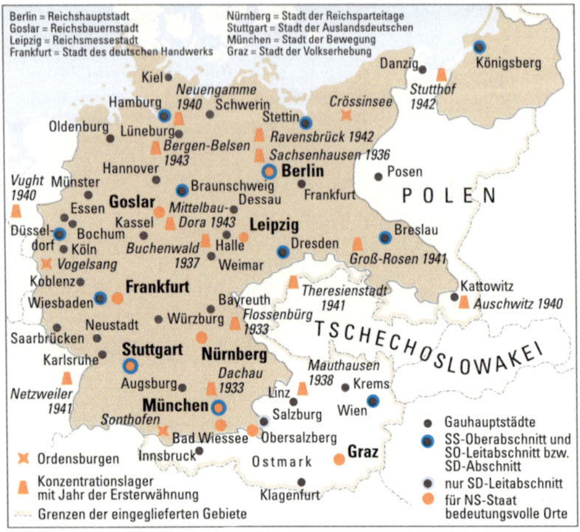

Überall im Deutschen Reich wurden Konzentrationslager errichtet.

In die neu eingerichteten Konzentrationslager (KZ) wurde verbracht, wer als politischer Gegner oder als hinreichend missliebig galt. Damit wurde die Opposition im Lande – aus welchen Richtungen sie auch kam – ebenso wie innerparteiliche Gegner ausgeschaltet. Juden, Kommunisten, Sozialisten, Regimekritiker, Angehörige ethnischer Minderheiten und viele andere teilten dieses Schicksal.

Mit der Einrichtung einer politischen Polizei, der Geheimen Staatspolizei (Gestapo), die jeden Bürger jederzeit in „Schutzhaft“ nehmen konnte, also dessen Einlieferung ins Konzentrationslager verfügen durfte, entstand ein Apparat, der zur Überwachung und Einschüchterung der Menschen diente und seinerseits der SS (Schutzstaffel), einer bewaffneten Sonderorganisation (ursprünglich zum Schutz Hitlers und anderer Funktionäre eingerichtet) unterstellt war. Daneben existierte noch die SA, eine politische Kampftruppe, die trotz ihrer „Verdienste“ im Kampf gegen die Weimarer Demokratie zugunsten der SS weitgehend entmachtet wurde.

Die nationalsozialistische Weltanschauung

Schon in den 20er Jahren hatte Hitler sein Buch „Mein Kampf“ verfasst, in dem er sein Gedankengut und damit auch die Zielsetzungen der NS-Bewegung ausführlich darstellte. Die nationalsozialistische Ideologie stellt ein verworrenes Gebilde aus Versatzstücken verschiedenster Lehren und Dogmen unterschiedlichster gesellschaftlicher und politischer Richtungen und Meinungen dar, durchsetzt von Wahnvorstellungen,

Mythen und quasireligiösem Eifer. Wesentliche Elemente waren die Rassenlehre, der Antisemitismus, der Antibolschewismus und die Lebensraumideologie. Demnach ist die „arische Rasse" (hier vor allem die Deutschen als Träger des „höchsten Menschtums auf Erden") allen anderen Rassen überlegen, ihre Vermehrung und Ausbreitung ist zu fördern. Die Eroberung weiteren „Lebensraums" für das deutsche Volk, dem Weltmachtrang zukommen sollte, stellte demnach eines der Hauptziele dar. Neben dem Bolschewismus war der „Hauptfeind" der arischen Rasse das „parasitäre Judentum", dessen „zersetzender" und „gegen das Deutschtum" gerichteter Kraft alles entgegengesetzt werden müsse. In diesem Zusammenhang wurde von Anfang an von „Vernichtung" gesprochen, was jedoch viele als Metapher, nicht aber als definitive Absicht begriffen.

Leben im Nationalsozialismus

Das totalitäre Regime des Nationalsozialsmus erfasste den Menschen in seinem gesamten Lebensumfeld. Künstler, Wissenschaftler und Schriftsteller, die sich nicht den nationalsozialistischen Vorstellungen anpassten, wurden zum Schweigen gezwungen oder vertrieben, ihre Bücher und Werke verbrannt und auf den Index gesetzt. Alle Medien standen völlig im Dienst der NS-Propaganda. In vielen deutschen Haushalten stand ein Volksempfänger, von denen bis 1938 ca. 2,7 Millionen Stück produziert worden waren; überall dort war man unmittelbar für die Propaganda erreichbar. Die Jugend machte man in verschiedenen NS-Jugendorganisationen, etwa der „Hitlerjugend" (HJ) oder dem „Bund Deutscher Mädchen" (BDM) mit der Ideologie vertraut. Weite Bereiche der Freizeit-, Sport- und Urlaubsgestaltung wurden durch besondere Verbände und Institutionen reglementiert und kontrolliert. Der Abbau

Adolf Hitler wurde am 20.4.1889 im österreichischen Braunau geboren. Er scheiterte mit dem Versuch, an der Wiener Kunstakademie aufgenommen zu werden, war im 1. Weltkrieg Soldat und trat nach dem Krieg in die Deutsche Arbeiterpartei ein. 1921 wurde er Vorsitzender der Nationalsozialistischen Deutschen Arbeiterpartei, wie sich die DAP seit 1920 nannte. Nach dem gescheiterten Putsch 1923 wurde er zu fünf Jahren Festungshaft in Landsberg verurteilt. Dort schrieb er sein Buch „Mein Kampf". Dort heißt es zum **Führerprinzip**: „Wer Führer sein will, trägt bei höchster unumschränkter Autorität auch die letzte und schwerste Verantwortung. Wer dazu nicht fähig oder für das Ertragen der Folgen seines Tuns zu feige ist, taugt nicht zum Führer. Der Held ist dazu berufen. Der Fortschritt und die Kultur der Menschheit sind nicht ein Produkt der Majorität, sondern beruhen ausschließlich auf der Genialität und der Tatkraft der Persönlichkeit ... Damit ist die Bewegung aber antiparlamentarisch und selbst ihre Beteiligung an einer parlamentarischen Institution kann nur den Sinn einer Tätigkeit zu deren Zertrümmerung besitzen ..."

Die Inhaftierung politischer Gegner und missliebiger Personen in Konzentrationslagern gehörte zum Alltag im nationalsozialistischen Deutschland.

Vor allem über Juden entwickelte Hitler seine **Wahnideen**: „Würde man die Menschheit in drei Arten einteilen: in Kulturgründer, Kulturträger und Kulturzerstörer, dann käme als Vertreter der ersten wohl nur der Arier infrage ... später gab der Arier die Reinheit seines Blutes auf und sank unter in der Rassenvermischung ... Die Blutvermischung und das dadurch bedingte Senken des Rassenniveaus ist die alleinige Ursache des Absterbens aller Kulturen ... Den gewaltigsten Gegensatz zum Arier bildet der Jude ... Er versucht planmäßig das Rassenniveau durch eine dauernde Vergiftung des einzelnen zu senken ... Wirtschaftlich erschüttert er die Staaten so lange, bis die unrentabel gewordenen sozialen Bereiche entstaatlicht und seiner Finanzkontrolle unterstellt sind. Kulturell verseucht er Kunst, Literatur, Theater ..."

Die **Verbrennung von Büchern** bedeutender Autoren, die der NS-Ideologie kritisch gegenüberstanden – darunter auch viele jüdische Schriftsteller –, rief im Ausland Entsetzen hervor.

der Arbeitslosigkeit und der wirtschaftliche Aufschwung, den man fälschlicherweise alleine Hitlers Politik zurechnete, führten jedoch zu einer immer breiter werdenden Zustimmung. Die Einschränkungen der persönlichen Freiheit hingegen wurden von vielen Deutschen offensichtlich nicht als Bedrohung erlebt.

Die Judenverfolgung

Gemäß der NS-Ideologie wurden die jüdischen Bürger Deutschlands von Anfang an als Feind betrachtet. Da in vielen Ländern Europas seit Jahrhunderten Antijudaismus und Antisemitismus weit verbreitet waren, konnte hier an bestehende Vorurteile angeknüpft werden. Nach dem im großen Maßstab angelegten Boykott jüdischer Geschäfte 1933 erfolgte zunächst die schrittweise Verdrängung der jüdischen Bevölkerung aus zahlreichen Berufen. 1935 wurden die Juden durch die so genannten Nürnberger Gesetze zu bloßen Staatsbürgern „nichtdeutschen Blutes" gemacht und ihnen die Ehe mit Nichtjuden verboten. Zahllose Bestimmungen schlossen die Juden vom öffentlichen Leben aus und beraubten sie ihrer bürgerlichen Rechte.

Wer im nationalsozialistischen Deutschland als Jude galt, wurde anhand der Religionszugehörigkeit der Eltern und Großeltern bzw. übriger Vorfahren festgelegt, was

die Absurdität der so genannten „Rassenlehre“ nachhaltig verdeutlicht. 1938 fand mit der als Ausbruch spontanen Volkszorns inszenierten „Reichskristallnacht“ (9./10. November) ein grausames Pogrom statt, was zu einer massiven Erhöhung der Zahl auswanderungswilliger deutscher Juden führte. Die „Arisierung“, also die Enteignung jüdischen Besitzes, die Kennzeichnungspflicht mit dem gelben Stern, die Ghettoisierung, der Ausschluss aus dem Berufs- und Wirtschaftsleben, das Verbot des Besuchs kultureller Veranstaltungen, die Einschränkung der Bewegungsfreiheit, der Ausschluss jüdischer Kinder aus deutschen Schulen u. v. a. m. machten das Leben immer unerträglicher. Mit dem Verbot der Auswanderung 1941 deutete sich schließlich an, dass den Juden weit Schlimmeres bevorstand als ihre Vertreibung aus dem Deutschen Reich.

Widerstand
Am 20. 7. 1944 scheitert ein Attentat auf Hitler in seinem Hauptquartier. Seit 1943 war Oberst **Graf von Stauffenberg** die zentrale Gestalt innerhalb eines Kreises, der im Oberkommando des Heeres den Umsturz anstrebte. Er übernahm auch die Hauptrolle beim Attentatsversuch und deponierte die Bombe, die während einer Lagebesprechung in der „Wolfsschanze“ explodierte. Er und seine Mitverschwörer wurden erschossen.

Widerstand

Der Widerstand gegen das Hitler-Regime war kein breiter Volkswiderstand. Er blieb zumeist auf Einzelpersonen, kleine Gruppen oder Kreise beschränkt und speiste sich aus den verschiedensten Quellen, etwa den sozialistischen und kommunistischen Bewegungen und den Kirchen, wobei die katholische Kirche in ihrer Gesamtheit durch den Abschluss des Reichskonkordats mit Hitler 1933 einen wesentlichen Schritt in die gegenteilige Richtung gemacht hatte.

Zu den bekanntesten Gruppierungen gehörten beispielsweise die „Weiße Rose“, eine Münchner Studentengruppe, und der um den Grafen Helmuth James Graf von Moltke organisierte „Kreisauer Kreis“. Verschiedene Attentate auf Hitler schlugen fehl, darunter am 20. Juli 1944 das des Grafen Stauffenberg, der von Wehrmachtskreisen unterstützt wurde.

Doch gab es auch Widerstand im Alltag, man half Juden und anderen Verfolgten, hörte „Feindsender“, verweigerte den Hitlergruß u. Ä. Des weiteren zählen dazu auch die Versuche der jüdischen Gemeinden, ihr religiöses, kulturelles und gesellschaftliches Leben gegen den Terror der Nazis aufrechtzuerhalten.

Aus dem letzten Flugblatt der **„Weißen Rose“**
„Kommilitonen! Kommilitonen! ... In einem Staat rücksichtsloser Knebelung jeder freien Meinungsäußerung sind wir aufgewachsen. HJ, SA, SS haben uns in den fruchtbarsten Bildungsjahren unseres Lebens zu uniformieren, zu revolutionieren, zu narkotisieren versucht. ‚Weltanschauliche Schulung‘ hieß die verächtliche Methode, das aufkeimende Selbstdenken in einem Nebel leerer Phrasen zu ersticken ... Unser Volk steht im Aufbruch gegen die Verknechtung Europas durch den Nationalsozialismus, im neuen gläubigen Durchbruch von Freiheit und Ehre.“

Die jährlich Anfang September in Nürnberg abgehaltenen **Reichsparteitage** sollten die uneingeschränkte Macht des NS-Regimes aufzeigen. Hunderttausende Akteure und Zuschauer verschmolzen zu einer Masse, die dem Führer zujubelte. Die Veranstaltungen dauerten mehrere Tage. Im Rahmenprogramm bot man neben einem riesigen Volksfest eine Aufführung der Wagner-Oper „Die Meistersinger". Allein die Errichtung des Reichsparteitagsgeländes hatte 600 Mill. Reichsmark gekostet.

Während die Vorbereitungen für den Krieg längst im Gange waren, bot die vor der Machtergreifung an Deutschland vergebene **Olympiade 1936** die Gelegenheit, sich dem Ausland – das wegen der nationalsozialistischen Rassenpolitik teilweise einen Olympiaboykott angestrebt hatte – als verlässlicher politischer Partner und wirtschaftlich starker Staat zu präsentieren. Geschickt nutzte man die Wettkämpfe zu propagandistischer Selbstdarstellung.

Der Weg in den Krieg

Während die Historiker nach wie vor über das Ausmaß der deutschen Verantwortung für den Ausbruch des 1. Weltkriegs diskutieren, ist dies für den 2. Weltkrieg unbestritten. Das Streben nach Weltmacht und territorialem Zugewinn sowie der Wille zur völligen Unterwerfung anderer Völker – all dies entsprach den Plänen der NS-Führungselite und vor allem Adolf Hitlers. Der Austritt aus dem Völkerbund und die Wiederbesetzung der entmilitarisierten Rheinzone 1936 sowie die Einführung der Wehrpflicht konnte von den anderen Mächten immer noch als – teilweise durchaus verständlich erscheinendes – Bemühen interpretiert werden, Bestimmungen des Versailler Vertrages rückgängig zu machen (Revisionismus). Als Hitler im Hinblick auf seine Expansionspläne kein Einvernehmen mit Großbritannien erreichte, verbündete er sich mit dem faschistischen Italien und mit Japan. Bereits zu diesem Zeitpunkt hatte man die Absicht, Deutschland in etwa vier Jahren für einen Krieg bereit zu machen, der vor allem der Eroberung von „Lebensraum" im Osten und der Vernichtung der Sowjetunion dienen sollte.

Noch 1936 wurde mit der Olympiade in Berlin versucht, der Welt ein positives Bild des NS-Staates zu vermitteln, doch schon im März

Der britische Premierminister Neville Chamberlain und sein Außenminister Lord Edward Halifax zeigen ihre Freude über den gelungenen Abschluss des **Münchner Abkommens**. Während Chamberlain sich den jubelnden Briten bei seiner Rückkehr als Retter des Friedens – „Peace in our time" – präsentierte, erkannten andere darin bereits einen schweren politischen Fehler. „Alles ist vorbei. Schweigend, trauernd, verlassen und gebrochen versinkt die Tschechoslowakei im Dunkel ... Es ist erst der erste Schluck, der erste Vorgeschmack des bitteren Kelches, der uns Jahr für Jahr vorgesetzt werden wird" – so hellsichtig charakterisierte Churchill schon im Oktober 1938 die Situation.

1938 erfolgte mit dem Anschluss Österreichs und der Ausrufung Großdeutschlands der erste große Schritt auf dem Weg zur angestrebten Großmachtstellung. Die anderen europäischen Mächte leisteten kaum Gegenwehr. Noch im selben Jahr deutete sich mit der so genannten Sudetenkrise die weitere Zielrichtung an. Die Unzufriedenheit vieler in der Tschechoslowakei lebender Deutscher wurde durch gezielte Agitation nachhaltig geschürt und die Abtrennung der mehrheitlich deutsch besiedelten Gebiete gefordert. Im September 1938 kam es aufgrund unverhohlener Kriegsdrohungen Hitlers zur „Münchner Konferenz", auf der durch die Vermittlung Italiens und mit Zustimmung Frankreichs und Großbritanniens die Abtretung des „Sudetenlandes" an Deutschland beschlossen wurde, wodurch die junge Tschechoslowakei, die auf der Konferenz nicht vertreten war, gewaltig gedemütigt wurde. Die so genannte „Appeasement-Politik" des britischen Premiers Neville Chamberlain, wonach bestimmte Forderungen Hitlers der unbedingten Erhaltung des Friedens wegen erfüllt werden sollten, führte zu diesem „Verhandlungsergebnis". Dass der Bestand der „Resttschechoslowakei" auf der Konferenz garantiert wurde, hatte für Hitler keinerlei Bedeutung. Er fühlte sich durch das Vorgehen Großbritanniens, das er als Schwäche auslegte, in seinen Plänen massiv bestärkt. Folgerichtig wurde im März 1939 der westliche Teil der Tschechoslowakei von den Deutschen besetzt, die Slowakei abgetrennt, für unabhängig erklärt und im besetzten Gebiet das Reichsprotektorat Böhmen und Mähren errichtet. Damit war sichtbar geworden,

Entsetzte Tschechen säumen die Prager Straßen beim Einmarsch der deutschen Truppen im März 1939. „Die Tschechen standen mit Tränen in den Augen an den Straßen und sahen, wie die Deutschen einmarschierten", schrieb ein amerikanischer Journalist.

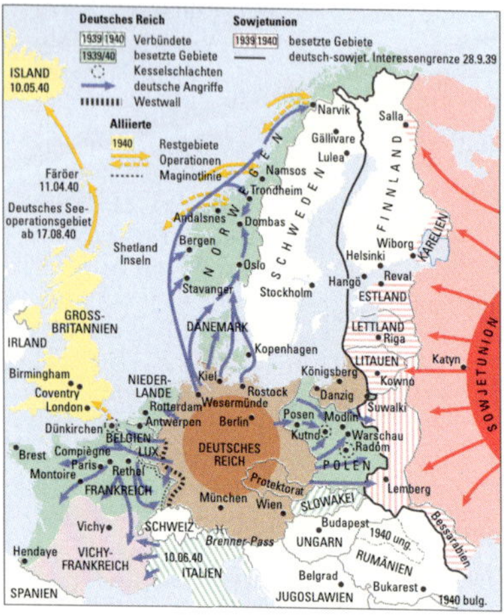

Im ersten Kriegsjahr können Deutschland und die Sowjetunion viele ihrer Expansionspläne verwirklichen. Noch gibt es eine klare Trennung ihrer Interessenssphären.

Der Anlass für den deutschen **Überfall auf Polen** wurde von den Deutschen fingiert: SS-Männer in polnischen Uniformen inszenierten einen Überfall auf den Sender Gleiwitz. Am Morgen des 1. September hielt Hitler in Uniform eine mit Lügen gespickte Rede, die den Beginn des 2. Weltkriegs markiert: „Polen hat den Kampf gegen die Freie Stadt Danzig entfesselt! Polen hat heute Nacht zum ersten Mal auf unserem eigenen Territorium auch durch reguläre Soldaten geschossen. Seit 5:45 Uhr wird jetzt zurückgeschossen. Seither wird Bombe mit Bombe vergolten."

dass sich Hitler durch Abmachungen und Verträge nicht binden ließ und dass seine Zielsetzung eben nicht – wie er in München versichert hatte – nur die Revision von Bestimmungen des Versailler Vertrages gewesen war.

Die europäischen Westmächte, die USA und die Sowjetunion verurteilten Hitlers Vorgehen. Großbritannien gab gemeinsam mit Frankreich eine Garantiererklärung für Polen ab, das sie zu Recht als nächstes Opfer Hitlers wähnten. Im August 1939 wurde zur Überraschung aller ein deutsch-sowjetischer Nichtangriffspakt geschlossen, demzufolge de facto die Aufteilung Polens und angrenzender Gebiete in eine deutsche und eine sowjetische Interessenssphäre vorgesehen war. Dieser taktische Zug bedeutete jedoch nicht, dass Hitler die Sowjetunion nicht mehr als Hauptfeind ansah. Aber er eröffnete ihm den Weg zum Angriff auf Polen, da nun die Gefahr eines Zweifrontenkieges gebannt war. Alle Versuche Großbritanniens wie auch Italiens, den Krieg zu verhindern, scheiterten: Am 1. September 1939 erfolgte der Überfall auf Polen. Das von den Westmächten am 3. September gestellte Ultimatum, die Truppen sofort zurückzuziehen, blieb unerfüllt. Damit hatte der 2. Weltkrieg begonnen, die furchtbarste Katastrophe des 20. Jahrhunderts. Angesichts der in dieser Zeit im Namen des deutschen Volkes – und nicht zu einem geringen Teil auch mit dessen Zustimmung und Beteiligung – begangenen Grausamkeiten erwies sich das Vorgehen des Deutschen Reichs historisch als absolut unvergleichbar.

Die Entwicklung zum Weltkrieg

Der rasche deutsche Vormarsch vom 3. September und der bereits am 17. begonnene sowjetische Einmarsch führten zur Kapitulation von Warschau, der Flucht der polnischen Regierung ins Exil und am 6. Oktober zur Beendigung der Kampfhandlungen, ohne dass eine nennenswerte Gegenwehr der mit Polen verbündeten Alliierten erfolgt wäre. Soweit eroberte Gebiete Polens nicht dem Deutschen Reich oder der Sowjetunion angegliedert wurden, stellte man sie als „Generalgouvernement“ unter deutsche „Verwaltung“. Es folgte eine überaus brutale Germanisierungspolitik, deren Ziel nicht zuletzt die Vernichtung der polnischen Intelligenz war.

Im Frühjahr 1940 wurden im Zuge weiterer, aus strategischen Gründen geführter „Blitzkriege“ Dänemark und Norwegen (wo die Alliierten kurzzeitig Widerstand zu leisten vermochten) besetzt, im Mai begann der Angriff auf die Niederlande, Belgien und Frankreich. Auch hier konnten die Alliierten keinen entscheidenden Widerstand entgegensetzen. Mit dem Angriff auf Frankreich trat auch der deutsche Bündnispartner Italien in den Krieg ein. Nach nur zwei Wochen war Frankreich besiegt und unter Marschall Pétain ein Waffenstillstand unterzeichnet worden. Zwei Drittel des Landes wurden besetzt, die Truppen demobilisiert und die in den Jahren zuvor aus Deutschland geflohenen Menschen ausgeliefert. Den nicht besetzten Teil regierte Marschall Pétain – in Zusammenarbeit mit den Deutschen – von Vichy aus, während General de Gaulle die Weiterführung des gezielt gegen das Deutsche Reich gerichteten Kampfes von London aus betrieb. Großbritannien, das

Am 10.5.1940 wurde **Winston Churchill** britischer Premierminister. Er zeigte sich fest entschlossen, Widerstand gegen die Deutschen zu leisten. In seiner Regierungserklärung machte er unmissverständlich klar, was die Briten zu erwarten hatten: „Ich habe nichts zu bieten als Blut, Tränen, Mühsal und Schweiß. Uns steht eine Prüfung von allerschwerster Art bevor. Wir haben viele, viele lange Monate des Kämpfens und Leidens vor uns. Sie werden fragen: Was ist unsere Politik? Ich erwidere: Unsere Politik ist, Krieg zu führen zu Wasser, zu Lande, zur Luft, mit all unserer Macht und mit aller Kraft, die Gott uns verleihen kann; Krieg zu führen gegen eine ungeheuerliche Tyrannei, die in dem finsteren, trübseligen Katalog des menschlichen Verbrechens unübertroffen bleibt. Das ist unsere Politik.“

Im August 1940 begannen die Luftangriffe auf England. Trotz schwerster Bombardements und Zerstörungen in zahlreichen englischen Städten konnte der Widerstand der Briten nicht gebrochen werden.

mittlerweile von Churchill regiert wurde, zeigte sich indessen entschlossener denn je, den Krieg fortzusetzen. Die „Schlacht um England" vermochten die Deutschen nicht für sich zu entscheiden, da sie trotz heftiger Bombardements die Luftherrschaft nicht erringen konnten, von einer Invasion ganz schweigen. Die Zeit der schnellen Überraschungserfolge, der Blitzkriege, war vorbei. Hitler stärkte seine Position jedoch durch den Abschluss des Dreimächtepaktes mit Italien und Japan, der die gegenseitige Unterstützung im Falle eines Angriffs auf einen der Vertragspartner vorsah.

Die Zahl der vom Krieg betroffenen Gebiete weitete sich aufgrund des italienischen Überfalls auf Griechenland, das sofort Hilfe von Großbritannien erhielt, und wegen der Niederlage der Italiener in Nordafrika, die nunmehr die Anwesenheit deutscher Truppen erforderlich machte, erheblich aus.

Die Sowjetunion hatte mittlerweile das Baltikum annektiert und auch auf dem Balkan Gebietsabtretungen erzwungen. Ein von Großbritannien angebotenes Bündnis lehnte sie jedoch ab. Hitler seinerseits bereitete – obwohl noch deutsch-sowjetische Verhandlungen im Gange waren – den Angriff auf die Sowjetunion vor. Nach dem Sieg über die jugoslawische und die griechische Armee begann am 22. Juni 1941 der Angriff gegen den vormaligen Bündnispartner und gleichzeitigen ideologischen Todfeind. Ungarn, Rumänien und die Slowakei traten auf deutscher Seite in

Der überraschende Krieg gegen den Bündnispartner Sowjetunion brachte Zerstörung, Hunger und Elend über zahllose Städte und Dörfer. Auch die kriegsgefangenen Soldaten hatten unter deutscher Herrschaft Schreckliches zu erleiden, wie dieser Brief dokumentiert: „Vom Weggehen von zu Haus an habe ich gehungert und lebe nun den letzten Tagen entgegen ... Ich lebe unter offenem Himmel, im Graben, oder in der Kaverne, oder im Keller. An Nahrung erhalten wir am Tag 200 g Brot, einen halben Liter warme Kohlsuppe und einen halben Liter Minzetee ... Zur Arbeit treiben sie uns mit Stöcken und Draht-Nagajkas. Wir haben Millionen Läuse".

den Krieg ein, doch schlossen auf der Gegenseite nun auch England und die Sowjetunion miteinander ein Bündnis.

Der Krieg im Osten war untrennbar verbunden mit dem Vorhaben, neuen „Lebensraum" für das vermeintlich zur Weltherrschaft „berufene" deutsche Volk zu gewinnen. Der schnelle Vorstoß ließ einen Sieg zunächst in denkbare Nähe rücken. Doch blieb der Angriff im Dezember schließlich vor Moskau stecken, die Rote Armee konnte zu Gegenangriffen ausholen. Die extremen Witterungsverhältnisse, auf die das deutsche Heer nicht vorbereitet war, lösten für die Deutschen die erste schwere militärische Krise aus.

Hinzu kam, dass sich der Konflikt zwischen den USA und dem die Vormacht in Asien anstrebenden Japan ausweitete. Der Aufstieg Japans zur Großmacht hatte in den 20er und 30er Jahren seinen Fortgang genommen, Japan war in diesem Zeitraum zur Militärmacht geworden. Mit China wurde über Jahre hin ein brutaler Krieg geführt, dessen Ziel die Erringung der Vormachtstellung in Ostasien war. Dies führte zwangsläufig zu Konflikten mit den USA, die 1939 den Handelsvertrag mit Japan kündigten und japanische Importe erschwerten. Unter Ministerpräsident Tojo wurde ab 1941 die imperialistische Politik noch rücksichtsloser durchgesetzt und die französische Kolonie Indochina nach der Niederlage Frankreichs besetzt. Zwar trat Japan dem Dreimächtepakt mit Hitler bei, schloss aber ein Neutraliätsabkommen mit der Sowjetunion, weil es den Rücken frei haben wollte für den Kampf gegen die angelsächsischen Westmächte, an deren Einflusssphäre es insbesondere interessiert war. Die USA verlangten 1941 den Rückzug Japans aus Indochina und sperrten – wie Großbritannien – die japanischen Guthaben. Dies verstärkte Japans Willen zur militärischen Auseinandersetzung. Nach dem verheerenden Überraschungsangriff der Japaner auf die amerikanische Flotte in Pearl Harbor am 7. Dezember 1941 und dem Beginn einer großangelegten Offensive Japans im südostasiatischen Raum erklärte Hitler am 11. Dezember

Japans Entwicklung seit dem 1. Weltkrieg
Japan hatte durch den 1. Weltkrieg einen ungeheuren Wirtschaftsaufschwung erlebt, doch die Wirtschaftskrisen der 20er und 30er Jahre führten zur Verarmung der Bauern. Auch gingen Absatzmärkte im asiatischen Raum durch das erneute Engagement der europäischen Kolonialmächte verloren, wodurch die Arbeitslosigkeit stieg. Radikale ultranationalistische Militärs gewannen zunehmend an Einfluss. Sie strebten eine Expansion nach China und Südostasien an, die schließlich auch zu militärischen Auseinandersetzungen führte. 1930 wurde die Mandschurei besetzt, 1937 begann nach einer Schießerei zwischen chinesischen und japanischen Soldaten auf der Marco-Polo-Brücke bei Peking der Krieg zwischen Japan und China, der trotz großer militärischer Erfolge der Japaner nicht zur Kapitulation Chinas führte.

Bei Japans Überraschungsangriff ohne Kriegserklärung auf den Marinestützpunkt **Pearl Harbor** auf der Hawaii-Insel Oahu am 7.12. 1941 starben 2400 US-Amerikaner. Des weiteren wurden 19 Kriegsschiffe und über 180 Flugzeuge zerstört. Erst einen Tag nach dem Angriff erfolgte Japans offizielle Kriegserklärung an die USA, Großbritannien, Kanada und Australien.

den USA den Krieg, der damit offenkundig zu einem Weltkrieg geworden war und sich in verschiedensten Regionen abspielte.

Auch Japans Kriegsführung zeitigte zunächst große Erfolge. Siam und Hongkong wurden erobert, 1942 Burma erreicht, die Kämpfe in Niederländisch-Indien und auf den Philippinen verliefen ebenfalls erfolgreich, Singapur wurde erobert und die alliierte Flotte vernichtet. Malaya, Burma und Indonesien waren in japanischer Hand, China damit vollständig isoliert. Selbst Britisch-Indien war bedroht. Doch die USA gaben zunächst Europa den Vorrang und vertagten die Entscheidung im Pazifik.

Der Weg zur Niederlage

Hitler hatte der seit November 1942 in **Stalingrad** eingeschlossenen 6. Armee wider alle Vernunft den Befehl zum Aushalten gegeben und ihr Schicksal damit besiegelt. Der sinnlose Tod hunderttausender Menschen wurde mit Propagandalügen geschönt: „Der Kampf um Stalingrad ist zu Ende. Ihrem Fahneneid bis zum letzten Atemzug treu, ist die 6. Armee unter der vorbildlichen Führung des Generalfeldmarschalls Paulus der Übermacht des Feindes und der Ungunst der Verhältnisse erlegen ... Das Opfer der Armee war nicht umsonst ... Sie gab damit der deutschen Führung die Zeit und die Möglichkeit zu Gegenmaßnahmen, von deren Durchführung das Schicksal der ganzen Ostfront abhing ...“

Im Sommer 1942 war der Höhepunkt der japanischen Expansion erreicht. Dann begann die Gegenoffensive der Alliierten, Insel für Insel wurde unter schweren Verlusten während der Jahre 1943 und 1944 zurückerobert. In der Seeschlacht vor den Philippinen verloren die Japaner an einem einzigen Tag fast 400 Kampfflugzeuge.

Auch auf dem europäischen Kriegsschauplatz wendete sich 1942 die Situation. Überall erzwangen die Alliierten Rückzugsbewegungen, trotz einiger erfolgreicher Vorstöße der Deutschen in Nordafrika und im Süden der Sowjetunion. Das Deutsche Reich erlebte mit dem Untergang der in Stalingrad eingeschlossenen 6. Armee – fast 300 000 Soldaten – im Winter 1942 eine seiner vernichtendsten Niederlagen, die letztlich den Rückzug der Deutschen aus dem Osten einleitete.

Mit der Landung der Alliierten in Sizilien 1943, die zum Sturz Mussolinis und dem Wechsel der Italiener an die Seite der Westmächte führte, rückte der Sieg über das nationalsozialistische Deutschland näher. Mit der Invasion in der Normandie im August 1944 begann der Siegeszug der Alliierten nach Westen und die Befreiung des unterjochten Europas, während von Osten her die sowjetische Armee unaufhaltsam vorrückte und

Der „Längste Tag". Am 6. 6. 1944 beginnt an der Küste der Normandie die alliierte Invasion. Im Zuge der sorgfältig vorbereiteten Operation „Overlord" landen dort mit Unterstützung von etwa 14 000 Bombern 850 000 Soldaten und 150 000 Fahrzeuge.

gewaltige Flüchtlingsströme vor sich her schob. Zugleich erfolgten in dem seit langem anhaltenden Bombenkrieg während dieser letzten Kriegsmonate die schwersten Angriffe auf zahlreiche Städte des Deutschen Reiches, was zu massivsten Zerstörungen führte. Am 25. 4. begegneten sich die Armeen der USA und der Sowjetunion bei Torgau an der Elbe. Auch die mit beispielloser Rücksichtslosigkeit noch in den letzten Kriegstagen in den Kampf getriebenen Deutschen, darunter Teile der Hitlerjugend, die vielfach als Flakhelfer eingesetzt wurden, hatten die Niederlage nicht verhindern können. Hitler entzog sich seiner Verantwortung durch Selbstmord. Sein Nachfolger, Großadmiral Dönitz, beendete den Krieg mit der Unterzeichnung der bedingungslosen Kapitulation am 8. Mai 1945.

Auch im Pazifik rückte das Ende des Krieges näher. Nach der schrittweisen Rückeroberung der von Japan besetzten Gebiete wurde am 6. August 1945 erstmals eine Atombombe – die Uranbombe „Little Boy" – über Hiroshima abgeworfen, am 9. August erfolgte ein zweiter Abwurf über Nagasaki. Durch Brände und radioaktive Strahlung kamen etwa 150 000 Menschen ums Leben, noch heute leiden die Überlebenden der beiden Angriffe an schweren gesundheitlichen Spätfolgen. Am 10. August 1945 signalisierte Japan Kapitulationsbereitschaft, am 18. 8. stellte man die Kampfhandlungen ein. Der furchtbarste Krieg des 20. Jahrhunderts war zu Ende.

Kriegsbilanz: Tod, Zerstörung, Flucht, Vertreibung

Der 2. Weltkrieg war der größte Krieg des 20. Jahrhunderts, seine Bilanz übertrifft den ersten Weltkrieg um ein Vielfaches. Zu beklagen waren etwa 55 Millionen Tote und 35 Millionen Verwundete. Die höchsten Ver-

Unter unvorstellbaren Qualen schleppen sich die Menschen auf einem der zahllosen **Flüchtlingstrecks nach Westen**. Ihren Besitz haben sie längst verloren. Die Planungen der Alliierten zielten bereits während des Krieges darauf, Gebiete im Osten des Deutschen Reichs – teilweise erst durch die Nationalsozialisten erobert oder der polnischen „Westverschiebung" zum Opfer gefallen – abzutrennen und die dort lebenden Deutschen auszusiedeln. Diesem Schritt lagen Überlegungen zugrunde, wonach Konflikte zu vermeiden wären, wenn Nationalstaaten nur von einer Nation bevölkert würden.
Mit dem Vorrücken der Sowjetarmee begann eine Massenvertreibung und der Aufbruch der Flüchtlingstrecks aus Ostmitteleuropa nach Westen. Die erzwungene Umsiedlung von Deutschen trug offenkundig auch ein Moment von Strafe und Rache für die brutale Unterwerfung und Ausbeutung durch Nazideutschland in sich.

luste an Menschenleben hatte mit 20 Millionen die Sowjetunion zu verzeichnen. 3 Millionen Menschen galten als vermisst. Besonders betroffen war in diesem Krieg die Zivilbevölkerung (20–30 Millionen Tote), allein durch Bombenangriffe kamen 1,5 Millionen Menschen um. Zu den zivilen Opfern zählen auch die von den Nationalsozialisten während des Krieges Ermordeten in den Konzentrations- und Vernichtungslagern und die Opfer von Flucht und Vertreibung.

Zahlreiche Städte – beispielsweise Berlin, Rotterdam, Warschau, Coventry, Reims, Hamburg, Würzburg, Nürnberg, Dresden – waren durch Bombenangriffe teilweise oder fast völlig zerstört worden. Deutschland und weite Teile Europas lagen in Schutt und Asche. Flucht und Vertreibung hatten etwa 10 Millionen Deutsche und unzählige Angehörige anderer Nationen um ihre Heimat gebracht.

Deutschland war verwüstet, die Wirtschaft am Boden – dazu kam nach Kriegsende die Aufdeckung von Verbrechen, wie sie in der Geschichte zivilisierter Staaten noch nie vorgekommen waren.

Die Vernichtung der europäischen Juden

Die Wurzeln des antisemitischen bzw. antijüdischen Denkens reichen bis in die Antike zurück. Seit dem Mittelalter war es vor allem die christliche Kirche, die dazu beitrug, dass Vorurteile gegen die jüdische Minderheit genährt wurden. Der Antisemitismus der Moderne erhielt in der 2. Hälfte des 19. Jahrhunderts, also zu einem Zeitpunkt, als sich die Juden Europas mehrheitlich an die sie umgebende Gesellschaft angepasst hatten, seine entscheidenden Impulse: Die Pseudoerkenntnisse einer vermeintlich wissenschaftlichen Rassenlehre im Gefolge des so genannten Sozialdarwinismus kombinierte man mit unterschiedlichsten Vorhaltungen und Unterstellungen im Hinblick auf die wirtschaftliche, politische und religiöse Rolle der Juden. Verfechter einer völkischen Ideologie wie Paul de Lagarde oder der in Deutschland lebende Engländer Houston Stewart Chamberlain, der u. a. über den tiefen Gegensatz zwischen germanischer und jüdischer Rasse schwadronierte, lieferten die „Argumente" für die antijüdischen Einlassungen. Auch von linker Seite wurden die Juden verunglimpft. Hier avancierten sie zum Urbild des kapitalistischen Ausbeuters.

Im 1. Weltkrieg erreichten die Antisemiten aufgrund ihrer fortwährenden Hetze über die angebliche „jüdische Drückebergerei", dass die Zahlen über die Teilnahme der jüdischen Deutschen am Krieg durch eine Zählung überprüft wurden. Das Ergebniss strafte die antisemitische Propaganda Lügen, der prozentuale Anteil entsprach dem allgemeinen Durchschnitt. Doch war damit von der Regierung eine erstmals dezidiert antijüdische Maßnahme getroffen worden. Im Zuge der politischen Radikalisierung in der Weimarer Republik nahmen die antisemitischen Aktionen zu. Neben völkischen Bewegungen und Parteien waren vor allem auch das Militär, die Freikorps und Freiwilligenverbände antisemitisch geprägt. Zwar hatte gerade die Weimarer Verfassung für die Juden in Deutschland erhebliche Fortschritte in Hinblick auf die

Selektionen: Gleich nach Ankunft im Vernichtungslager Auschwitz wurden die Menschen in zwei Gruppen aufgeteilt. Die Kräftigeren setzte man als Arbeitskräfte ein, die nicht einsatzfähig erscheinenden Gefangenen – Alte, Kinder, Kranke, Schwache – schickte man in die Gaskammern. Die Massenmorde waren perfekt durchorganisiert. Den Opfern wurde erzählt, sie müssten aus hygienischen Gründen ein Duschbad nehmen. Statt Wasser strömte jedoch das tödliche Gas Zyklon B in die Räume. Knapp 3 Millionen Menschen wurden so umgebracht.

Aus dem Bericht der Jüdin Halina Birnbaum „Die Hoffnung stirbt zuletzt", die als 13-Jährige den Verlust ihrer Familie und die Einlieferung in ein Vernichtungslager erleiden musste: „Ich konnte mich einfach nicht mit dem Gedanken abfinden, dass es meine Mutter nicht mehr gab, dass sie nicht mehr da war, dass ich sie nie wieder sehen würde! Alle Augenblicke schaute ich zur Tür – sie musste doch jeden Moment hereinkommen, mich in die Arme nehmen und beruhigen. Aber meine Mutter kam nicht. Ich drehte mich wie ein Automat immerzu im Kreis und wiederholte ständig diese Worte: Mama ist nicht mehr da. Alles andere war für mich nicht mehr vorhanden. Zu nichts mehr war ich fähig, ich konnte nicht einmal weinen.
Die häufigen Selektionen lähmten zwar all unsere Gedanken, doch waren sie nicht das einzige Unglück im Lager. Täglich quälten uns die Appelle, Hunger, Schinderei, Prügel und Ungeziefer. Nachts peinigten uns die Läuse. Der Tod kam in allen möglichen Gestalten und dezimierte die Lagerbelegschaft unaufhörlich, selbst manche der Stärksten, Gesündesten und Kräftigsten von uns raffte er dahin. Wir alle wurden immer ausgezehrter, elender, matter.

Gleichstellung gebracht. Das Zusammenleben zwischen jüdischer und nichtjüdischer Bevölkerung war – vor allem in den Großstädten – ungezwungener und problemloser denn je, doch ein entschiedener Einspruch gegen das antisemitische Treiben blieb aus. Weder die gemäßigten Parteien noch die sonstigen politischen oder gesellschaftlichen Institutionen schienen gewillt, hier deutliche Signale zu setzen. Auch bei den Konservativen und bei den Linken waren Vorurteile und Ressentiments lebendig.

Nach der Machtergreifung konnten die Nationalsozialisten ihre Politik gegenüber den Juden betreiben, ohne großen Widerstand fürchten zu müssen. Vielerorts fiel sie gar auf fruchtbaren Boden und fand tatkräftige Unterstützung. Nach der schrittweise vollzogenen Entrechtung der jüdischen Bevölkerung in den Jahren zwischen 1933 und 1939 gewann die deutsche Politik im Verlauf des Krieges eine neue, bis dahin absolut unvorstellbare Dimension: Es begann die systematische Verschleppung und Ermordung der Juden, soweit die Nationalsozialisten ihrer irgend habhaft werden konnten, denn Hitlers Vernichtungsprogramm schloss auch die Juden in den besetzten Ländern mit ein. Bis Kriegsende wurden zwischen 5,3 und 6 Millionen Juden in Europa Opfer der deutschen Verbrechen, denen nur in wenigen Ländern Widerstand begegnete (Niederlande, Finnland, Bulgarien, Dänemark).

Im polnischen Warschau und in Lodz errichtete man zunächst Ghettos, in denen die Menschen unter schrecklichsten Bedingungen hausen mussten. Mit dem Überfall auf die Sowjetunion im Juni 1941 begannen systematische Erschießungen russischer Juden durch die so genannten „Einsatzgruppen". Zwischen Sommer 1941 und Frühjahr 1942 wurden dabei etwa 535 000 Menschen umgebracht. In diese Zahl sind aber Massaker, etwa die Geschehnisse in Babi Jar, die alleine über 33000 Menschenleben forderten, nicht eingerechnet.

Im Osten wurden unterdessen „Vernichtungslager" gebaut, in denen die Ermordung von Millionen Menschen generalstabsmäßig durchgeführt wurde. Sie wurden sämtlich Opfer eines kriminellen Despoten, der nicht nur in Deutschland, sondern auch in den anderen Ländern Europas zahlreiche willige Helfer fand, die sich am größten Massenmord in der Menschheitsgeschichte beteiligten.

Am 20. Januar 1942 bestätigte man die „Endlösung der Judenfrage“ auf der Wannseekonferenz in Berlin auch offiziell, also regierungsamtlich. Ab März nahmen die Massentransporte aus dem Reichsgebiet und dem übrigen Westeuropa in das Vernichtungslager Auschwitz ihren Anfang. Im Juni desselben Jahres begann man auch mit Massenvergasungen in Auschwitz-Birkenau. Am 5. Oktober 1942 erging der Befehl des „Reichsführers SS und Chefs der Deutschen Polizei“ Heinrich Himmler, alle Juden, die in den Konzentrationslagern gefangen gehalten wurden, nach Auschwitz zu deportieren. Ab 1944 begann die Befreiung der Lager durch die Alliierten.

Mit dem Ende des Krieges wurde das erschütternde Ergebnis der verbrecherischen Politik der Nationalsozialisten sichtbar: ca. 6 Millionen ermordete Juden und die umfassende Zerstörung der lebendigen und fruchtbaren jüdischen Kultur Europas.

Bis heute erweist sich die Vernichtung des europäischen Judentums durch die Deutschen als ein überaus bedrückendes Thema, mit dem umzugehen große Schwierigkeiten bereitet. Erst seit den 60er Jahren setzte sich die deutsche Öffentlichkeit verstärkt damit auseinander. Endlich wurde auch den vielen subalternen Tätern der Prozess gemacht; politisch Hauptverantwortliche waren bereits in den Nürnberger Prozessen verurteilt worden.

Während sie uns bewachten, warfen die Aufseherinnen ihren Hunden oft Fleisch vor und gaben uns dann die übrig gebliebenen Knochen zum Abnagen.“

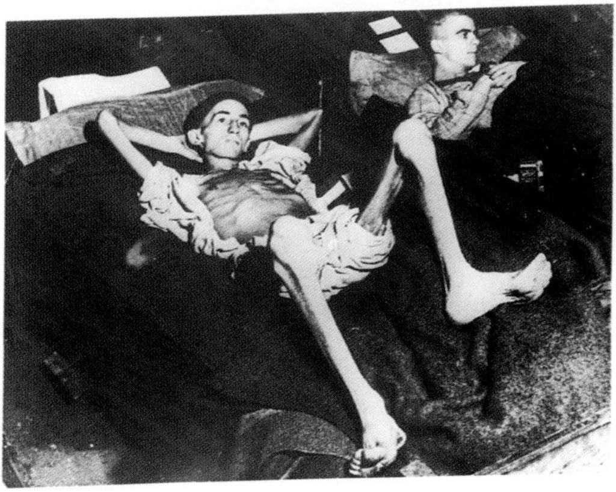

Den Befreiern bot sich 1945 überall ein Bild des Grauens: Massengräber, ausgemergelte und beinahe zu Tode gequälte Menschen. Für viele von ihnen kam die Befreiung zu spät – sie konnten sich nicht mehr von ihren Leiden erholen.

Auch der Geschichtswissenschaft selbst bereitet die Aufarbeitung der Problematik große Schwierigkeiten. Ist der „Holocaust“ vergleichbar mit anderen Verbrechen der Menschheitsgeschichte? Wo liegen die Ursachen dafür, dass der in Europa weit verbreitete Antisemitismus gerade in Deutschland diese Richtung nahm? Inwieweit machten sich die deutsche Bevölkerung, die deutsche Wehrmacht oder die deutsche In-

Eine der zentralen Figuren des französischen Widerstands, der Résistance, war der von London aus operierende **Charles de Gaulle**. 1940 appellierte er an seine Landsleute im besetzten Frankreich: „Ich ... wende mich an alle französischen Offiziere und Soldaten und an alle Ingenieure und Arbeiter der Rüstungsindustrie. Ich fordere Sie auf, mit mir in Verbindung zu treten und sich um mich zu scharen. Was auch immer geschehen wird, die Flamme des französischen Widerstands darf nicht erlöschen, und sie wird niemals erlöschen.“

Widerstand in den besetzten Ländern

Überall den besetzten Ländern erwuchsen Hitler Gegner, die sich der brutalen Unterwerfung widersetzten. Die deutsche Besatzung wirkte sich in den verschiedenen Ländern unterschiedlich aus. Annektiert hatte man nur solche Gebiete, in denen deutsch gesprochen wurde. In einigen Ländern wurden deutsche Kommissare eingesetzt, in anderen blieben die Regierungen an der Macht oder es wurden neue eingesetzt, die sich mit den deutschen Machthabern zu arrangieren wussten. In Frankreich begegneten mehrere Varianten des deutschen Vorgehens: Der besetzte Teil stand unter Militärverwaltung, Elsass-Lothringen war zur Annexion vorgesehen, im nichtbesetzten Teil übten die Deutschen erheblichen Einfluss auf die Regierung aus.

Je nach ihrer Stellung im ideologischen Kosmos der Nationalsozialisten nahmen die unterworfenen Staaten einen unterschiedlichen Rang ein: Im Osten sollte Lebensraum für die „germanische Herrenrasse“ geschaffen werden, was die völlige Unterwerfung der slawischen Bevölkerung bedeutete. „Germanische“ Staaten hingegen sollten, unter deutscher Vorherrschaft, als Satelliten fungieren. Dementsprechend erfuhren die einzelnen Länder im Zuge der deutschen Besetzung unterschiedliche Behandlung.

Als besonders gravierend erwies sich die wirtschaftliche Ausbeutung Europas durch das Deutsche Reich. So wurden u. a. die Wechselkurse deutschen Interessen gemäß festgelegt, Goldreserven und Aktien wurden beschlagnahmt, die besetzten Länder mussten Stationierungskosten zahlen, deutsche Interessengruppen dagegen durften Schwarzmarktgeschäfte betreiben. So produzierte die französische Wirtschaft vorwiegend für den deutschen Bedarf.

In Osteuropa wurde die Ausbeutung noch schrankenloser betrieben, selbst Verbündete wie etwa die Ungarn waren hart betroffen. Eine besondere Form dieser Ausbeutung war die Zwangsrekrutierung von Fremdarbeitern. Seit 1942 wurden in den besetzten Gebieten weibliche und männliche Zwangsarbeiter rekrutiert, die neben Kriegsgefangenen und Häftlingen der Konzentrations- und Vernichtungslager für die Deutschen arbeiten mussten.

dustrie (mit)schuldig? Diese und andere Fragen werden bis heute höchst kontrovers diskutiert.

Die These von der „Auschwitzlüge“ etwa hat noch immer Anhänger, die sich den Fakten verweigern. Es ist auch die Aufgabe der Historiker, in diesen Fragen Position zu beziehen und jeder Form von Geschichtsverfälschung entgegenzutreten. Der Antisemitismus ist trotz der Schrecken des Holocausts nicht verschwunden.

1944 waren es über 7,5 Millionen Zwangsarbeiter, die mit dafür sorgten, dass die Wirtschaft funktionierte und der Lebensstandard der Deutschen trotz des Krieges erhalten blieb, während in manchen Ländern Hunger und Elend herrschten.
All dies vertiefte die Bereitschaft zum Widerstand. Die so genannten Kollaborateure, die Menschen also, die in den besetzten Gebieten mit den Deutschen zusammenarbeiteten, waren ohnehin in allen Ländern in der Minderheit. Mehrheitlich hatte man sich, um das eigene Überleben zu sichern, zum hasserfüllten Stillhalten und Abwarten entschlossen.
Der aktive Widerstand indessen speiste sich aus verschiedenen Quellen. Hier fanden sich u. a. idealistische Gruppierungen und Einzelpersonen, Kommunisten und Sozialisten, christlich oder jüdisch motivierte Kämpfer zusammen.
In Frankreich entwickelte sich gegen die „collaboration“, die Zusammenarbeit der Regierung Pétain mit den Deutschen, zunehmender Widerstand. General de Gaulle gründetet in London ein Nationalkomitee der Freien Franzosen. Die französische Widerstandsbewegung Résistance erreichte breite Aufmerksamkeit. In Polen bildete sich die „Heimatarmee“, die im Zuge des Warschauer Aufstands (1944) gegen die Deutschen antrat. In Serbien wiederum kämpften von England unterstützte Freischärler, daneben etablierte sich die Partisanenarmee des kommunistischen Politikers Tito. Auch in Russland hatten sich Partisanen zum Widerstand entschlossen. Die Widerstandsgruppen verfolgten darüber hinaus zumeist auch politische Ziele, die sie nach Kriegsende verwirklichen wollten.

Verzweifelte Warschauer nach dem Scheitern des Aufstands gegen die Deutschen: Als 1944 die sowjetischen Truppen bereits bis an die Weichsel vorgedrungen waren, kam es im **Warschauer Ghetto** zum Aufstand. Polnische Zivilisten schlossen sich der polnischen Untergrundarmee Krajowa im Kampf gegen die Besatzer an. Durch die Russen erfolgte jedoch keine Unterstützung und die Hilfe der Westalliierten blieb völlig unzureichend. Trotz einiger Erfolge wurde der Aufstand schließlich durch die SS niedergeschlagen.

Hiroshima nach der Zerstörung durch „Little Boy", der ersten zu militärischen Zwecken eingesetzten Atombombe.

Die Entwicklung der furchtbarsten Waffen des 20. Jahrhunderts beruhte auf einer der bahnbrechendsten naturwissenschaftlichen Entdeckungen dieses Jahrhunderts: der Kernspaltung.

Aufbauend auf der Entdeckung der Radioaktivität durch Becquerel (1896) und des Zerfalls des Elementes Radium unter Abgabe ionisierender Strahlung durch Marie und Pierre Curie (1898) und ausgehend von der Theorie vom Aufbau des Atoms (Ernest Rutherford 1911) gelang Lise Meitner, Otto Hahn und Fritz Straßmann 1938 der Nachweis einer durch Neutronen induzierten Spaltung des Uran-Atoms und die theoretische Durchdringung des Themas. 1939 konnten Irene Joliot, die Tochter des Ehepaares Curie, und ihr Mann Frédéric die Theorie bestätigen, wonach mittels Atomspaltung Explosionen unermesslicher Gewalt erzeugt werden könnten. Demzufolge würde die Spaltung eines einzigen Atomkernes genügen, um eine Kettenreaktion auszulösen, wodurch im Bruchteil einer Sekunde die gesamte Uranmasse in Energie umgewandelt und – gemäß der Formel Albert Einsteins $E=mc^2$ – eine gewaltige Energie feigesetzt werden würde.

Die weitere Forschung zur Kernenergie wurde zunächst in erster Linie vom Gedanken an die militärische Nutzung bestimmt. In den USA wurde 1942 der erste Kernreaktor gebaut, 1943 gelang die erste gesteuerte Kettenreaktion und 1945 konnte in der Wüste bei Los Alamos die erste Atombombe gezündet werden. Die schrecklichen Auswirkungen beim Einsatz der Atombombe gegen Japan führten im Kalten Krieg zur vermehrten Anstrengung anderer Mächte, diese Waffen ebenfalls zu entwickeln. 1949 kam es zum ersten sowjetischen Atombombenversuch. Die folgenden Jahrzehnte waren bestimmt vom Rüstungswettlauf zwischen dem Ostblock und dem Westen, wobei der Entwicklung verschiedenster Atomwaffen, deren Zahl so hoch war, dass sich die Gegner im Falle eines Atomkrieges gegenseitig mehrfach hätten vollständig vernichten können, eine bedeutsame Rolle zukam.

Erst nach dem Krieg wurde auch die Forschung zur friedlichen Nutzung der Kernenergie intensiviert. Zahlreiche Reaktortypen entstanden, in der weiteren Folge errichtete man weltweit Kernkraftwerke. Vor allem seit den 70er Jahren erhob sich lautstarker Protest gegen die Nutzung der zunächst als besonders „sauber“ (d.h. nicht von Luftverschmutzung begleitet) geltenden Kernenergie aufgrund zahlreicher unbestreitbarer Risiken. Der Name der ukrainischen Stadt Tschernobyl, in der 1986 durch einen Reaktorunfall ein sowjetisches Kernkraftwerk außer Kontrolle geriet, wodurch hunderttausende Menschen und über die unmittelbare Umgebung hinaus auch weite Teile Europas radioaktiv verseucht wurden, steht seither für die Gefahren dieser bahnbrechenden Technologie des 20. Jahrhunderts.

Eine der Wissenschaftlerinnen, die ganz wesentlich an den Entdeckungen der Kernphysik beteiligt war, war Lise Meitner (1878–1969). Mit 31 Jahren verließ sie als promovierte Physikerin ihre Heimatstadt Wien, um ihre Studien bei Max Planck in Berlin, wo Frauen offiziell noch nicht an Universitäten zugelassen waren, weiter zu führen. Es gelang ihr, Vorurteile und Hindernisse zu überwinden und 1912 als erste Frau in Deutschland Universitätsassistentin zu werden. Zusammen mit Otto Hahn machte sie sich innerhalb kurzer Zeit in der Fachwelt einen Namen. 1917 baute sie ihre eigene wissenschaftliche Abteilung im Berliner Kaiser-Wilhelm-Institut auf, die sie 21 Jahre lang leitete. Dass Lise Meitners erheblicher Anteil an wichtigen Ergebnissen im Bereich der Kernforschung über Jahrzehnte hin nahezu totgeschwiegen wurde und dass der Chemie-Nobelpreis 1944 ungerechterweise alleine an Otto Hahn ging, hängt nicht nur damit zusammen, dass sie als Frau diskriminiert wurde. Sie war zudem Jüdin und befand sich im Exil zunächst in Schweden, als die Erfolge zu verzeichnen waren. Erst seit den 90er Jahren des 20. Jahrhunderts beginnt man ihr öffentlich den Tribut zu zollen, der ihr gebührt.

Auf die russische Atombombe antworteten die Amerikaner mit der Entwicklung der ersten Wasserstoffbombe, die im Pazifik 1952 getestet wurde – sie hätte Hiroshima über 100 Mal auslöschen können.

Das Entstehen der bipolaren Welt

Als im April 1945 die Truppen der Westalliierten und die Sowjetarmee nach ihren erfolgreichen Offensiven in Torgau an der Elbe zusammentrafen, ahnte man noch nichts von der weiteren Entwicklung hin zum Kalten Krieg, in dem über Jahrzehnte hinweg zwei ideologisch entgegengesetzte Blöcke mit einem Höchstmaß militärischen Aufwands die Welt in Interessensphären aufteilten und diese zu verteidigen suchten.

Der symbolische Händedruck von amerikanischen und sowjetischen Soldaten in Torgau am 25.4.1945

Das Bündnis zwischen den gegensätzlichen Systemen – dem totalitären Sowjetregime und den westlichen Demokratien – war eine Notgemeinschaft gewesen, die die Beseitigung des Hitlerregimes bzw. die Befreiung Europas zum Ziel gehabt hatte. Mit dem Erreichen dieses Ziels wurde die gemeinsame Basis immer geringer. Eigene Interessen und Befürchtungen gerieten zunehmend stärker in den Vordergrund – auch im Hinblick auf die Gestaltung der politischen Zukunft Deutschlands bzw. Europas.

Was wird aus Europa?

Die schwierige Frage der Nachkriegsordnung im befreiten Europa hatte die Alliierten schon lange vor Kriegsende beschäftigt. Bereits auf den Konferenzen von Teheran und Jalta hatte man sich grundsätzlich über eine Aufteilung Deutschlands, die Aufhebung früherer Gebietsabtretungen zu Lasten der Sowjetunion und über deren künftige Einflusszonen in Südosteuropa geeinigt.

Stalin und Roosevelt auf der Konferenz von Jalta. Noch scheint die Atmosphäre relativ harmonisch zu sein.

Die Beschlüsse der Konferenz von Potsdam im Juli 1945

spiegelten den Minimalkonsens der Siegermächte wider. Die Anerkennung der Oder-Neiße-Linie als Westgrenze Polens und die Vertreibung der Deutschen aus den osteuropäischen Staaten wurden von den USA und Großbritannien als endgültig festgeschrieben. Deutschland sollte zwar in Besatzungszonen aufgeteilt, ansonsten jedoch als wirtschaftliche Einheit betrachtet werden. Dies wurde aber durch die Sowjetunion unterlaufen, die Reparationsansprüche u.a. durch Entnahme aus der laufenden Produktion „ihrer“ Besatzungszone befriedigte. Bereits hier zeigte sich deutlich, dass die „deutsche Frage“ zu einem Brennpunkt der weiteren Entwicklung werden würde.

Die Blockteilung bahnt sich an

Die politische Zweiteilung Europas war nicht von vornherein gegeben. Zunächst gab es in den Staaten innerhalb des sowjetischen Einflussbereichs durchaus nichtkommunistische Parteien, deren Teilnahme an Regierungen zumindest offiziell weithin akzeptiert wurde. Umgekehrt galt dies im Westen Europas, wie etwa in Frankreich, Italien oder Belgien, auch für kommunistische Parteien. Die weitere Entwicklung allerdings wurde entscheidend von der Absicht der Sowjetunion bestimmt, zum eigenen Schutz ihre Vorherrschaft in Osteuropa abzusichern und in diesem Zusammenhang gewissermaßen zwischen sich und dem Westen einen Ring abhängiger Staaten zu errichten. Dieses Vorgehen der Sowjetunion schürte das Misstrauen im Westen.

Dass die bestehenden ideologischen und politischen Differenzen das politische Miteinander in der Zukunft immer deutlicher dominieren sollten, illustriert unter anderem der folgende Konflikt: Die Sowjetunion und Großbritannien hatten während des Krieges in Persien Truppen stationiert. Der ursprünglich vereinbarte Rückzug nach Beendigung des Krieges wurde jedoch durch das Engagement der Sowjetunion für den Aufstand der Aserbaidschaner in Frage gestellt. Die folgenden Auseinandersetzungen fanden auf politischer

Konferenz von Teheran (28.11.–1.12.1943):
- Unterschiedliche Vorstellungen über die Zukunft Deutschlands
- Westverschiebung Polens

Konferenz von Jalta (4.–11.2.1945):
- Aufteilung Deutschlands in vier Besatzungszonen
- Reparationszahlungen
- Initiative zur Gründung der UNO

Konferenz von Potsdam (17.7.–2.8.1945):
- Festlegung der vier Besatzungszonen
- Einrichtung des Kontrollrates in Berlin
- Entnazifizierung und Entmilitarisierung
- Wiedergutmachung und Reparationsleistungen
- Westverschiebung Polens
- Vertreibung
- Außenministerrat

Der sowjetische **„Sicherungsring“** wächst in den von der Sowjetunion besetzten Ländern:

Polen
Beeinflussung der Wahlen vom Januar 1947 zur Unterstützung des kommunistisch dominierten „Demokratischen Blocks“

ČSSR
Die KPC wird 1946 stärkste Partei

Ungarn
Freie Wahlen im November 1945 bringen unerwünschtes Ergebnis

(nur 16,9 % für Kommunisten), kommunistische Vertreter bleiben jedoch in der Regierung

Rumänien
- Fälschung der Wahl 1947
- Niederschlagung der Opposition
- Abdankung des Königs erzwungen

Bulgarien
- Pseudo-Wahlen 1945
- Unterdrückung der Opposition

Jugoslawien
Tito orientiert sich an Stalin.

Sowjetische Besatzungszone
- Bodenreform 1946
- Zusammenlegung von KPD und SPD zur SED

Die Londoner Außenministerkonferenz
(25. 11.–15. 12. 1947)
- Kontroverse über die deutsch-polnische Grenze und den Umgang mit Deutschland
- Abbruch aufgrund von schwerwiegenden Meinungsverschiedenheiten

Ebene statt. Die USA nahmen in den Alliierten Kontrollrat für Japan einen Vertreter der Sowjetunion auf, und diese wiederum gestand eine Umbildung der Regierungen in Rumänien und Bulgarien zu. Letztendlich wurden so jedoch nur gegenseitige Einflusssphären definiert.

Jenseits der unterschiedlichen politischen Interessen prägten sich nun auch die ideologischen Differenzen immer deutlicher aus: Stalins Äußerungen über die Unvereinbarkeit von Kommunismus und Kapitalismus korrespondierten mit auf westlicher Seite gehegten Befürchtungen, die Sowjetunion werde eine skrupellose Expansionspolitik betreiben. In der Politik der USA vollzog sich allmählich ein Wandel von der Kooperation hin zur Konfrontation und zur so genannten Containment-Politik (Eindämmungspolitik). Die Vereinigten Staaten traten der Sowjetunion in der unmittelbaren Folgezeit nur noch gemeinsam mit Großbritannien gegenüber und demonstrierten so ihre Zusammengehörigkeit als Repräsentanten der westlichen Welt. Moskau und Washington bildeten die beiden Pole einer neuen Weltordnung. Europa und Deutschland gerieten zunehmend ins Zentrum des wachsenden Konflikts. Durch den Marshall-Plan, der massive wirtschaftliche Unterstützung für den europäischen Wiederaufbau vorsah, und durch die Truman-Doktrin, wonach Hilfe für alle Staaten, die sich gegen kommunistische Bestrebungen wehrten, vorgesehen war, wurde die Bindung

Deutschland und Österreich waren unter den Besatzungsmächten aufgeteilt.

der westlich orientierten europäischen Staaten an die USA forciert. Auf der Moskauer Außenministerkonferenz im März/April 1947 wurden die unüberbrückbaren Gegensätze u.a. auch darin deutlich, dass sich erste Bestrebungen zum Zusammenschluss der westeuropäischen Staaten zeigten: intendiert wurde die Schaffung der Organisation für europäische wirtschaftliche Zusammenarbeit (OEEC). Die Begünstigung der westlichen Besatzungszonen durch den Marshall-Plan beschleunigte die unterschiedliche Entwicklung der deutschen Zonen und konnte auch auf der Londoner Außenministerkonferenz 1947 nicht mehr gestoppt werden. In der Blockade Berlins, d.h. der Sperrung sämtlicher Land- und Wasserverbindungen von Westdeutschland nach West-Berlin durch Stalin, kamen die Tiefe und die Dramatik des Konflikts besonders anschaulich zum Ausdruck. Ausgehend von der deutschen und der europäischen Teilung durch den „Eisernen Vorhang" wurde der Ost-West-Konflikt für die zweite Hälte des 20. Jahrhunderts zum bestimmenden Faktor der Weltordnung.

Die Luftbrücke der Alliierten sichert die Versorgung der Berliner Bevölkerung.

Die Truman Doktrin
(12.3.1947)
- Hilfe der USA für alle Völker, die sich gegen kommunistische Einflussnahme wehrten

Der Marshall-Plan
(5.6.1947)
- Politisch-wirtschaftliche Offensive der USA in Europa
- Ablehnung durch Polen, ČSSR und Ungarn

Wer war schuld am Kalten Krieg?

Worin letztendlich die Ursachen für die Entwicklung hin zum Kalten Krieg lagen, ist eine viel diskutierte Frage innerhalb der Geschichtswissenschaft. Von der „linken" Seite wurde lange Zeit die These vertreten, dass der Westen nach Roosevelts Tod einseitig auf einen Abbruch der Zusammenarbeit mit der Sowjetunion hingearbeitet und diese ökonomisch und militärisch unter Druck gesetzt habe. Konservativ orientierte Historiker dagegen sehen die Ursachen für den Bruch

Winston Churchill am 5.3.1946: „Niemand weiß, was Sowjetrußland und seine internationale kommunistische Organisation in der unmittelbaren Zukunft zu tun gedenkt oder welches die Bestrebungen zu Expansion und Bekehrung sind, wenn es solche überhaupt gibt".

der Anti-Hitler-Koalition darin, dass Stalin eine ungehemmte Expansionspolitik verfolgt habe, die auch für Westeuropa bedrohlich gewesen sei.

Differenzierte Betrachtungen der historischen Ereignisse zeigen jedoch, dass solche monokausalen, also nur einen Faktor berücksichtigenden Erklärungen nicht ausreichen. Vielmehr muss eine ganze Reihe von Ursachen – zu denen auch zufällige Entwicklungen zählen – miteinbezogen werden. Ein Urteilsspielraum bleibt dabei jedoch – wie bei so vielen historischen Fragen – bestehen.

Dekolonisation und Staatenbildung

Vor allem in der wachsenden Zahl selbständiger Staaten zeigen sich im 20. Jahrhundert die Folgen des Strebens nach Unabhängigkeit, dem „Motor" der Dekolonisation, also der Befreiung von der Kolonialherrschaft: Zählte man um 1900, einer Zeit, in der viele Regionen der Welt vorwiegend unter europäischer Herrschaft standen, nur etwa 50 souveräne Nationen, so belief sich deren Zahl im Jahr 1990 auf 180 Nationen.

Die Dekolonisation verlief in den verschiedenen Ländern, gemäß der unterschiedlichen Voraussetzungen, höchst unterschiedlich. Dabei spielten die histori-

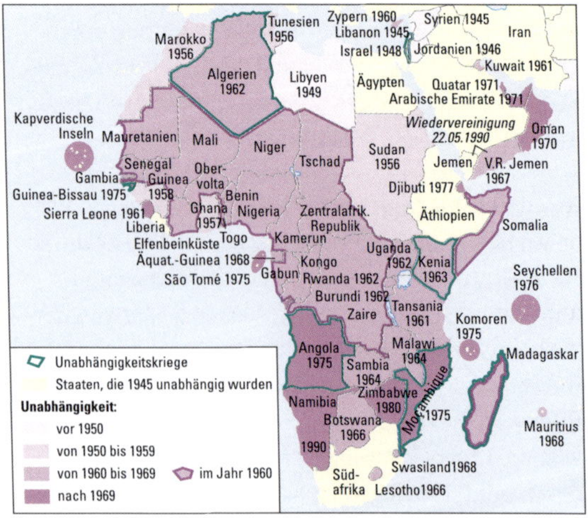

Weltweit führte der 2. Weltkrieg zum Wunsch nach Unabängigkeit von den verbliebenen europäischen Kolonialmächten.

schen Gegebenheiten vor der Kolonisation, Art und Umfang der nationalen Bewegungen, das Verhalten der Kolonialmacht ebenso wie das Ausmaß der Besiedlung durch Immigranten aus dem „Mutterland“, also des erfolgten Kulturtransfers, eine Rolle. Zudem war die sich nach dem 2. Weltkrieg entwickelnde Teilung der Welt in zwei Machtblöcke nicht ohne Bedeutung für viele der entsprechenden Entwicklungen. Die antikolonialistische Ausrichtung der USA etwa und das antiimperialistische Selbstverständnis der Sowjetunion, die nun als die neuen Supermächte agierten, bildeten einen günstigen weltpolitischen Hintergrund für alle antikolonialen Absichten. Andererseits verschärfte die Blockteilung zahlreiche bereits bestehende Konflikte in den neuen Staaten bzw. beförderte deren Entstehung. 1939 lebten noch ca. 750 Millionen Menschen unter der Herrschaft europäischer Mächte und der USA. Deutschland hatte seine Kolonien bereits 1919 verloren, Italien verlor sie während und nach dem 2. Weltkrieg. Bereits nach dem 1. Weltkrieg hatten sich in vielen Völkern, im Nahen Osten, in Nordafrika und in Indien Unabhängigkeitsbestrebungen gezeigt.

Beispiel Indien

Indien, das Herzstück des britischen Empire, hatte bereits nach dem 1. Weltkrieg eine Schrittmacherrolle im Kampf um die Unabhängigkeit kolonialisierter Völker übernommen. Im 19. Jahrhundert hatten sich nationalistische Bewegungen gebildet, wobei bereits damals die bis heute bestehenden Konflikte zwischen dem hinduistischen und dem muslimischen Bevölkerungsteil eine Rolle spielten. Nach 1918 kam es nicht nur zu einer Welle politischer Gewalt, sondern auch zum gemeinsamen Versuch der Bewegungen, für Indiens Beitrag im 1. Weltkrieg von den Briten Zugeständnisse zu erhalten. Zwar wurden Reformen durchgeführt, doch wies der Indian National Congress unter Führung von Mahatma Gandhi diese als nicht ausreichend zurück. Mit landesweiten Widerstandsaktionen erreichte der charismatische Gandhi trotz mehrfacher

Mohandas Karamchand **Gandhi**, gen. Mahatma („dessen Seele groß ist") wurde am 2.10. 1869 im indischen Porbandar geboren. Er studierte Jura in London (1888–91), praktizierte ab 1893 als Anwalt in Südafrika. Angesichts der dort stattfindenden Unterdrückung der Inder beginnt er seinen Kampf für deren Befreiung. Durch gewaltlosen Widerstand werden spürbare Verbesserungen erreicht. 1915 geht Gandhi nach Indien zurück, wo er zur zentralen Figur der Unabhängigkeitsbewegung wird. Ein besonderes Anliegen war es ihm, die indische Lebensart gegenüber der westlichen aufzuwerten und eine moralische und religiöse Erneuerung zu erreichen. Am 30.1.1948 wurde er von einem Hindufanatiker ermordet.

Inhaftierung die Formierung einer Massenbewegung, die sich vorwiegend des zivilen Ungehorsams als Mittel politischen Widerstands bediente. In den 30er Jahren erhielt Britisch-Indien eine neue Verfassung, doch noch immer war die völlige Unabhängigkeit nicht erreicht. Die Unzufriedenheit wuchs während des 2. Weltkriegs, als etwa zwei Millionen indische Soldaten auf der Seite Großbritanniens kämpften. Erst 1947 wurde von den Briten die Unabhängigkeit gewährt, allerdings wurde aufgrund der unüberwindbaren Diifferenzen zwischen Hindus und Muslimen das ehemalige Britisch-Indien in die beiden Staaten Pakistan und Indien geteilt. Diese Teilung führte zu Massakern an den jeweiligen Minderheiten, die etwa 1 Million Tote forderten. Bis heute konnte das Problem nicht gelöst werden, da ein Drittel der Muslime in Indien verblieb. 1948 wurde Gandhi, dem eine Verständigung zwischen den Religionen Indiens immer ein Anliegen gewesen war, von einem fanatischen Hindu erschossen. Auch Burma, bis dahin ebenfalls eine britische Kolonie, wurde 1948 unabhängig. Die Entwicklung in Indien bildete den Auftakt der Dekolonisation im restlichen Asien.

Beispiel Indonesien

In Südostasien hatte die japanische Besatzungspolitik wie ein Katalysator gewirkt. So war die Unabhängigkeit Indonesiens eine ihrer unmittelbaren Folgen. Das

Inselreich Indonesien, dessen Grenzen im Wesentlichen ein Produkt des holländischen Imperialismus des 19. Jahrhunderts sind, umfasst kulturell, religiös und historisch äußerst unterschiedlich strukturierte Gebiete. Die niederländische Regierung erzielte während ihrer Zeit als Kolonialmacht durch systematische Ausbeutung ungeheure wirtschaftliche Gewinne. Bereits seit den 30er Jahren gab es Protestbewegungen, die durch ihre Zusammenarbeit mit der japanischen Besatzung im 2. Weltkrieg zunehmend Einfluss gewinnen konnten. Nach der japanischen Kapitulation erklärte Sukarno Indonesien für unabhängig und sich selbst zum Präsidenten. Die Bemühungen der Niederländer, über die Bildung einer Union ihren Einfluss dennoch aufrechtzuerhalten, scheiterten an der Gründung der Vereinigten Staaten von Indonesien 1949/50, die offizielle Auflösung der Union folgte in den Jahren 1954–56. Doch gerade die fehlende innere Einheit des Landes führte in den kommenden Jahrzehnten zu erheblichen politischen und wirtschaftlichen Schwierigkeiten.

Beispiel Indochina

In Frankreich war – anders als in Großbritannien – die Bereitschaft zur Entlassung der Kolonien in die Unabhängigkeit gering. Besonders langwierig gestaltete sich die Befreiung Indochinas, eine Region, welche die von Frankreich zwischen 1858 und 1893 unter seine Herrschaft gebrachten Länder Laos, Kambodscha und Vietnam umfasste. Die koloniale Rolle Frankreichs wird bis heute unterschiedlich beurteilt. Frankreich selbst betont die positiven Aspekte, während auf der anderen Seite von Ausbeutung und daraus resultierender Verantwortung für die Verarmung der Bevölkerung gesprochen wird. Der bereits seit den 20er Jahren in der Opposition gegen Frankreich aktive Ho Chi Minh gründete 1941 die Befreiungsbewegung Viet Minh und proklamierte nach dem Ende der japanischen Besetzung 1942–45 die „Demokratische Republik Vietnam“. Nach erfolglosen Verhandlungen

Jubelnde Vietminh-Kämpfer auf einem abgeschossenen französischen Bomber nach dem Fall von Dien Bien Phu am 7.5.1954

Ho Chi Minh (1890–1969) war bereits bei seinem Frankreichaufenthalt 1917–1923 an der Gründung der französischen kommunistischen Partei beteiligt. Sein weiterer Lebensweg führte ihn als Funktionär der Komintern über Moskau, China, Thailand und Hongkong. 1940 kehrte er nach Vietnam zurück, wo er sich an die Spitze der Befreiungsbewegung setzte und schließlich 1945 Präsident der Republik Vietnam wurde.
Im Westen wurde Ho Chi Minh in den Protestbewegungen der 60er Jahre zu einer der Symbolfiguren des Widerstands.

mit der Kolonialmacht Frankreich begann 1946 ein Krieg, der 1954 mit der vernichtenden Niederlage der Franzosen bei Dien Bien Phu endete und damit auch das Ende des Kolonialreiches in Indochina besiegelte. Laos und Kambodscha wurden unabhängig, Vietnam gegen den Willen der Ho-Chi-Minh-Regierung in zwei Staatshälften aufgeteilt, weil Frankreich nach seiner schweren Niederlage gezwungen war, sich auf der Genfer Indochina-Konferenz mit der UdSSR und Rot-China zu einigen.

Beispiel Afrika

Auch im nordafrikanischen Algerien, unter französischer Herrschaft seit den 30er Jahren des 19. Jahrhunderts, kam es 1954 zu einem langanhaltenden Krieg, der bis 1962 dauerte, als 90% der Franzosen in einem Referendum für die Freiheit Algeriens stimmten.

In Afrika, das um 1900 fast zur Gänze unter den europäischen Kolonialmächten aufgeteilt war, setzten nach dem 2. Weltkrieg – vorwiegend von einer kleinen Schicht Intellektueller vorangetrieben – verstärkt Unabhängigkeitsbestrebungen ein. Der wachsende Anteil der jüngeren Bevölkerung, die negativen wirtschaftlichen Auswirkungen des Krieges, die fortwährende Ausbeutung durch die Kolonialmächte und die erzwungene Teilnahme von Afrikanern unterschiedlichster kolonialer Zugehörigkeit am Krieg – dies alles verstärkte den sich formierenden Unabhängigkeitswillen. Großbritannien und Frankreich konnten die Entwicklung letztlich nicht aufhalten, auch wenn die überwiegende Zahl der Staaten ihre Unabhängigkeit erst ab 1960 errang. Äthiopien war als einziges afrikanisches Land immer unabhängig geblieben, Liberia war seit 1847, Ägypten seit 1922 und Südafrika seit 1931/34 selbständig. 1951 folgte Libyen, 1956 der Sudan, Marokko und Tunesien, 1957 Ghana, 1958 Guinea, 1960 gewannen 17 weitere Staaten, darunter Kamerun, Togo und Nigeria, ihre Souveränität. Als letzte Staaten wurden 1980 Zimbabwe (vormals Rhodesien) und 1990 Namibia unabhängig. Rhodesien hatte zwar bereits 1965 seine Unabhängigkeit proklamiert, war aber nicht anerkannt worden.

Insbesondere Ghana entwickelte sich unter seinem Präsidenten Nkrumah, einem überzeugten Vertreter des Panafrikanismus, d. h. der Idee einer Einigung des ganzen Kontinents, zu einem Motor der Unabhängigkeitsbewegung. In einigen Staaten war der Prozess der Dekolonisation von jahrelangen blutigen Kämpfe begleitet, etwa in Angola oder Moçambique, Rhodesien oder Kenia.

Einer jener Staaten, in denen die Entkolonialisierung dramatisch verlief, war **Belgisch-Kongo**. Bereits die Kolonialherrschaft war von ungeheurer Brutalität gekennzeichnet. Unter Leopold II. wurden zahllose Menschen misshandelt und getötet, wenn sie nicht ausreichend Kautschuk oder Elfenbein aus dem Urwald brachten.
Nach Schätzungen wurde zwischen 1885 und 1908 die Bevölkerung des Kongo um mehr als 10 Millionen Menschen dezimiert.
1960 mussten die Belgier, die geglaubt hatten, das vor allem an Bodenschätzen reiche Land noch lange halten zu können, überstürzt abziehen. Zu diesem Zeitpunkt gab es nur 30 Kongolesen mit Hochschulabschluss. Von den etwa 5000 leitenden Angestellten waren drei aus dem Kongo – denkbar schlechte Voraussetzungen für den Start in die Unabhängigkeit, der bald auch von blutigen Auseinandersetzungen begleitet war.

Brennpunkt Naher Osten

Als eines der drängendsten Probleme stellt sich zu Beginn des 21. Jahrhunderts der Nahost-Konflikt dar, der offensichtlich noch immer an Schärfe gewinnt und mehr denn je die Aufmerksamkeit der Weltöffentlichkeit auf sich zieht. Auch dieser Konflikt hat eine seiner Ursachen in der imperialen Aufteilung der Welt durch die europäischen Großmächte.

Seit dem späten 19. Jahrhundert hatte die so genannte zionistische Bewegung, die für die Errichtung eines jüdischen Staates in Palästina als Heimat für alle Juden plädierte, immer mehr Zulauf gewonnen. Der in den europäischen Staaten herrschende Antisemitismus, der gerade auch jene Juden, die sich der nicht-jüdischen Bevölkerungsmehrheit zu assimilieren suchten, in hohem Maße belastete, bildete neben religiösen Aspekten einen entscheidenden Grund für die Ausbildung des Zionismus. Auch die Konjunktur des Nationalgedankens, der sich überall bemerkbar machte, spielte hier hinein. Die Zionisten begriffen die Juden in ihrer Gesamtheit als Nation, nicht aber als Glaubensgemeinschaft, deren Angehörige der jeweiligen Nation, in der sie lebten, zuzurechnen waren.

Bereits 1917 hatte der britische Außenminister Arthur James Balfour (1848–1930) in der so genannten

Die seit dem Ende des 19. Jahrhunderts in das Gebiet „Palästina" einwandernden Juden entfalteten unter großen körperlichen Mühen eine rege Siedlungstätigkeit und schufen eine leistungsfähige Infrastruktur.

Der **Beginn der israelischen Geschichte** stellt sich aus israelischer und arabischer Sicht unterschiedlich dar: Auf der einen Seite wird von einem nahezu verödeten, kaum besiedelten Land gesprochen, das erst durch die Leistungen der jüdischen Einwanderer die Voraussetzungen erhielt, als Staat existieren zu können. Auf der anderen Seite wird die Besiedlung bzw. vor allem die folgende Staatsgründung durch die Juden als ein Akt der gewaltsamen Kolonialisierung dargestellt, die die vorhandene Bevölkerung unterjochte und aus ihren Lebenszusammenhängen riss.

Balfour-Declaration – gegen den arabischen Willen – den Juden Palästina, das als Mandatsgebiet seit 1920 unter britischer Herrschaft stand, als „nationale Heimstätte" versprochen. Die zunehmende Einwanderung in die Region, zunächst vorwiegend aus Osteuropa, später aus Deutschland und anderen mitteleuropäischen Staaten, erhöhte die Zahl der jüdischen Bevölkerung in Palästina bis 1948 auf etwa 630 000 Personen.

Die Enttäuschung über das Doppelspiel der Briten und Franzosen war bei den arabischen Völkern groß, als diese statt nach dem 1. Weltkrieg den versprochenen großarabischen Staat auf den Weg zu bringen, den Nahen Osten in Einflusssphären unterteilten (siehe Karte S. 78). Eine Rolle als eigenständige staatliche Gebilde spielten zunächst vorwiegend die 1923 zum Nationalstaat avancierte Türkei und der Iran unter Schah Mohammed Resa. Auch wenn Ägypten, der Irak, der Libanon, Syrien und Transjordanien zwischen 1922 und 1946 unabhängig wurden, waren diese Jahrzehnte doch gekennzeichnet vom ungebrochenen Einfluss der beiden europäischen Kolonialmächte. Erst nach dem Ende des 2. Weltkriegs wurde dieser aufgegeben, doch blieben Probleme bestehen, die die weitere Entwicklung der Region erheblich belasteten. Die Grenzziehungen entsprachen nicht der historischen Realität und führten immer wieder zu

Nach dem 2. Weltkrieg wurden mit dem Schiff „Exodus" der zionistischen Organisation Hagana 4544 jüdische Emigranten zur Einwanderung in das britische Mandatsgebiet gebracht. Die Briten hinderten sie jedoch daran, an Land zu gehen und schifften die Flüchtlinge wieder in Richtung Europa ein – ausgerechnet nach Deutschland, dessen Mördern sie gerade entkommen waren. Dieses Vorgehen führte zu weltweiter Entrüstung.

Der Teilungsplan der Vereinten Nationen aus dem Jahr 1947

Spannungen. Eine kleine Oberschicht, die wirtschaftliche Macht besaß, verdankte ihre Stellung der Zusammenarbeit mit den Kolonialmächten, was zu sozialen Konflikten und Revolutionen führte. Die wirtschaftliche Abhängigkeit von den Kolonialmächten verhinderte auf lange Sicht eine eigenständige wirtschaftliche Entwicklung.

Die nach dem Ende des Krieges betriebenen Vorbereitungen zur Gründung eines jüdischen Staates stießen bei den Palästinensern im Lande ebenso wie bei den arabischen Nachbarn, die die jüdische Einwanderung ohnehin verurteilt hatten, auf einhellige Ablehnung.

Aber auch die Briten hatten sich inzwischen gegen weitere Einwanderungen entschieden. Nicht zuletzt vor dem Hintergrund des Holocaust beschloss die UN-Vollversammlung 1947 die Aufteilung Palästinas in einen jüdischen und einen arabischen Teil. Am 15. Mai 1948 erlosch das britische Mandat über Palästina, einen Tag zuvor hatte der Jüdische Nationalrat den unabhängigen Staat Israel ausgerufen, der 77% des Gebietes von Palästina umfasste.

Sofort versuchten die arabischen Nachbarn ihre Haltung mit Gewalt durchzusetzen. Dieser erste israelisch-arabische Krieg, der Unabhängigkeitskrieg, wurde erst 1949 durch Waffenstillstand beendet. Die Flucht bzw. Vertreibung von 600 000 bis 850 000 Palästinensern in den Jahren 1948–50 führte zur Entstehung großer Flüchtlingslager in den arabischen Nachbarstaaten. Da sich diese bis heute einer Integration der Flüchtlinge

Am 17./18.9.1982 kam es in den palästinensischen Flüchtlingslagern Sabra und Schatila zu einem **Massaker** von rechtsgerichteten christlichen Milizen, dem mehr als 1000 Palästinenser zum Opfer fielen – die israelischen Besatzungstruppen griffen nicht ein.

widersetzen, besteht das Problem weiterhin fort. Nach den ersten Wahlen 1949 regierte in Israel die sozialdemokratische Partei. Erster Ministerpräsident war David Ben Gurion.

Das Verhältnis zu den arabischen Staaten, die Israels staatliche Existenz auch weiterhin unverändert in Frage stellten, entwickelte sich zum so genannten Nahost-Konflikt. In vier weiteren Kriegen (1956, 1967, 1973 und 1982) eroberte Israel das Westjordanland, die Sinaihalbinsel, den Gazastreifen und die syrischen Golan-Höhen; nur die Halbinsel Sinai erhielt Ägypten zurück (bis zum April 1982), die anderen Gebiete wurden dauerhaft besetzt. Der anhaltende Konflikt belastet seit Jahrzehnten zahlreiche arabische Staaten – vor allem weil sie Unsummen in die Rüstung investieren – und behindert bis in unsere Gegenwart nachhaltig die Entwicklung der Region nicht nur auf wirtschaftlichem und sozialem Gebiet.

Bereits 1969 wurde **Jasir Arafat** der Vorsitzende der PLO.
1972 erschütterte eine von Palästinensern durchgeführte Terroraktion die Welt. Während der **Olympischen Spiele** von **München 1972** verschafften sich palästinensische Terroristen den Zugang zum olympischen Dorf, töteten zwei israelische Sportler und nahmen neun als Geiseln, die sie im Verlauf eines Befreiungsversuches ebenfalls ermordeten.

Durch Vermittlung der USA kam es 1974

Ein historischer Augenblick: Während der Friedensverhandlungen, die zum Abschluss von Camp David führen, umarmen sich der ägyptische Präsident Mohammed Anwar as-Sadat und der israelische Ministerpräsident Menachem Begin, 17. 9. 1978

zur Rückgabe von Teilen der eroberten Gebiete, während etwa im besetzten Westjordanland jüdische Siedlungen errichtet wurden. Gleichzeitig waren seit den 60er Jahren vermehrt blutige Terroranschläge der PLO, der Palästinensischen Befreiungsorganisation, und anderer Widerstandsgruppierungen gegen Israel zu verzeichnen. Die Niederlagen der arabischen Staaten in den Kriegen gegen Israel und fehlende politische und materielle Unterstützung hatten dazu geführt, dass sich ein Teil der Palästinenser auf diese Weise radikalisierte.

Die Intifada – die „Erhebung" – der Palästinenser wird ganz wesentlich auch von Kindern und Jugendlichen getragen.

Obwohl verschiedene Initiativen für eine umfassende Friedensregelung im Nahen Osten gestartet wurden – so etwa durch Ägyptens Präsident Mohammed Anwar as-Sadat, was 1979 zum Friedensvertrag von Camp David führte –, ist das Problem bis heute nicht gelöst. Die 1987 ausgebrochene so genannte Intifada, das gewaltsame Aufbegehren der Palästinenser im Westjordanland und im Gazastreifen gegen die israelischen Besatzer, dauert bis heute ungebrochen an. Zwar hatten sich die Parteien in den 90er Jahren schließlich auf Selbstverwaltungsbereiche der Palästinenser geeinigt, doch suchen fundamentalistische islamische Terrorgruppen den Konflikt für ihre Zwecke zu instrumentalisieren und mittels brutaler Terroranschläge jeden Ansatz eines Friedensprozesses zu verhindern.

Auch auf israelischer Seite finden sich Verfechter einer harten Linie. Den Maximalforderungen nach einem arabischen Palästina stehen solche nach einem rein jüdischen Staat gegenüber. Zusätzlich erschwert die Forderung nach Rückkehr der palästinensischen Flüchtlinge in ihre ursprüngliche Heimat (was de facto das Ende der jüdischen Mehrheit innerhalb Israels bedeuten würde) jede Friedensregelung. Mehr als je zuvor erscheint die Situation zu Beginn des 21. Jahrhunderts aussichtslos. Die Ermordung des israelischen Präsidenten Rabin 1995 (durch einen fanatischen jüdischen Siedler), der versucht hatte, einen dauerhaften Frieden herbeizuführen, hat eine womöglich auf lange Sicht nicht zu schließende Lücke hinterlassen, soweit es um israelische Politiker geht, die einer wirklichen Lösung des Konflikts den Weg hätten ebnen können.

Yitzhak Rabin (1922–95), zunächst Generalstabschef, war 1974–77 erstmals Ministerpräsident, 1984–90 Verteidungsminister und 1992 erneut Regierungschef. Er wurde am 4. 11. 1995 bei einem Attentat während einer Friedensveranstaltung vor 100 000 Menschen erschossen.

Mit dem Ende des 2. Weltkriegs war auch das Ende der deutschen Vorherrschaft in Europa und der japanischen in Asien besiegelt. In beiden Fällen war ein Machtvakuum entstanden, das nun gefüllt werden musste. Veränderte Bedingungen schufen auch diejenigen Regionen, die sich nun bemühten, von den europäischen Kolonialmächten unabhängig zu werden, wobei diese ihrerseits durch den Krieg geschwächt waren. Das weltpolitische System der ersten Hälfte des 20. Jahrhunderts war definitiv an sein Ende gelangt.

In der Anti-Hitler-Koalition hatten sich kurzzeitig Kräfte zusammengefunden, deren unterschiedliche politische und gesellschaftliche Systeme und ideologische Differenzen eine Zusammenarbeit über den unmittelbaren Anlass hinaus undenkbar machten. Damit war die Stoßrichtung für die Nachkriegsjahre vorgegeben: Der Konflikt zwischen den Supermächten USA und Sowjetunion entwickelte sich für die nächsten Jahrzehnte zum bestimmenden Fakor des Weltgeschehens.

Der Wunsch nach Frieden – die Gründung der Vereinten Nationen (UN)

Das Ende des 2. Weltkrieges markierte jedoch nicht nur den Beginn des weltumspannenden Konflikts zwischen den Supermächten USA und UdSSR. Der Krieg und die damit einhergehende Missachtung der Menschenrechte und des Völkerrechts führten wie schon nach dem 1. Weltkrieg zu Überlegungen, eine überstaatliche, weltumfassende Institution zu schaffen, die ihrerseits eine friedliche Weltordnung und das Selbstbestimmungsrecht der Völker befördern könnte.

In San Francisco fand am 26.6.1945 die Gründungsversammlung der Vereinten Nationen statt.

Auf der Konferenz von Jalta im Februar 1945 hatten sich die Großen Drei (USA, UdSSR und Großbritannien) über die Gründung der Vereinten Nationen, der United Nations, verständigt. Gründungsmitglieder waren alle Staaten, die gegen Deutschland und Japan Krieg geführt hatten, wobei durch die Gewährung des Stimmrechts an die Ukraine und Weißrussland, die ihrerseits Republiken der Sowjetunion waren, letztere über eine höhere Stimmenanzahl als alle anderen Staaten verfügte. Nachdem Klarheit über das Vetorecht erreicht worden war, wurde 1945 in San Francisco die Charta der Vereinten Nationen unterzeichnet, die am 24. Oktober 1945 in Kraft trat.

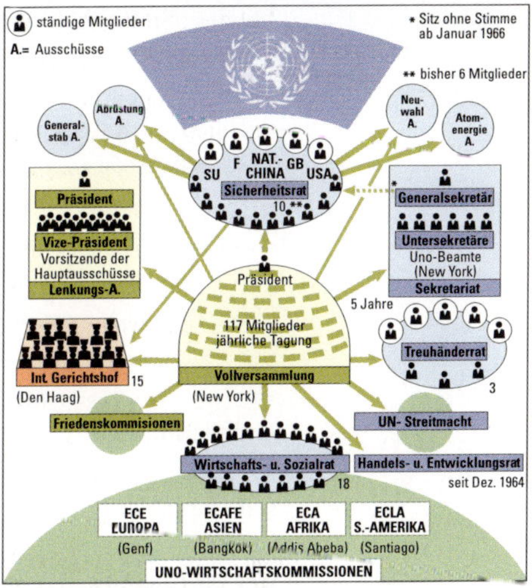

Die Graphik zeigt den komplizierten Aufbau der Vereinten Nationen, wie er sich 1965 darstellte. Mittlerweile sind noch weitere Aufgabenfelder hinzugekommen.

Erklärte Ziele der UN waren und sind die Erhaltung des Weltfriedens und der internationalen Sicherheit, die Entwicklung freundschaftlicher Beziehungen zwischen den Nationen (auf der Grundlage von Gleichberechtigung und Selbstbestimmung der Völker) und die Förderung der Zusammenarbeit der Staaten bei der Lösung internationaler Probleme sowie der Durchsetzung der Menschenrechte und Grundfreiheiten.

Sitz der neuen Organisation wurde New York, ihre Hauptorgane wurden die Vollversammlung, das Generalsekretariat und der Sicherheitsrat. Zusätzlich bildete man verschiedene Kommissionen, etwa die UNESCO (United Nations Educational, Scientific and Cultural Organization), die UNICEF (United Nations International Children's Emergency Fund) und die WHO (World Health Organization). Das entscheidende Gremium ist der Sicherheitsrat, der fünf ständige und sechs zeitweilige, auf ein bis zwei Jahre gewählte Mitglieder zählt.

Im Jahr 2000 sind mit Ausnahme der Westsahara, der Schweiz, Taiwan und des Vatikanstaates alle Staaten der Welt Mitglieder der UN. Des weiteren wurden zahlreiche Spezialorgane geschaffen, die sich Handels- und Entwicklungsfragen, Flüchtlings-, Ernährungs- und Umweltproblemen widmen.

Auch wenn die Handlungsmöglichkeiten der UN begrenzt sind – ihre Beschlüsse stellen im rechtlichen Sinne Empfehlungen dar – ist ihre Bedeutung doch nicht zu unterschätzen, was sich u. a. auch im Einsatz von UN-Friedenstruppen, zahlreichen Resolutionen im Hinblick auf unterschiedlichste Menschenrechtsfragen sowie vielfältigen Stellungnahmen zu den Konflikten seit 1945 zeigt.

Der Wettlauf der Systeme und das Gleichgewicht des Schreckens

Bereits vor der Blockade Berlins durch die UdSSR und der daraufhin eingerichteten westlichen Luftbrücke hatte sich angedeutet, dass die künftige Weltordnung vom Gegensatz der Großmächte USA und Sowjetunion geprägt sein würde.

Harry S. Truman (1884–1972 war der 33. Präsident der USA (1945–53). Durch den Tod seines Vorgängers Roosevelt am 12. 4. 1945 kam er ins Amt.

Von der Truman-Doktrin zur amerikanischen Militärpräsenz in Europa: Unter Präsident Truman war es zunächst nur darum gegangen, klarzustellen, dass man sich bei Bedarf möglicher expansionistischer Bestrebungen des kommunistischen Gegenübers erwehren würde, sobald die Sowjetunion versuchen sollte, ihre Einflusssphären zu vergrößern. So war schon 1946 im Zusammenhang mit der Irankrise das Vorgehen der Sowjetunion (die einen kommunistischen Aufstand und die Autonomiebewegung Aserbaidschans unterstützte) von den USA als expansionistische Bestrebung hin zum Persischen Golf, einem alten russischen Interessengebiet, gewertet worden. Soweit es Europa betraf, führte allerdings erst Großbritanniens Drohung, sich künftig finanzieller und materieller Unterstützung Griechenlands und der Türkei zu enthalten, zur entscheidenden Wende in der amerikanischen Außenpolitik. Truman erreichte, dass man Großbritannien in sei-

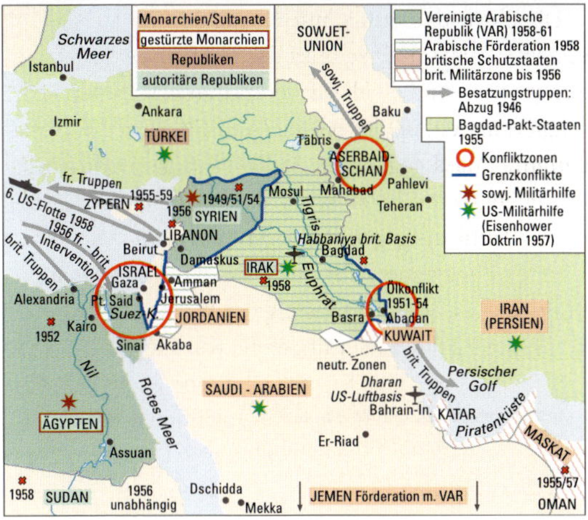

Im Nahen Osten entstanden durch die komplizierten Machtverhältnisse und die willkürlichen Grenzziehungen nach dem 2. Weltkrieg bis ins 21. Jahrundert immer wieder neue Krisenherde.

nen Bemühungen unterstützte, ebenso wie Griechenland und die Türkei selbst, die sich ihrerseits kommunistischer Bestrebungen erwehren mussten. Die so genannte Truman-Doktrin markiert einen entscheidenden Wendepunkt der amerikanischen Außenpolitik, insofern diese nun erklärtermaßen tatsächlichem oder vermeintlichem Expansionsstreben der Sowjetunion Einhalt gebieten wollte. Mit dem Marshall-Plan, der von der Sowjetunion strikt abgelehnt wurde, stellten die USA zwischen 1948 und 1952 Zuschüsse und Kredite von insgesamt 13,2 Milliarden Dollar bereit, was zu enormen wirtschaftlichen Vorteilen für den Westen insgesamt führte.

Die Ablehnung des Marshall-Plans bedeutete für den Ostblock nicht nur den Verzicht auf schnelle Wiederherstellung der ökonomischen Leistungsfähigkeit (und damit die Schaffung einer Basis für gleichberechtigte Beziehungen zwischen Ost und West). Es beschleunigte sich damit auch die ideologische Polarisierung zwischen kommunistischen und nichtkommunistischen Parteien in den europäischen Staaten. So wurden 1947 die kommunistischen Minister in Frankreich, Italien und Belgien zwangsweise aus der Regierungsverantwortung entlassen, in den Ostblock-Ländern erfolgten sogleich entsprechende Gegenreaktionen.

Die Blockade Berlins, mit der die Sowjets auf den engeren Zusammenschluss der westlichen Besatzungszonen und die damit verknüpften Maßnahmen reagiert hatten, nährte bei den Amerikanern die Überzeugung, dass gegenüber Stalin Festigkeit und Unnachgiebigkeit geboten seien, dass jegliche isolationistische Politik aufgegeben werden müsse und ein verstärktes Engagement für die Verteidigung Europas nötig sei. Die Machtergreifung der Kommunisten in der Tschechoslowakei, mit der die vormalige demokratische Regierung beseitigt wurde, stützte diese Überzeugung nachhaltig.

Mit der Unterzeichnung des Brüsseler Pakts am 17. März 1948, einer Militärallianz zwischen Großbritannien, Frankreich und den Beneluxländern, war die künftige Richtung vorgegeben.

Das Jahr 1949, in dem die Blockade Berlins endete, wurde von einer Reihe wichtiger Ereignisse, die u. a. auch als Reaktion auf die Blockade zu verstehen sind, geprägt. In ihnen verdeutlichte sich die neue Richtung der Weltpolitik: Die USA, Kanada, Großbritannien, Frankreich, Belgien, die Nieder-

Der Weg in den Kommunismus: Beispiel Tschechoslowakei
Gerade auch die Angst vor dem deutschen Nachbarn, dem man schutzlos ausgeliefert gewesen war, führte nach dem 2. Weltkrieg zu einer Umorientierung der tschechischen Politik von Westen nach Osten. Bereits die Exilregierung in London unter Edvard Beneš verpflichtete sich 1943 ggb. der UdSSR zu Freundschaft, Unterstützung und Zusammenarbeit. Stalins Plan der Westverschiebung Polens auf Kosten Deutschlands wurde unterstützt, so wie Stalin seinerseits die Pläne für eine Vertreibung aller Deutschen aus dem tschechischen Staatsgebiet unterstützte. Beneš ging Verpflichtungen gegenüber dem Vorsitzenden der tschechischen Kommunistischen Partei Klement Gottwald ein und sicherte ihm eine sozialistische Ausgestaltung des künftigen tschechischen Staates zu.
An der ersten Nachkriegsregierung waren bereits – erstmals in der tschechischen Geschichte – Kommunisten beteiligt, doch gab es auch noch Politiker, die nicht zu einer einseitigen Ostbindung tendierten. Der kommunistische Einfluss wurde in der Folgezeit massiv verstärkt, rechte und bürgerliche Parteien wurden verboten. Während man gegenüber dem Westen noch versuchte, den Eindruck demokratischer Strukturen zu erwecken, verstärkte sich der Einfluss der Kommunisten überall. 1946 erhielten sie in freien Wahlen 37,9% der Stimmen und bildeten gemeinsam mit den Sozialdemokraten die Regierung. Zunächst blieb die Tschechoslowakei – als einziger demokratisch verfasster Staat – noch im Vorhof der Sowjetunion bestehen. 1948 spitzte sich die Situation jedoch zu. Die SPD verweigerte sich einem Zusammenschluss mit der KP, die gemäß den Weisungen aus Moskau die Massen mobilisierte. Die Atmosphäre war äußerst angespannt. Aus Protest gegen die Unterwanderung der Polizei durch die Kommunisten traten im Februar die Minister der demokratischen Parteien zurück. Dies nutzten die Kommunisten mit Hilfe so genannter Aktionskomitees zur engültigen Machtübernahme. Präsident Beneš wurde gezwungen, dem Rücktritt der demokratischen Minister zuzustimmen. Nach Bestätigung der neuen Machtverhältnisse durch das Parlament begann der stalinistische Ausbau der Herrschaft.

Die Unterzeichnung des NATO-Paktes am 4. 4. 1949 durch die Außenminister von Belgien, Kanada, Dänemark, Frankreich, Island, Italien (oben), Luxemburg, Niederlande, Norwegen, Portugal, Großbritannien und den USA (unten)

lande, Luxemburg, Island, Norwegen, Dänemark und Italien schlossen sich in einem Verteidigungspakt, der NATO (Northern Atlantic Treaty Organization) zusammen. Darin verpflichteten sich die Unterzeichnerstaaten, jedem ihrer Mitglieder im Falle eines Angriffs Beistand zu leisten. Auch die endgültige Trennung Deutschlands in zwei Teile, die jeweils eng mit einer der beiden Supermächte verbunden waren, resultierte aus dieser Entwicklung: Im selben Jahr erfolgte die Gründung der BRD und der DDR – das Staatsgebiet der BRD umfasste die westlichen Besatzungszonen, das der DDR die sowjetisch besetzte Zone.

1949 wurde zudem in der Sowjetunion die erste Atombombe getestet. Damit hatten die USA ihr Atomwaffenmonopol verloren, das im Hinblick auf die militärische Sicherheit Westeuropas gegenüber der im konventionellen Bereich weit überlegenen Sowjetunion eine zentrale Bedeutung hatte. Dass sich außerdem die kommunistische Herrschaft in China zu stabilisieren vermochte und dort im Oktober die „Volksrepublik" ausgerufen wurde, löste in den USA einen zusätzlichen Schock aus. Der amerikanische Rüstungsvorsprung war dahin und der kommunistische Einflussbereich ungeheuer angwachsen. Dies führte zu neuen Überlegungen hinsichtlich der Haltung gegenüber dem Ostblock. Die Sowjetunion wurde als aggressive Macht, als ideologischer Gegenpol zum amerikanischen „Way of Life" betrachtet, deren Expansionsdrang zur Unterjochung Osteuropas und Chinas geführt habe und nun weitere Teile der Welt bedrohte. Globaler Widerstand gegen die sowjetischen Absichten schien das Gebot der Stunde, wenn der Westen nicht weiter an Einfluss verlieren wollte.

In den USA entwickelte man daher nicht nur Pläne, wie im Hinblick auf atomare und konventionelle Rüstung künftig zu verfahren sei; auch die Frage der Stationierung von Truppen und Waffen in Europa wurde diskutiert, was eine massive Änderung der bisherigen militärischen Doktrin bedeutete. In Westeuropa startete der Kreml eine durch die westlichen kommunistischen Parteien propagierte Friedensoffensive, wobei vor allem die Angst vor nuklearer Bedrohung aufgegriffen und Neutralität als eine denkbare Lösung angeboten wurde.

Weitere internationale Entwicklungen verschärften den Konflikt: Der Ausbruch von Feindseligkeiten zwischen kommunistischen und nicht-kommunistischen Kräften in Korea – das 1945 von russischen und amerikanischen Truppen besetzt worden war, was zur Entstehung zweier Regime mit gegensätzlichen politischen Ausrichtungen geführt hatte – zeigte eine neue Dimension des Ost-West-Konflikts: Der kommunistische Teil hatte den nicht-kommunistischen angegriffen.
Am 24. Juni 1950 brach der Korea-Krieg aus. Für Truman war dies ein neuer Ausdruck der weltweiten

Die Landung von US-Soldaten in Korea am 25.6. 1950 – der erste offene Konflikt des Kalten Krieges war ausgebrochen.

russischen Aggression. Amerika musste seiner Meinung nach reagieren, damit nicht auch der Iran und der Mittlere Osten unter sowjetische Kontrolle gerieten. Amerikanische Truppen drängten im Auftrag der Vereinten Nationen den kommunistischen Angreifer zunächst zurück, wurden dann aber ihrerseits durch chinesische Freiwillige wieder bis an die ursprüngliche Grenze zurückgeworfen. 1953 wurde ein Waffenstillstand geschlossen und die Teilung Koreas endgültig besiegelt.

Der Ausbruch des Korea-Krieges führte zur Intensivierung der Verteidigungsanstrengungen in Europa; die Stationierung amerikanischer Truppen in der Alten Welt begann. Die NATO selbst hatte durch die Aufstellung einer gemeinsamen Armee unter dem Oberbefehl General Eisenhowers als Militärorganisation unmittelbar Präsenz gewonnen. Die amerikanischen Rüstungsausgaben wurden massiv erhöht. 1952 rief man auf der Konferenz in Lissabon ein NATO-Sekretariat (unter der Leitung eines Generalsekretärs stehend) ins Leben und zentrierte die politische Logistik der Allianz in und um Paris. Weitere enge Zusammenschlüsse der Streitkräfte wurden angestrebt.

Die USA hatten nun offenkundig die Aufgabe akzeptiert, die Nachkriegsordnung in Europa zu sichern und zwar nicht allein – wie ursprünglich vorgesehen – durch bloße ökonomische Unterstützung, sondern auch durch militärische Präsenz. Auch ein deutscher Verteidigungsbeitrag – wenige Jahre zuvor noch undenkbar – stand nun zur Diskussion. Im Rahmen der Verhandlungen um eine gemeinsame europäische Verteidigung konnte die BRD trotz innerer und äußerer Widerstände in den kommenden Jahren ihre innere und äußere Souveränität nahezu vollständig wiedererlangen.

Die deutsche Frage – ein Angelpunkt des Kalten Krieges

Seit dem Ende des Krieges hatte sich immer deutlicher abgezeichnet, dass die Frage, was mit dem besetzten Deutschland geschehen würde, untrennbar mit dem

Die Entwicklung in der **Sowjetischen Besatzungszone** (SBZ) unterschied sich von Anfang erheblich von der in den Westzonen. Die russische Reparationspolitik setzte direkt nach Kriegsende ein. So wurden beispielsweise in Sachsen bis Mitte 1948 ca. 1000 Betriebe demontiert und dabei 250 000 Maschinen entnommen. Bis 1947 wurden 11 800 Kilometer Schienen abgebaut. Auch die Entnahmen aus laufender Produktion waren erheblich höher als im Westen: 7 Milliarden Dollar während der gesamten Besatzungszeit gegenüber 0,13 Milliarden aus allen drei Westzonen. Die Demontagen beliefen sich insgesamt auf 2,6 Milliarden Dollar im Osten gegenüber 0,6 im Westen.
Neben weiteren Reformen war vor allem auch die Bodenreform, in deren Verlauf „Junkerland in Bauernhand“ übergeben wurde – also Großgrundbesitzer enteignet wurden –, ein ganz entscheidender Schritt zum wirtschaftlichen Auseinanderdriften der Besatzungszonen.

sich entwickelnden Ost-West-Konflikt verbunden war. Da die Siegermächte kein unmittelbares Nachfolgeregime etablierten, ersetzten die Streitkräfte in den Besatzungszonen gewissermaßen die Regierung. Dies hatte zur Folge, dass sich in den durch die Westmächte besetzten Teilen andere Entwicklungen anbahnten als im unter sowjetischer Besatzung stehenden Osten. Im Westen begann sich die Überzeugung durchzusetzen, dass der wirtschaftliche Wohlstand Westeuropas entscheidend mit der Wirtschaftslage in Deutschland verknüpft sei. 1947 vereinigten die Amerikaner und Briten daher ihre beiden Zonen zum „Vereinigten Wirtschaftsgebiet“. Die westlichen Besatzungszonen wurden in den Marshall-Plan einbezogen, auch die französische Zone nahm, wenngleich erst auf Druck der USA und Großbritanniens, an der wirtschaftlichen Integration teil. 1948 erfolgte nicht nur der Zusammenschluss der drei westlichen Zonen zur Trizone, sondern auch die Einführung der Deutschen Mark, um die Inflation zu stoppen und die Schwarzmarktgeschäfte zu unterbinden. Aus der Sicht Moskaus war diese Entwicklung, die offensichtlich nur das Vorspiel zur politischen Westintegration darstellte, überaus bedrohlich. Es kam deshalb 1948/49 zur Blockade Berlins, deren Auswirkungen durch eine Luftbrücke der Amerikaner unterlaufen wurden. Die Teilung Berlins in einen Ost- und einen Westsektor deutete sich so bereits an.

Im Zuge der sich verstärkenden Spannungen zwischen den USA und der Sowjetunion wurde klar, dass Deutschland gestärkt werden musste. Auf der Basis der westlichen Besatzungszonen einigten sich die Westmächte in verschiedenen Verhandlungen auf die Gründung der Bundesrepublik Deutschland. Um den Status der Vorläufigkeit dieser Staatsgründung zu betonen, erhielt die Bundesrepublik keine Verfassung, sondern ein Grundgesetz. 1949 entstand die Bundesrepublik Deutschland, allerdings entbehrte sie zunächst noch ihrer Souveränität. Zum ersten Kanzler wurde Konrad Adenauer gewählt. Die Sowjetunion reagierte auf diese Entwicklung noch im selben Jahr mit der Gründung der Deutschen Demokratischen Republik, Otto Grotewohl wurde ihr erster Ministerpräsident.

Das Grundgesetz der Bundesrepublik beinhaltete die Wiederherstellung eines vereinigten Deutschlands als erklärtes Ziel, eine Anerkennung der DDR als eigenständiger Staat unterblieb. Seiner strikt auf Westbindung hin orientierten Politik wegen lehnte Adenauer ein von Stalin im Jahre 1952 unterbreitetes Angebot ab, demzufolge die Wiedervereinigung in Aussicht gestellt wurde, wenn Deutschland die Grenzen von 1945 anerkennen und sich zur Neutralität verpflichten würde. Inwieweit dieses Angebot ernst zu nehmen war, wird bis heute diskutiert.

Mit der Einbindung der Bundesrepublik Deutschland in die NATO 1955 war die Westbindung jedoch endgültig zementiert und in den zunehmenden Bemühungen der Supermächte um Entspannung hatte die deutsche Frage keine Priorität. Nur der Status des vom Staatsgebiet der DDR umschlossenen West-Berlin blieb noch einige Zeit fraglich. 1958 unternahm Chruschtschow den vergeblichen Versuch, die westlichen Besatzungsmächte dazu zu bewegen, Berlin zu verlassen. 1961 bekräftigte der damalige US-Präsident J. F. Kennedy die Rechte der westlichen Besatzungsmächte auf deren Anwesenheit in Berlin, auf den Zugang durch die DDR und auf das Selbstbestimmungsrecht der Westberliner. Zwei Monate später, in der Nacht vom 12. zum 13. August 1961 wurden die Grenzen zu den Westsektoren abgeriegelt und mit dem Bau der „Berliner Mauer" begonnen, einer nahezu unüberwindlichen Bar-

Wie wäre die Geschichte verlaufen, wenn Stalins Angebot angenommen worden wäre?

Aus der ersten **Stalin-Note** vom 10. 3. 1952:
„1. Deutschland wird als einheitlicher Staat wiederhergestellt ...
2. Sämtliche Streitkräfte der Besatzungsmächte müssen spätestens ein Jahr nach Inkrafttreten des Friedensvertrages aus Deutschland abgezogen werden ...
3. Dem deutschen Volk müssen die demokratischen Rechte gewährleistet sein ...
7. Deutschland verpflichtet sich, keinerlei Koalition oder Militärbündnisse einzugehen, die sich gegen irgendeinen Staat richten, der mit seinen Streitkräften am Krieg gegen Deutschland teilgenommen hat."

Die Berliner Mauer – jahrzehntelang das Symbol der deutschen Teilung.

Tausende von DDR-Bürgern schafften die Flucht über die Mauer, viele jedoch scheiterten. Über 100 Menschen wurden bei Fluchtversuchen erschossen.

riere mitten durch Berlin, was zur vollständigen Teilung der Stadt in einen Ost- und einen Westteil führte. Von westlicher Seite erfolgten scharfe Proteste und eine Verstärkung der alliierten Truppen im Westteil. Die Flucht aus dem Osten wurde mit dem Mauerbau gestoppt: Allein in den ersten 6 Monaten des Jahres 1961 waren 103 000 Menschen geflohen. In den folgenden Jahren erreichte die Zahl der so genannten Republikflüchtlinge im Schnitt nur noch 6000 pro Jahr. Aus der zunächst improvisierten Trennung der Stadtteile wurde eine Dauereinrichtung. Die Sowjetunion zog ihre Forderungen zurück. Die alliierten Streitkräfte verblieben im Westteil der Stadt, der durch eine Autobahn mit Westdeutschland verbunden blieb. Um eine nukleare Konfrontation zu vermeiden, wurde die endgültige Teilung Deutschlands und Berlins von den Supermächten hingenommen.

Die starre Haltung der Bundesrepublik, die sich nicht auf eine Anerkennung des Status quo in Europa einlassen wollte, widersprach den amerikanischen Interessen. Erst Bundeskanzler Willy Brandt brachte das Eis zum Tauen. Sein Besuch in der DDR 1970 begeisterte die Menschen und weckte Hoffnungen auf weitergehende Annäherungen zwischen den beiden deutschen Staaten.

Nach den Ostverträgen 1970 kam es 1972 zum Grundlagenvertrag zwischen der BRD und der DDR, der die Beziehungen der beiden untereinander auf einer Basis der Gleichberechtigung regelte, was in der BRD zu schweren innenpolitischen Auseinandersetzungen führte. Kleine Verbesserungen, etwa im Reiseverkehr, erleichterten in der Folge den Umgang der Menschen miteinander. Der große Umbruch aber ließ auf sich warten.

Zwischen Koexistenz und Konfrontation (1953–1962)

Auch wenn in den Jahren nach der Korea-Krise verstärkt Bemühungen um Entspannung sichtbar wurden, verlief diese Entwicklung nicht geradlinig, sondern in Schüben und Sprüngen. Fortschritte wechselten sich mit schweren Krisen ab und die atomare Bedrohung bildete den Hintergrund, vor dem sich die Politik der Supermächte im Zuge der Sicherung bzw. Abgrenzung der jeweiligen Interessensphären abspielte.

Das Jahr 1953 markiert einen Wendepunkt: Der russische Diktator Stalin starb – den darauf folgenden Machtkampf gewann Nikita Chruschtschow, der 1958 Ministerpräsident wurde –, und in den USA trat Dwight D. Eisenhower das Präsidentenamt an. Auch jetzt blieb die amerikanische Außenpolitik dezidiert gegen die Sowjetunion gerichtet. Vermehrte Anstrengungen zur nuklearen Aufrüstung wurden unternommen, zumal die Sowjetunion 1953 eine eigene Wasserstoffbombe entwickelt hatte. Von besonderer Bedeutung war die Tatsache, dass nur die USA über Lang- und Mittelstrecken-Bomber verfügten, die im Land selbst oder bei den Bündnispartnern stationiert werden konnten.

Das Scheitern der von den USA dringlich gewünschten europäischen Verteidigungsgemeinschaft bedeutete einen Rückschlag, doch wurde bereits 1954, im Anschluss an die Gründung der Westeuropäischen Union, auch die Bundesrepublik zum souveränen Partner und NATO-Mitglied. Die Antwort der Sowjetunion bestand in der Gründung des Warschauer Paktes, einer Militärallianz mit den osteuropäischen „Satellitenstaaten“ (Albanien, Bulgarien, ČSSR, DDR, Polen, Rumänien und Ungarn), ausgenommen Jugoslawien.

Chruschtschow liebte Auftritte, bei denen er sein Temperament zeigen konnte, wie hier beim Besuch der UNO in New York. Seit 1934 war er Mitglied des ZK der KPdSU, 1935 wurde er Erster Sekretär des Moskauer Gebietsparteikomitees, 1938 Parteichef der Ukraine, wo er an Gewaltakten beteiligt war. 1939 wurde er Mitglied des Politbüros, 1949 erfolgte die Ernennung zum Parteichef von Moskau.

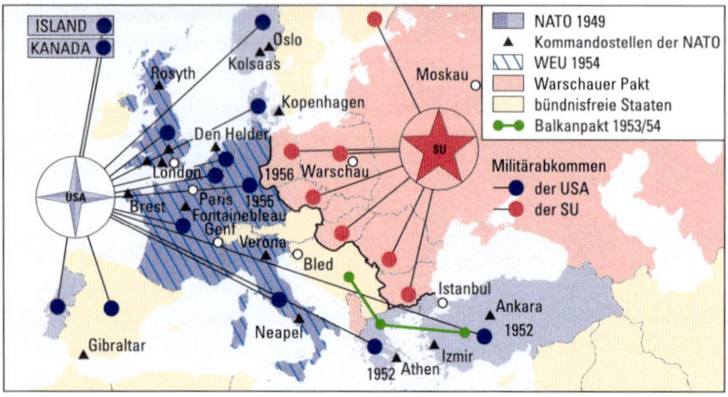

NATO und Warschauer Pakt waren über Jahrzehnte hin die militärischen Gegenpole im geteilten Europa.

Der Warschauer Pakt wurde als eine militärische Allianz dargestellt, die den Ostblock vor der Bedrohung durch die NATO schützen sollte. Im Wesentlichen aber diente er als Instrument zur Sicherung der sowjetischen Herrschaft in Osteuropa.

Entspannungsbemühungen

Seit Stalins Tod hatte es – möglicherweise aufgrund der größere innenpolitische Aufmerksamkeit fordernden unsicheren inneren Verhältnisse nach dem Tod des Diktators – kleinere Anzeichen für eine Entspannung im Ost-West-Verhältnis gegeben: 1953 wurden die Verhandlungen um Korea beendet. 1954 bewegten die Russen die siegreiche vietnamesische Nationalbewegung dazu, einem Abkommen zuzustimmen, wonach ihnen lediglich der Norden Vietnams als Herrschaftsgebiet verblieb. Überraschend war auch, dass Österreich 1955 zu einem neutralen Staat wurde. Mit dem „abtrünnigen“ Jugoslawien nahm die UdSSR wieder diplomatische Beziehungen auf und startete eine Initiative, ebensolche Beziehungen mit Westdeutschland aufzunehmen.

Entspannung zeigte sich auch darin, dass sich im Juli 1955 in Genf – erstmals seit Potsdam – die Großen Vier (vertreten durch Eisenhower, Bulganin, Eden und Faure) trafen. Zwar war die Atmosphäre, verglichen mit dem vorangegangenen Jahrzehnt, eher freundlich, doch wurden nur vage Versprechungen gemacht und keine konkreten Ergebnisse erzielt. Vor allem die Haltung der amerikanischen Seite, deren Außenminister Dulles nicht zu Zugeständnissen bereit war, verhinderte weitergehende Schritte.

Entstalinisierung

Auf dem Weg zur Macht gab Chruschtschow wesentliche Anstöße zur Veränderung der russischen Politik. Die Abkehr vom Stalinismus und eine liberalere Haltung gegenüber den europäischen Verbündeten bestimmten seine Politik. Mit der Auflösung der von Stalin gegründeten Kominform (des Kommunistischen Informationsbüros) wurde diese neue Linie auch nach außen hin bestätigt. Neben der Wahrung von Machtinteressen ging es bei diesem politischen Wandel auch darum, Konsequenzen aus der Erkenntnis zu ziehen, dass Stalins Politik nach dem Krieg den wirtschaftlichen und politischen Interessen der Sowjetunion eher geschadet als genützt hatte. Der Prozess der Entstalinisierung wirkte sich auch auf die osteuropäischen Staaten aus, die, wie beispielsweise Polen und Ungarn, nach größeren politischen Freiheiten strebten, und gefährdetete so die russische Machtstellung.

Die Welt im Ost-West-Konflikt

Während sich die Situation im Hinblick auf die osteuropäischen Staaten mit Chruschtschows Machtantritt in gewisser Weise entspannte, wuchs allerdings das Interesse am Nahen und Fernen Osten wieder an. Hier war nach dem Ende der britischen und der französischen Herrschaft eine äußerst instabile Lage entstanden, die nun die beiden Supermächte UdSSR und USA jeweils nach ihren Interessen zu gestalten suchten.

Bereits 1954 hatte sich mit der SEATO (South East Asia Treaty Organization – ein Verteidigungsbündnis der USA, Großbritanniens, Frankreichs, Thailands, Pakistans, Australiens, Neuseelands und der Philippinen) ein antikommunistisch ausgerichteter Block gebildet, der durch den von Großbritannien mit der Türkei, Irak, Iran und Pakistan geschlossenen Bagdad-Pakt komplettiert wurde. Unter dem Pazifisten Nehru versuchte sich Indien aus dem Konflikt herauszuhalten und schloss Verträge mit beiden Supermächten. Eine andere Lösung, als Nation der so genannten Dritten Welt

Der **Tod Stalins** am 5.3.1953 musste zwangsläufig einen großen Umbruch bedeuten, denn der Stalinkult war in der Sowjetunion zur höchsten Blüte getrieben worden, wie diese Worte des linientreuen Schriftstellers Aleksej N. Tolstoj beweisen: „Ich möchte heulen, brüllen, kreischen, schreien vor Entzücken bei dem Gedanken, dass wir in der Zeit des glorreichsten, einzigartigen und unvergleichlichen Stalin leben! Unser Atem, unser Blut, unser Leben – nimm es hin, oh großer Stalin! … Du bist die helle Sonne des Volkes, die Sonne unserer Zeit, die niemals untergeht…"
Im krassen Gegensatz dazu standen die Millionen Toten durch die brutalen Verfolgungen und aufgrund von Hungerkatastrophen infolge verfehlter Agrarpolitik.
Auf dem XX. Parteitag der KPdSU 1956 hielt Chruschtschow eine „Geheimrede", in der er die Machtgier, den Terrorismus und den Despotismus Stalins anprangerte und dessen Außenpolitik als völlig verfehlt darstellte.

Während die 12-jährige Geschichte der nationalsozialistischen Konzentrationslager von der Geschichtswissenschaft inzwischen detailliert aufgearbeitet wurde, sind die Kenntnisse über die sowjetischen Lager, die mehr als 40 Jahre bestanden, bis heute lückenhaft. Dies liegt insbesondere an der schlechten Zugänglichkeit der Quellen, auch die Überwindung der ideologischen Spaltung der Welt hat daran bislang nicht viel geändert. Der Begriff GULag bzw. seine schreckliche Bedeutung wurden erst durch das Buch „Der Archipel Gulag“ (1973–1975) des sowjetischen Dissidenten Alexandr Issajewitsch Solschenizyn (s. S. 157) weltweit bekannt, obwohl es auch zuvor schon einigen wenigen Sowjetbürgern gelungen war, entsprechende Informationen in den Westen zu schleusen. Mit GULag, der Abkürzung für Glawnoje Uprawlenije Lagerei, bezeichnete man die Hauptverwaltung des stalinistischen Lagersystems. Nach außen hin eine verwaltungstechnische Institution, verkörperte sie im Grunde einen Staat im Staate. Im „kolonialen“ Lagergebiet wurden eine besondere Moral und ein besonderer Verhaltenskodex gepflegt.

Die Existenz des GULags wurde in der Sowjetunion nicht thematisiert, fast durchweg verschwiegen die Medien seine Existenz. Die Lager selbst waren von Mauern und Stacheldraht umgeben. Die Gefangenen – Millionen meist unschuldiger Bürger – waren nahezu vollständig von ihren Familien bzw. der Außenwelt abgeschnitten. Unzählige Menschen kamen durch Hunger, Kälte und Erschöpfung ums Leben. Die Gesellschaft wurde von Angst und Rechtlosigkeit geprägt. Der Schriftsteller Oleg Volkov berichtete: „Wir lebten, immer der Bedrohlichkeit des weit geöffneten Rachens der GULag-Institutionen bewusst, die immer bereit waren, uns zu verschlingen.“

Wenngleich dieses sowjetische Strafsystem seine Ursprünge in der zaristischen Zeit und den Zwangsarbeitslagern hatte, erfuhr es seine eigentliche Ausprägung doch erst in der stalinistischen Diktatur, in deren Verlauf der GULag zu einem essentiellen Teil des Sowjetsystems avancierte. Stalin betrieb die Umgestaltung der sowjetischen Gesellschaft mittels der seit den 30er Jahren streng kontrollierten Sicherheitsorgane, wobei er auch vor der Terrorisierung der Bevölkerung nicht zurückschreckte. Das damals bestehende System von Zwangs- und Arbeitslagern, in dem gemäß Beschluss des Politbüros vom 27. Juni 1929 „sozial gefährliche Elemente“ isoliert werden sollten, wurde erheblich ausgeweitet. Während der Zeit zwischen Juli 1929 und Januar 1934 stieg die Zahl der Gefangenen um das 23-fache. Immer wieder kam es zu Massenverhaftungen, wenn die Regierung ihre Macht demonstrieren oder Oppositionelle eliminieren wollte, so auch bei der großen Welle der

„Säuberungen“, die 1934 einsetzte und sich gegen alle tatsächlichen wie potentiellen Rivalen und Gegner Stalins richtete.

Zwischen 1936 und 1938 waren etwa 8 Millionen Sowjetbürger in Gefängnissen und Lagern inhaftiert. Das Speziallager Solovetsk ist Solschenizyn zufolge als „Mutter des Gulag“ anzusehen. Es hatte eine Modellfunktion und diente u. a. dazu, Sicherheitsmaßnahmen, Lebensbedingungen, Produktionsnormen und alle möglichen Methoden zur Unterdrückung zu „erproben“. Bis heute weiß man nicht, wie viele Gefangene hier zwischen 1923 und 1939, als das Lager aufgelöst wurde, leiden mussten. Die Schätzungen schwanken zwischen Zehn- und Hunderttausenden. Nach den Terrorjahren 1937/38 nahm die Zahl der verhängten Todesurteile ab, stattdessen wurden die Menschen nun vorwiegend zu Lagerhaft verurteilt, meist für die Dauer von zehn Jahren. Allein im November 1940 wurden innerhalb von zehn Tagen 59 493 Personen aus den Gefängnissen in die Lager verbracht, zu Kriegsbeginn saßen hier etwa 2,3 Millionen Menschen ein. 1940 umfasste der GULag 53 Lager mit unzähligen Abteilungen, 452 Kolonien, die u. a. zur industriellen und landwirtschaftlichen Produktion herangezogen wurden, 50 Kolonien für Minderjährige und 90 „Kinderhäuser“. Die Insassen der Arbeitslager trugen in bedeutendem Maß zur Verwirklichung der sowjetischen Fünf-Jahres-Pläne bei, etwa bei der Errichtung von Kanälen, Staudämmen und Industriekombinaten – und dienten dabei im wahrsten Sinne des Wortes als „Arbeitssklaven“.

Die Errichtung der kommunistischen Herrschaft über die osteuropäischen Länder im Anschluss an den 2. Weltkrieg führte gleichfalls zur Inhaftierung zahlloser Menschen. 1952 zählte man mehr als 400 Zwangsarbeitslager im kommunistischen Europa.

Die historische Aufarbeitung, ihrerseits überhaupt erst möglich geworden durch das Ende des Ostblocks, kommt bislang nur mühsam voran. Häufig stoßen die Forscher auf Widerstände, verwehrt man ihnen den Zugang zu den Archiven, so dass diese dunkle Seite der sowjetischen Herrschaft noch lange nicht aufgearbeitet sein dürfte.

Strafgefangene beim Zeitunglesen, um 1932

Durch sein Vorgehen während der **Suezkrise** gewann der ägyptische Staatschef General Abdel Nasser in der arabischen Welt erheblich an Ansehen. Am 26.7.1956 verkündete er die Verstaatlichung der englisch-französischen Suezkanalgesellschaft. Die britischen, französischen und amerikanischen Proteste wurden zurückgewiesen. In Absprache mit Franzosen und Briten überschritten israelische Streitkräfte die ägyptische Grenze auf der Halbinsel Sinai und begannen den 2. Israelisch-Arabischen Krieg. Auch englische und französische Truppen intervenierten militärisch zur Verteidigung ihrer massiven wirtschaftlichen und territorialen Interessen, was durch eine von den USA mitgetragene UNO-Resolution verurteilt wurde. Die Sowjetunion drohte mit einem Nuklearkrieg.

Neutralität wahren zu können, fand man in Ägypten unter Abdel Nasser, dessen fernes Ziel die Errichtung eines panarabischen Großreiches (vom Atlantik bis zum Persischen Golf) unter seiner Herrschaft war. Zu diesem Zweck spielte er die beiden Supermächte gegeneinander aus und holte sich abwechselnd militärische und wirtschaftliche Hilfe von beiden.

1956 bezog die Sowjetunion in der Suezkrise klar Stellung und drohte mit einem Angriff gegen die in Ägypten vorgerückten Truppen der Briten und Franzosen, die sich daraufhin zurückzogen. Die Machtstellung der Sowjetunion hatte sich durch diesen Einsatz für die arabische Welt und auch durch den Rückzug des Westens im weltpolitischen Kräftespiel erheblich verstärkt.

Neue Höhepunkte im Rüstungswettlauf

Die transatlantischen Spannungen, die durch die Suezkrise entstanden waren, weil sich die europäischen Mächte von den USA militärisch im Stich gelassen fühlten, wurden von Befürchtungen verstärkt, ob Westeuropa durch die USA im Zweifelsfall tatsächlich vor einem militärischen Angriff geschützt werden würde. Die Sowjetunion hatte bis dahin immer einen entscheidenden militärstrategischen Nachteil in Kauf nehmen müssen, weil sie ihrerseits amerikanisches Territorium nicht unmittelbar bedrohen konnte. Doch 1955 hatte auch die UdSSR einen Langstreckenbomber entwickelt. Zwar besaßen die USA die fünffache Anzahl derartiger Bomber, ein Durchbruch gelang der UdSSR jedoch, als sie 1957 den Weltraumsatelliten Sputnik in die Erdumlaufbahn brachte. Dies war für die USA ein enormer Schock. Es war vorhersehbar, dass, wer über diese Technologie verfügte, jedes Territorium der Welt würde nuklear bedrohen bzw. zerstören können, weil so die Stationierung von Waffen im Weltraum möglich geworden war.

In der Folge investierten die USA Milliarden in ein Raumfahrtprogramm und in das Erziehungswesen. Lang- und Mittelstreckenbomber wurden weiterentwickelt. Dennoch wuchs zunächst das Bewusstsein, dass die UdSSR mit einem atomaren Erstschlag die USA vernichten könnte. Das atomare Gleichgewicht hatte sich gravierend verändert. Auch in Europa wuchsen nunmehr Befürchtungen, im Falle eines amerikanisch-russischen Konflikts von der atomaren Vernichtung bedroht zu sein, wodurch der Wunsch nach größerer Unabhängigkeit von den USA entstand.

1958 verschärfte sich die Situation, als Chruschtschow plötzlich den Abzug aller vier Streitmächte aus Berlin forderte. Ursachen waren die zunehmende militärische Macht Westdeutschlands und die durch den wachsenden Wohlstand der BRD bedingte starke Abwanderung aus der DDR. Ziel der Sowjetunion war es, die engen Beziehungen zwischen Deutschland und den USA zu stören, was im Fall der Preisgabe Berlins wohl erreicht worden wäre. Die Westmächte wiesen die Forderungen allerdings entschieden zurück und die Sowjetunion fand sich fürs Erste mit der für die verbündete DDR misslichen Lage ab.

1959 hatten Großbritannien, Griechenland und Italien den USA die Errichtung von Militärbasen für Mittelstreckenraketen erlaubt. Im September kam es zum ersten Staatsbesuch eines sowjetischen Führers in den USA, wobei sich Eisenhower und Chruschtschow lediglich darauf einigten, die Berlinfrage auf Eis zu legen. In einer Rede vor der UN-Vollversammlung schlug Chruschtschow Schritte hin zur Abrüstung vor. Fortschritte in der Entspannung deuteten sich also an, doch ehe noch im Folgejahr eine weiterführende Konferenz in Paris Ergebnisse hätte erbringen können, wurde in der Sowjetunion ein amerikanisches Spiona-

Bei seinem USA-Besuch 1959, der zur Vereinbarung der **„friedlichen Koexistenz"** zwischen den USA und der Sowjetunion führte, reiste Nikita Chruschtschow auch durch ländliche Gegenden. Die freundschaftliche Atmosphäre zwischen ihm und Eisenhower zeigt sich nicht zuletzt in dieser Szene, bei der dem russischen Staatsoberhaupt ein Truthahn überreicht wird.

geflugzeug abgeschossen. Die USA verweigerten die von der Sowjetunion geforderte Entschuldigung für ihre Aktivitäten. Damit war die Konferenz von Paris geplatzt, Eisenhowers Einladung in die Sowjetunion wurde zurückgezogen. Dass die Sowjetunion so heftig reagierte, lag an dem innenpolitischen Druck jener Kräfte innerhalb der KPdSU, die jede Annäherung zwischen Ost und West als potentielle Schwächung der sowjetischen Stellung in Osteuropa begriffen. Auch China kritisierte die sowjetischen Bemühungen um Entspannung. Damit war Chruschtschows Initiative, den Kalten Krieg zu beenden, der Boden entzogen. Er verschärfte nun statt dessen den Ton gegenüber dem Westen und bemühte sich, die sowjetisch-chinesische Freundschaft zu erneuern.

Erneut engagierte man sich in Ländern der Dritten Welt, um dort eigene Einflusssphären abzusichern oder hinzuzugewinnen. So unterstützte die UdSSR etwa die prokommunistische Guerillabewegung in Laos, die gegen die von den USA unterstützte Regierung kämpfte. In Schwarzafrika suchte man den Bürgerkrieg in Belgisch Kongo für sich zu nutzen, was aber durch Maßnahmen der UN zunichte gemacht wurde.

Im Zentrum des Kalten Krieges standen jedoch weiterhin Europa, Deutschland und in besonderem Maße Berlin. Chruschtschow, der außenpolitische Erfolge brauchte, unternahm einen erneuten Versuch, die Berlinfrage endgültig in seinem Sinne zu lösen. 1961 stellte er im Rahmen eines sowjetisch-amerikanischen Gipfeltreffens ein Ultimatum, demzufolge er einen Friedensvertrag für Deutschland, das Ende der Besatzung und die Umwandlung Berlins in eine freie Stadt forderte. Kennedy wies die Forderungen zurück. In Russland wurden zudem wieder Nukleartests aufgenommen, die seit 1958 in einem Abkommen mit den USA und Großbritannien ausgesetzt worden waren. Vermutlich sollte dies der Einschüchterung der USA und Chinas dienen. Auch die USA und Großbritannien nahmen die Tests wieder auf. Doch mit dem Bau der Berliner Mauer 1961 wurde zumindest dieses zwischen den Supermächten bestehende Problem beseitigt – wenn auch auf eine dem Wohle der Einwohner unzuträgliche Weise.

Am 4. 6. 1961 übergab Chruschtschow ein Memorandum an Kennedy, mit dessen Veröffentlichung die Auseinandersetzungen um Berlin eingeleitet werden sollten. Darin hieß es: „Das bis heute in West-Berlin bestehende Besatzungsregime ist bereits überlebt... Die Sowjetregierung ist dafür, daß eine Freie Stadt West-Berlin ungehindert ihre Verbindungen mit der Außenwelt wahrnimmt und daß die innere Ordnung durch den frei geordneten Willen seiner Bevölkerung bestimmt wird." (Neues Deutschand vom 10. 6. 1961)

Die Kubakrise

Die schwerste Krise im Kalten Krieg stand jedoch noch bevor: Nach dem 2. Weltkrieg waren die USA mit den lateinamerikanischen Nachbarn einen Vertrag zur gegenseitigen militärischen Unterstützung eingegangen. Darauf folgte 1948, durch eine Umformung der locker organisierten Pan American Union, die Gründung der OAS (Organization of American States). Zunehmend betrachteten die USA die zunächst vorwiegend auf die Lösung regionaler Konflikte hin orientierte Organisation als ein der Verteidigung der Freiheit dienendes und gegen die Expansionsbestrebungen des Sowjetblocks gerichtetes Instrument.

Da die USA jedoch kein wirtschaftliches Aufbauprogramm für Lateinamerika (wie etwa Jahre zuvor den Marshall-Plan für Europa) einrichteten, herrschten in den lateinamerikanischen Ländern weiterhin äußerst instabile Verhältnisse, was u. a. in Aufständen und Umstürzen zum Ausdruck kam. Damit wuchs auch die Gefahr, dass kommunistisch orientierte Bewegungen stärker werden könnten, weshalb die USA entsprechende konservative Gegenkräfte unterstützten. In breiten Bevölkerungsschichten erwuchs daraus jedoch eine enorme Antipathie gegenüber den USA, die auch für die in Lateinamerika herrschenden wirtschaftlichen Missstände verantwortlich gemacht wurden. Bei einer Goodwill-Tour wurde der amerikanische Vizepräsident

Die Deutschen hatten mit der Hinnahme des Mauerbaus durch die Westmächte erhebliche Probleme, wie dies Willy Brandt später feststellte: „Ich will das Bemühen um eine Entdramatisierung, das mancherorts im Gange war, nicht tadeln. Aber man wird, wenn man das Geschehen jener Tage noch einmal nachvollzieht, doch fragen müssen, ob besonders die drei Tage vom 13. bis 16. August – von den provisorischen Sperranlagen bis zum Mauerbau – so genutzt worden sind, wie sie hätten genutzt werden müssen... Ich kann nicht wissen, ob eine Änderung gelungen wäre. Ich weiß nur, daß dies nicht ernsthaft versucht wurde."

Fidel Castro Ruz (*1926) stürzte in einem Guerillakrieg 1959 den kubanischen Diktator F. Batista y Zaldívar.
Mit einem Verstaatlichungsprogramm und durch zahlreiche Reformen wandelte er Kuba – auch mit Hilfe der Sowjetunion – in einen kommunistischen Staat um. Er unterstützte die kommunistischen Bewegungen in Angola und Moçambique und blieb auch nach dem Fall des Ostblocks auf einer strikt kommunistischen Linie. Spannungen zu den USA bestehen nach wie vor – verstärkt auch durch die wirtschaftlichen Restriktionen, die die USA gegenüber Kuba ausüben.

1958 überall von feindseligen Demonstrationen überrascht, was ein Umdenken herbeiführte. Die amerikanische Politik gegenüber Lateinamerika wurde modifiziert, und unter Kennedy ein Entwicklungsprogramm aufgelegt, das dieser 1961 als eine „Allianz für den Fortschritt" bezeichnete. Mit Ausnahme Kubas unterstützten alle Nationen Lateinamerikas das Projekt. 1959 war nämlich in dem traditionell eng mit den USA verbundenen Kuba das autokratische Regime unter F. Batista y Zaldívar durch den Revolutionär Fidel Castro gestürzt worden, der sich sogleich nach der Machtübernahme um die Reduzierung der wirtschaftlichen Abhängigkeit Kubas von den USA bemühte, worauf die USA ihrerseits u. a. mit einem Embargo reagierten. Die Sowjetunion ergriff die Gelegenheit, wirtschaftliche Beziehungen zu Kuba anzuknüpfen und Hilfe zu leisten. Im Winter 1960/61 wurde klar, dass der amerikanische Druck auf Kuba aufgrund dieser neuen Konstellation vergeblich bleiben würde. Schließlich brach man auch die diplomatischen Beziehungen zueinander ab, während die Bindung Kubas an die Sowjetunion intensiviert wurde. Erstmals konnten die USA aus nächster Nähe militärisch bedroht werden. Unter Aufsicht des CIA wurde eine Exilarmee aus kubanischen Flüchtlingen in Florida, Guatemala und Nicaragua für eine Invasion auf Kuba ausgebildet – in der irrigen Hoffnung, die bloße Anwesenheit einer derartigen Armee werde einen Aufstand bei den von Castro unterdrückten Massen hervorrufen. Am 17. April 1961 landeten 1500 kubanische Exilanten in der Schweinebucht und wurden innerhalb von drei Tagen vernichtend geschlagen. Castro, der die Invasion als Vorspiel einer größeren amerikanischen Bedrohung ansah, bat die Sowjetunion um militärischen Schutz. 1962 entschied der Kreml, Raketen auf Kuba zu stationieren. Die Entdeckung der Raketenbasen 1962 löste scharfe

Reaktionen in den USA aus, eine Blockade zur See begann, russische Schiffe zogen dagegen in Stellung. Es kam zu einer der gefährlichsten Situationen der Nachkriegszeit, wobei die Welt – wie die spätere Forschung zeigte – tatsächlich nur um Haaresbreite einer nuklearen Katastrophe entging.

Doch die Krise wurde, gerade auch angesichts der nuklearen Bedrohung, beigelegt. Während die Sowjetunion ihre Raketen abzog, versprachen die USA, nicht in Kuba einzumarschieren. Zum Ende des Jahres erfolgten wiederum Annäherungen zwischen den Supermächten und die USA gaben im Folgejahr ihre Raketenbasen in der Türkei auf.

Das Bild eines Aufklärungsflugzeuges bewies die Existenz von Raketenbasen auf Kuba.

Entspannung und Multipolarität (1962–1975)

In den frühen 60er Jahren dehnten die USA ihren politischen Einfluss erfolgreich auf eine Reihe von Entwicklungsländern aus. Bis in die Mitte der 60er Jahre konnten sie daher auf eine Mehrheit in den UN zählen. Unterschiedlichste Hilfsprogramme trugen ebenso wie das Charisma des Präsidenten Kennedy dazu bei, dass die USA in der Dritten Welt weithin als Vorreiter friedlicher sozialer Reformen und ökonomischer Modernisierung angesehen wurden, während das Ansehen der Sowjetunion aufgrund ihres Rückzugs aus Kuba Schaden erlitten hatte.

Hinzu kam, dass sich die Vorstellung eines tatsächlichen militärischen Gleichgewichts als Illusion erwies. Zum Zeitpunkt der Kubakrise waren die USA im Hinblick auf nukleare Waffen in allen Bereichen führend, auch ihre Seestreitkräfte waren weit überlegen. Zwar stellte die Sowjetunion die größte Macht auf dem eurasischen Kontinent dar, die aufgrund der Stärke ihrer konventionellen militärischen Kräfte in kurzer Zeit den Rhein, das Mittelmeer und den persischen Golf erreichen konnte. Doch war die Bedrohung durch die Nuklearwaffen der USA ungleich höher. Die Stationierung von Waffensystemen auf Kuba verdankte sich daher wohl auch der Absicht der Sowjetunion, ein strategisches Gleichgewicht herzustellen. Der Ausgang der Krise jedoch hatte der Welt sowjetische Schwäche im weltpolitischen Kräftespiel demonstriert. Dies beförderte auch die Abwendung Chinas vom einstigen ideologischen Bündnispartner.

In der Folge kam es zur Wiederaufnahme der Bemühungen um friedliche Koexistenz mit dem Westen, die zwar von Stalins Nachfolgern bereits initiiert, aber wegen der Kuba- und der Berlinkrise abgebrochen worden waren. Die Gefahr einer nuklearen Konfrontation sollte minimiert werden. Gleichzeitig legte die Sowjetunion ein Programm auf, um sich künftig nicht nur als Landmacht, sondern auch als globale See- und Luftmacht positionieren zu können. Dementsprechend ging es darum, sowohl ein nukleares wie auch ein maritimes Gleichgewicht herzustellen. Besonders bedeutsam wurden die Anstrengungen hinsichtlich der Kontrolle über die strategischen Waffen. Seit Kriegsende hatte es hierzu immer wieder mehr oder minder ernsthafte Versuche gegeben, die jedoch aufgrund der unterschiedlichen Interessenlagen stets gescheitert waren.

Eingedenk der möglichen Folgen eines Nuklearkrieges konzentrierten sich beide Seiten nun vor allem darauf, die weitere Entwicklung und Verbreitung von Atomwaffen zu begrenzen. 1963 unterzeichneten die Sowjetunion, die USA und Großbritannien einen Vertrag über das Verbot von Atomtests in der Atmosphäre und zur See. 1967 schlossen sie zusammen mit Frankreich, das seit 1960 Atommacht war, einen weiteren Vertrag über die Schaffung atomwaffenfreier Zonen. 1963 wurde für den Krisenfall eine so genannte Hot Line zwischen dem Weißen Haus und dem Kreml eingerichtet. Dass 1964 der sowjetische Staatsführer Chruschtschow gestürzt wurde und sich in der Folge

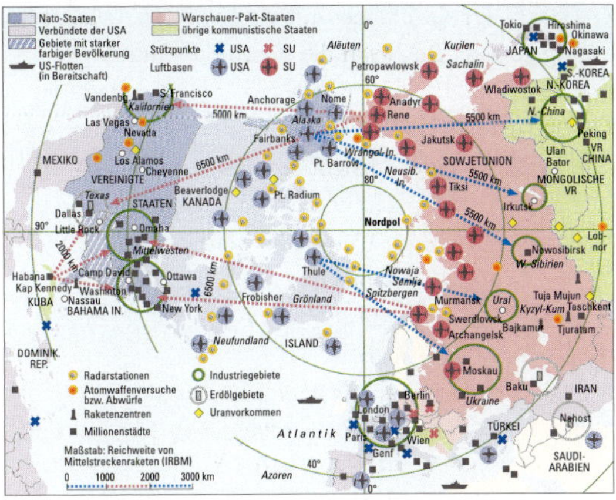

Die Welt im Griff des Kalten Krieges – in den meisten Regionen waren die Supermächte militärisch präsent.

Leonid Breschnew als stärkster Mann etablieren konnte, unterstützte diesen Prozess, insofern die neue Führung rationaler agierte als unter ihrem cholerischen Vorgänger.

Dennoch nahm die nukleare Bedrohung weiter zu, denn viele Staaten erwarben Atomwaffen. Beide Supermächte hatten sich – mehr oder weniger ergebnislos – bemüht, diese Entwicklung bei ihren Verbündeten zu stoppen. Doch Großbritannien, Frankreich und China entwickelten ebenfalls Atomwaffen. 1968 unterzeichneten die USA, Großbritannien und die Sowjetunion den Kernwaffensperrvertrag zur Nichtweiterverbreitung von Kernwaffen, der bis 1970 von 97 Staaten unterzeichnet wurde, nicht allerdings von China und Frankreich.

Die Verhandlungen in den 60er Jahren hatten zwar als Ergebnis gebracht, dass man Entwicklung und Tests von Nuklearwaffen begrenzte, doch galt dies eben nur für die Vertragspartner. Die Zahl der strategischen Waffen wurde im Übrigen nicht begrenzt.

Noch immer war es das Ziel der UdSSR, ein strategisches Gleichgewicht zu erreichen, was Breschnew und Kossygin mittels eines ambitionierten Aufrüstungsprogramms erreichen wollten. Während der 2. Hälfte der 60er Jahre gelang dies der Sowjetunion durch die enorme zahlenmäßige Erhöhung der Lang- und Mittel-

Breschnew und Nixon bei Abrüstungsverhandlungen

1964 ging die **Ära Chruschtschow** zu Ende. Fehler in der Wirtschaftspolitik, der Konflikt mit China, das vor allem auch die Politik der friedlichen Koexistenz zwischen den Supermächten kritisierte, wurden ihm angelastet. Die Aufforderung zum Rücktritt erfolgte auf einer Sitzung des Präsidiums des Zentralkomitees am 13.10.1964. Neben Machtmissbrauch, Personenkult und Vetternwirtschaft wurde Chruschtschow auch Popularitätshascherei und Kumpelhaftigkeit vorgeworfen; außerdem wurde er des Hangs zu Phantastereien und leeren Träumereien bezichtigt.
In der **Ära Breschnew**, die 18 Jahre dauerte, kam es zunächst zu spürbaren wirtschaftlichen Verbesserungen, doch seit der zweiten Hälfte der 70er Jahre waren erneut erhebliche Rückschritte zu verzeichnen, die bis hin zur unzureichenden Versorgung der Bevölkerung führten; das Gesundheitssystem versagte, Korruption machte sich breit.
Eines der wesentlichen Ziele während dieser Zeit war die „Erziehung zum Sowjetmenschen". Eine dezidiert staatsbürgerliche, sowjetpatriotische Gesinnung wurde als Gegenmaßnahme zu den westlichen Einflüs-

streckenraketen tatsächlich. Auch Stärke und strategische Reichweite der Marine waren erheblich vergrößert bzw. erweitert worden. Dass die Kluft zwischen den beiden Supermächten bezüglich der strategischen Waffen überwunden worden war, führte auch hier zu ersten erfolgreichen Verhandlungen über Mechanismen zur gegenseitigen Kontrolle.

Trotz der indirekten Konfrontation der Supermächte in Vietnam, trotz des Einmarsches von Truppen des Warschauer Paktes in die ČSSR und der vielen Krisen im Nahen Osten beförderte das Bewusstsein, sich gegenseitig vernichten zu können, die Anstrengungen, umfassend abzurüsten. Zudem wurde es immer dringlicher, die immens steigenden Ausgaben für den Militärhaushalt zu verringern, um so die übrigen staatlichen Aufgaben weiterhin angemessen finanzieren zu können.

Im November 1969 begannen in Helsinki die offiziellen Gespräche zur Begrenzung strategischer Waffen (SALT). 1972 kam es zu einer Interimsvereinbarung über Waffenkontrollen. In der ersten Phase (SALT I) konzentrierte man sich auf die Lieferfahrzeuge für die Sprengköpfe, und es wurden erfolgreich Begrenzungen erreicht. Ein weiterer wichtiger Punkt waren die ABM-Gespräche. Seit Jahrzehnten arbeiteten die USA an einem Antiballistic Missile System, einem Raketenabwehrsystem. Auch die Sowjetunion versuchte, etwas Vergleichbares zu entwickeln. Wäre eine der beiden Großmächte durch ein derartiges Verteidigungssystem bei einem Atomkrieg zu erheblichen Teilen geschützt gewesen, so hätte dies das strategische Gleichgewicht erneut gestört, denn die besser verteidigte Macht wäre zum atomaren Erstschlag befähigt gewesen, ohne ihre weitgehende Zerstörung befürchten zu müssen. Nur diese Angst aber hatte über lange Jahre hin eine solche Auseinandersetzung verhindert, der Wunsch nach Begrenzung der ABM-Systeme war also nur folgerichtig.

Obwohl sie selbst von den Folgen der Begrenzung stärker betroffen waren, blieben die USA im Hinblick auf die von SALT I berührten strategischen Waffen aufgrund ihrer Stützpunkte in Europa und ihrer gleichfalls nuklear bewaffneten Verbündeten wegen insgesamt überlegen, so dass alles in allem ein Gleichgewicht erzielt wurde.

Auch unter der Regierung Ford wurden die Gespräche weitergeführt. Dass es zu derartigen Verhandlungen kam, war auch auf eine Veränderung der weltpolitischen Lage zurückzuführen. Zum einen waren zahlreiche Staaten seit den 60er Jahren von ihren ehemaligen Kolonialmächten unabhängig geworden. Diese verweigerten sich der Zuordnung zu einem der beiden starren Blöcke. Auch die Bemühungen in Westeuropa angesichts der nuklearen Gefahr neue Wege der Verständigung mit den Nachbarn im Ostblock zu eröffnen (Ostpolitik), trug zur „Aufweichung" der Blockteilung bei. Schließlich wirkte sich auch die Tatsache aus, dass China seinerseits nun eigene Wege zu beschreiten suchte und nicht mehr selbstverständlich als Verbündeter des Ostblocks gelten konnte. Dies alles hatte zu Veränderungen im internationalen Machtgefüge geführt, wodurch die Annäherung der beiden Supermächte möglich wurde. Die bipolare Ordnung war aufgebrochen, immer deutlicher gerieten multipolare Aspekte ins Spiel.

sen, die durch das Tauwetter der Chruschtschow-Zeit ermöglicht worden waren, angestrebt.
In der so genannten **Breschnew-Doktrin** wurden die Grundzüge der Politik gegenüber den Staaten des Warschauer Paktes deutlich: „Die KPdSU setzt sich immer dafür ein, dass jedes sozialistische Land die konkreten Formen seiner Entwicklung auf dem Weg zum Sozialismus unter Berücksichtigung der Eigenart seiner nationalen Bedingungen selbst bestimmt. [Aber] wenn innere und äußere dem Sozialismus feindliche Kräfte die Entwicklung eines sozialistischen Landes umkehren und auf eine Wiederherstellung der kapitalistischen Zustände zu drängen versuchen, wenn also … eine Gefahr für die Sicherheit der ganzen sozialistischen Gesellschaft entsteht, dann wird dies … zu einem Gegenstand der Sorge aller sozialistischen Länder." (Rede vom 12.11.1968 auf dem V. Parteitag der Vereinigten Polnischen Arbeiterpartei)

Der Traum von der Eroberung des Weltraums hatte die Menschen bereits zu Beginn des 20. Jahrhunderts fasziniert. Von den verschiedenen Forschern wurden Berechnungen angestellt, welche Kraft nötig sei, um die Erdanziehungskraft zu überwinden. 1923 veröffentlichte der Physiker Hermann Oberth sein bahnbrechendes Buch „Die Rakete zu den Planetenräumen“, in dem er zeigte, wie sich Raketen im Vakuum verhalten würden. In der Sowjetunion entstand bereits 1932 eine erste Raumfahrtorganisation, die „Gird-Gruppe zum Studium der Rückstoßbewegung“. Auch in Deutschland mehrten sich die Bemühungen, Raketen zu entwickeln. Wernher von Braun, der später nach Amerika übersiedelte, übernahm 1937 die Leitung der Heeresversuchsanstalt Peenemünde-Ost, in der es um die rasche Entwicklung von Raketen zu Kriegszwecken ging. 1942 flog die erste „A4“-Rakete 90 Kilometer in die Höhe und markierte so den Beginn des Raumfahrtzeitalters. Die Weiterentwicklungen der Supermächte basierten auf diesem Modell.

In den fünfziger Jahren war die Vorstellung, dass die Eroberung des Weltraums auch die Weltherrschaft bedeuten würde, weit verbreitet. Wernher von Braun etwa entwickelte die Idee, eine Raumstation als Basis für den Start von Atomraketen zu errichten. Als daher 1957 von der Sowjetunion der erfolgreiche Start des Sputnik 1 gemeldet wurde und sie damit den ersten Satelliten im Weltraum besaß, bedeutete dies in der Tat einen ungeheuren Schock für die USA, die in ihren Entwicklungen diesen Stand bei weitem noch nicht erreicht hatten. Die Sowjetunion sicherte ihren Vorsprung zunächst: 1957 wurde die Hündin Laika in die Erdumlaufbahn geschickt, 1961 war Jurij Gagarin der erste Mensch im Weltraum und brachte die für die kommunistische Ideologie nützliche Propagandabotschaft zurück, er habe im Himmel keinen Gott gesehen.

Der Sputnik wurde 1957 als erster Satellit in die Erdumlaufbahn gebracht.

John F. Kennnedy bezeichnete den sowjetischen Vorsprung als eine der schlimmsten Niederlagen der USA und gab die Absicht bekannt, die Landung des ersten Menschen auf dem Mond noch in den 60er Jahren zu bewerkstelligen. Dieses Ziel sollte unbedingt vor den russischen Gegenspielern verwirklicht werden.

Immense Summen wurden in ein Raumfahrtprogramm investiert, am Apollo-Programm waren zwischenzeitlich etwa eine halbe Million Menschen beteiligt. Bereits 1968 gelang es mit Apollo 8, den Mond zu umkreisen. Am 20. Juli 1969 um 21.17 Uhr MEZ gelang mit Apollo 11 die erste Landung von Menschen auf dem Mond und am 21. Juli um 3.57 Uhr betrat der Astronaut Neil A. Armstrong als erster Mensch den Mond. „Dies ist ein kleiner Schritt für einen Menschen, aber ein großer für die Menschheit" waren seine Worte, die den Menschen weltweit an den Fernsehbildschirmen übermittelt wurden.

Die USA hatten in der Eroberung des Weltraums damit die Führungsrolle gewonnen. Nachdem es jedoch bei einer weiteren Expedition mit Apollo 13 beinahe zu einer Katastrophe gekommen war, wurden die Mondflüge eingestellt.

Statt vorwiegend auf die bemannte Raumfahrt zu setzen, wurde nun auch die Erkundung des Weltraums durch unbemannte Sonden vorangetrieben, eine Technik, die bis heute eindrucksvolle Bilder und wissenschaftliche Daten von anderen Planeten und Galaxien liefert.

1971 wurde der erste dauerhaft bewohnbare Satellit „Saljut" von der Sowjetunion in die Erdumlaufbahn gebracht und die Nachfolgemodelle immer weiter perfektioniert. Eines der erfolgreichsten Projekte war die Raumstation Mir, die erst zum Ende des Jahrhunderts aufgelassen wurde. In den 80er Jahren wurde von Ronald Reagan die Idee der Strategic Defense Initiative (SDI) verkündet, also der Bau eines Raketenabfangsystems u. a. durch Satelliten, das namhafte Experten allerdings als nutzlos klassifizierten und das sich schließlich aufgrund der geänderten weltpolitischen Bedingungen erübrigte. Zu Beginn des 21. Jahrhunderts wurde die Idee dann von Georg W. Bush wieder aufgegriffen.

Heute befinden sich im All zahllose Satelliten sowie das Weltraumteleskop Hubble. Neben der Erforschung des Alls dienen sie u. a. der Wetterbeobachtung und der Kommunikation i. w. S. Ihre enorme Bedeutung im Hinblick auf unterschiedlichste Prognostizierungen (geologische, ökologische, landwirtschaftliche Entwicklungen etc.) wird weiter zunehmen.

Symbol des Sieges: Astronaut Edwin E. Aldrin neben der US-amerikanischen Flagge, die triumphierend auf dem Mond postiert wurde – zum ersten Mal hatten die Amerikaner die Sowjetunion übertroffen.

Die Entwicklung des Ostblocks

Der sowjetische Einflussbereich hatte sich nach dem 2. Weltkrieg aufgrund der kommunistischen Machtübernahmen in den Staaten Ostmitteleuropas erheblich erweitert. Dieser Prozess war jedoch von Spannungen begleitet. Auch in den späteren Jahrzehnten kam es in den von der Sowjetunion dominierten Satellitenstaaten immer wieder zu Versuchen, das totalitäre System aufzubrechen und eigene Wege zu gehen. 1948 unterband Jugoslawien erfolgreich alle Bestrebungen, Stalins Führungsanspruch durchzusetzen. Jugoslawien wurde daraufhin aus der internationalen kommunistischen Organisation Kominform ausgeschlossen. Trotz aller Repressalien blieb Tito im Amt, und das Land behauptete seine eigenständige Position als kommunistischer Staat, was letztlich auch von der Sowjetunion widerwillig anerkannt wurde.

Demonstranten in Ost-Berlin schleudern Steine gegen sowjetische Panzer, 17. Juni 1953

Die ersten Demonstranten des Aufstandes in der DDR waren die Bauarbeiter, die an der Stalin-Allee in Ost-Berlin an einem Vorzeigeprojekt arbeiteten. Sie zogen am 16. Juni vor die Ministerien und forderten Verhandlungen. Nur der Industrieminister fand sich zur Aussprache bereit, konnte aber nichts erreichen. Die Protestbewegung weitete sich auf über 560 Orte aus, es kam zu Streiks, Demonstrationen und gewalttätigen Aktionen. Am Mittag des 17. Juni beendeten sowjetische Panzer den Aufstand in mehreren Städten.

Der 17. Juni in der DDR

1953 verlangte der Kreml von der Führung der DDR Erleichterungen für die Bevölkerung, deren Abwanderung bedrohliche Ausmaße annahm. Als entgegen der Ankündigung solcher Erleichterungen die zuvor drastisch erhöhten Arbeitsnormen in den verstaatlichten Betrieben nicht zurückgeschraubt wurden, zogen am 16. Juni Arbeiter durch Berlin und erhoben entsprechende Forderungen. Am 17. Juni weiteten sich Streiks und Demonstrationen spontan auf andere Städte aus, es wurden jetzt weitergehende Forderungen, u.a. die nach freien Wahlen, erhoben. Die Folgen der Entwicklung waren nicht abzusehen, weshalb sich die DDR-Führung dazu entschloss, den Aufstand mit Hilfe sowjetischer Besatzungstruppen niederzuschlagen. Es gab Tote und

Verletzte sowie viele Inhaftierungen. Die DDR entwickelte sich in der Folgezeit zu einem der linientreuesten Verbündeten im Warschauer Pakt. In der BRD hingegen wurde der 17. Juni jahrzehntelang als Gedenktag begangen, wobei viele den Aufstand vor allem als Ausdruck des Wunsches nach Wiedervereinigung interpretierten.

Bundeskanzler **Adenauer** am 23.6.1953 auf der Trauerfeier für die Opfer des 17. Juni: „Unsere Herzen sind von Trauer erfüllt, da wir unserer Toten gedenken. Die Toten, die ihr Blut dahingaben für die Freiheit, deren Blut von brutalen und grausamen Machthabern vergossen wurde, um ihre tyrannische Herrschaft aufrechtzuerhalten... In tiefer Trauer, in tiefem Mitleid, in hoher Bewunderung gedenken wir aller Märtyrer der Freiheit."

Polen und Ungarn

Nach der Machtübernahme Chruschtschows, der auf dem legendären XX. Parteitag 1956 herbe Kritik an Stalin übte und die Auflösung der Kominform betrieb, kam es in Polen und Ungarn zu Unruhen. In Polen wurden sich rasch ausbreitende Streiks für bessere Arbeitsbedingungen im Juni 1956 blutig niedergeschlagen. Unterdessen hatten allerdings im Zuge der Entstalinisierung freigelassene Kommunisten (die während der Stalinära wegen mangelnder Linientreue inhaftiert worden waren) politischen Einfluss gewonnen. Trotz Einschüchterungsversuchen von Seiten der Sowjetunion wurde Władysław Gomułka 1956 Erster Parteisekretär des Zentralkomitees der Polnischen Vereinigten Arbeiterpartei (PZPK), der einen vorsichtigen Reformkurs einleitete – nicht ohne der Sowjetunion zu versichern, dass sich in den polnisch-sowjetischen Beziehungen nichts ändern werde. Breite Bevölkerungsschichten trugen dies mit. Doch bereits 1957 gewannen die reformfeindlichen Kräfte wieder die Oberhand.

Noch deutlicher machten sich in Ungarn Reformbestrebungen bemerkbar. Öffentlich wurden u.a. eine umfassende Wirtschaftsreform und sogar die Pressefreiheit diskutiert. Vor allem der 1955 gestürzte Ministerpräsident Imre Nagy wurde mit seinem Reformprogramm zur zentralen Figur der Opposition. Das Beispiel Polens führte auch in Ungarn zu Massenprotesten, Forderungen nach Demokratisierung und Unabhängigkeit von der Sowjetunion wurden laut. Am 23. Oktober brach eine Revolution aus. Polizei und Militär solidarisierten sich mit der oppositionellen Be-

Bilder von Stalin und **Mátyás Rákosi** werden verbrannt.

Unter dem ungarischen Staatschef Rákosi, der auch als „kleiner Stalin" bezeichnet wurde, war die ungarische Bevölkerung brutal unterdrückt worden. Im Zuge der Entstalinisierung in der Ära Chruschtschow verlor Rákosi die Unterstützung der eigenen Parteigenossen und ging ins russische Exil. Auch ein erneuter Versuch der Machtübernahme endete nach kurzer Zeit.

Chruschtschow in einem Interview zur **sowjetischen „Einmischung" in Ungarn**: „Es war keine Einmischung. Es gab eine Gegenrevolution; Gangster und Rowdies, die von außerhalb Waffen bekommen hatten, übernahmen die Macht in Budapest. Die Regierung bat uns um Hilfe, wir gewährten sie und wir sind stolz darauf... Hätten wir es nicht getan, gäbe es jetzt dort den Faschismus."

wegung, die im Lande stationierten Kräfte der Roten Armee wurden in blutigen Kämpfen weit zurückgedrängt. Imre Nagy übernahm die Regierung und erklärte am 1. November den Austritt Ungarns aus dem Warschauer Pakt. Doch bereits einige Tage später erfolgte – mit Hilfe einer ungarischen Gegenregierung – der Gegenangriff der Roten Armee und Ungarn geriet erneut unter die Kontrolle der Sowjetunion. Im Westen waren die Hilferufe Ungarns unerhört geblieben.

Das Vorgehen der Sowjetunion führte in den Demokratien weltweit zu einem erheblichen Mitgliederschwund bei den Kommunistischen Parteien. Auch der sich immer deutlicher abzeichnende Prozess der Entfremdung Chinas, das unter Mao den sowjetischen Kurs der „friedlichen Koexistenz" mit dem Westen nicht mittragen wollte, zeigte, dass die kommunistische Welt keineswegs ein geschlossener Block war, wie dies im Westen gerne dargestellt wurde.

Der „Prager Frühling"

In den 60er Jahren kam es zu jenen Ereignissen, die bis heute die weithin, wenngleich eher insgeheim gehegten Widerstände gegen das Sowjetsystem geradezu symbolhaft verdeutlichen: In der Tschechoslowakei war es zu Diskussionen um notwendige Wirtschaftsreformen gekommen, hatten Schriftsteller und Intellektuelle sich ihrer Kritikfähigkeit erinnert und Studenten für mehr Freizügigkeit demonstriert. Dabei richteten sich die Proteste jedoch nicht gegen das kommunistische System an sich. Alexander Dubček, der 1968 Erster Sekretär der Kommunistischen Partei wurde, galt als zentrale Figur des reformfreundlichen Flügels der Partei. Nach seinem Amtsantritt wurde die bestehende Zensur weitgehend gelockert, so dass eine lebhafte Diskussion um die angestrebten Reformen von Staat und Gesellschaft öffentlich geführt werden konnte, was u. a. auch zu einem völlig neuartigen Programm der Partei führte. Im Sinne eines humanen Sozialismus" sollten die bürgerlichen Freiheiten gewährt und demokratische Reformen durchgeführt werden. Es kam jedoch zu Auseinandersetzungen mit den Reformgegnern, auch Dubčeks Ausgleichsversuche brachten keine Lösung. Im „Manifest der 2000 Worte", das der Schriftsteller Vaculík verfasst hatte und das vielen Intellektuellen aus der Seele sprach, wurden nicht nur der Machtmissbrauch durch die Partei und der Niedergang der politischen Kultur während der kommunistischen Herrschaft beklagt, sondern auch freie Wahlen gefordert.

Die Ereignisse in der ČSSR provozierten sowohl bei der sowjetischen Führung wie auch bei anderen Ostblockstaaten heftige Gegenreaktionen. Man befürchtete letztlich eine Distanzierung der Tschechoslowakei vom Kommunismus und deren Austritt aus dem Warschauer Pakt, was eine erhebliche Destabilisierung des Systems zur Folge gehabt hätte. Zudem bestanden auch Ängste, denen zufolge die Proteste auf die anderen Ostblock-Staaten übergreifen könnten. Die Sowjetunion übte erheblichen Druck auf die tschechische Führung aus, und in den Staaten des

Aus der Autobiographie Alexander Dubčeks: „Die beiden ZK-Tagungen Ende März und Anfang April leiteten eine völlig neue Phase der Entwicklung ein. Die erste Phase unseres Kampfes seit Oktober 1967 war weitgehend zu einem erfolgreichen Abschluss gebracht und die schwerwiegendsten innenpolitischen Hindernisse für Reformen waren aus dem Weg geräumt ... Wir gingen mit Tatkraft daran, das Unrecht der Vergangenheit wiedergutzumachen, und wir hatten ein gutes Programm zur Wiederbelebung der Wirtschaft. Die Öffentlichkeit bekam wieder Vertrauen... Aber am Horizont tauchten schwarze Wolken auf..."

Truppen des Warschauer Paktes – darunter auch Deutsche – marschieren am 20./21. 8. 1968 in Prag ein, um die Demokratisierungsbewegung zu unterdrücken.

Auch in den Jahren nach 1968 blieb die Opposition vor allem in intellektuellen Keisen lebendig. In einem offenen Brief richtete sich der Schriftsteller und spätere Staatspräsident Václav Havel (*1936) am Jahrestag des Einmarsches 1969 an Alexander Dubček und forderte ihn zum Widerstand auf: „Für unsere beiden Völker sind Sie das Symbol aller Hofnungen auf ein besseres, würdigeres und freieres Leben, mit denen die erste Hälfte des Jahres 1968 verbunden war; für die Weltöffentlichkeit sind Sie das Symbol des tschechoslowakischen Versuchs eines ‚Sozialismus mit menschlichem Antlitz‘. Die Menschen sehen in Ihnen den ehrenhaften, aufrichtigen und mutigen Menschen ... Das wissen selbstverständlich auch diejenigen gut, die heute unter dem Schutz der sowjetischen Kanonen in unserem Land die alten Ordnungen erneuern ... Deshalb ist es heute wahrscheinlich eines ihrer Hauptziele, nicht nur Sie dazu zu bringen, sich ihrer Ideologie unterzuordnen, sondern auch zu erreichen, daß gerade Sie es sind, der das entscheidende Wort zugunsten ihrer Politik sagt.“

Warschauer Pakts wurde eine Pressekampagne gestartet. Weil Dubček auf das „Manifest der 2000“ nicht repressiv reagierte, entschloss man sich im Juli 1968 zum Eingreifen. Es kam zunächst zu wenig ertragreichen Verhandlungen. Als die progressiven Kräfte der tschechoslowakischen kommunistischen Partei bei den Delegiertenwahlen mit großer Mehrheit gewählt wurden und von jugoslawischer wie rumänischer Seite Zuspruch zum Reformprozess kam, fiel die Entscheidung, die Lage militärisch zu „bereinigen“. Am 20. August 1968 begann um 23.00 Uhr der Einmarsch sowjetischer, polnischer, ungarischer, bulgarischer und deutscher Truppen (der DDR). Die führenden Politiker wurden verhaftet. Es kam zu Massendemonstrationen, gegen die mit aller Härte vorgegangen wurde.

Doch in den Medien sprach man weiterhin von der Unrechtmäßigkeit der Besatzung, auch auf dem Parteitag der tschechischen Kommunisten wurde die Besatzung verurteilt, die konservativen Funktionäre abgewählt und ein Generalstreik ausgerufen. Da die Augen der Weltöffentlichkeit mit Empörung auf die Geschehnisse in der Tschechoslowakei gerichtet waren, entschied sich die Sowjetunion zu Verhandlungen, die im Ergebnis jedoch auf eine allmähliche Wiederherstellung des ursprünglichen totalitären Systems hinausliefen. Auch blieben sowjetische Truppenkontingente auf unabsehbare Zeit im Land. Bis zum Herbst 1969 hatte man in allen Bereichen des öffentlichen Lebens die Demokratisierungsansätze wieder zunichte gemacht. Mit der Unterdrückung des so genannten Prager Frühlings war auch der Idee von der Reformierbarkeit der sozialistischen Staaten der Boden entzogen worden. Diese verfielen weitgehend in Stagnation, während der Westen in den folgenden Jahrzehnten vor allem in wirtschaftlicher Hinsicht einen enormen Vorsprung gewann. Nicht zuletzt diese Entwicklung trug wesentlich dazu bei, dass zwanzig Jahre später das Sowjetsystem zusammenbrechen sollte.

Westeuropa wächst zusammen

Eine der herausragenden Entwicklungen der Nachkriegsjahrzehnte stellt der Prozess der europäischen Einigung dar, wobei korrekterweise von einer westeuropäischen Einigung zu sprechen ist. Die Ereignisse des 2. Weltkriegs und der weithin als Bedrohung empfundene Osten, aber auch das Bedürfnis Frankreichs, Deutschland niemals wieder als Feind begegnen zu müssen, führten überall in Europa zu verstärkten Bemühungen um europäischen Zusammenhalt. Bereits vor Kriegsende waren hierzu Vorschläge geäußert worden. Auf private Initiative kam es 1948 zum 1. Haager Kongress, an dem 800 Persönlichkeiten aus vielen Bereichen des öffentlichen Lebens teilnahmen und von dem wichtige Impulse an die europäischen Politiker ausgingen.

Im übrigen bewirkte vor allem auch die politische Situation im Nachkriegseuropa und die sich abzeichnende Blockteilung, dass es zu verschiedenen Zusammenschlüssen kam, die letztlich den Einigungsprozess beförderten. Das erste gemeinsame Wirtschaftsinstrument innerhalb Westeuropas war die 1948 gegründete „Organisation für die europäische Wirtschaftsentwicklung" (OEEC, später OECD), die zunächst für die Verteilung der amerikanischen Finanzierungshilfen unter den europäischen Ländern zuständig war. Im gleichen Jahr schlossen die Benelux-Staaten, Großbritannien und Frankreich den Brüsseler Beistandspakt, der allerdings in seiner Bedeutung dem nordatlantischen Bündnis NATO erheblich nachstand.

Am 28. Januar 1949 wurde die Gründung eines „Europarates" beschlossen, der einen Ministerausschuss und die Beratende Versammlung umfasste, in die jedes Mitgliedsland Repräsentanten entsandte. Die Entscheidungskompetenz lag jedoch eindeutig beim Ministerausschuss, was vor allem aus Rücksichtnahme auf die britische Haltung geschah. Großbritannien nämlich war nach wie vor stärker am eigenen Commonwealth und an seinen transatlantischen Beziehungen als an Europa interessiert und hegte zudem starke

Bereits nach dem 1. Weltkrieg waren von verschiedenen Seiten Forderungen nach einem vereinten Europa gestellt worden. Neben wirtschaftlichen Gründen waren auch der Wunsch nach Friedenssicherung und die Besinnung auf gemeinsame Werte ausschlaggebend. Auch der französische Außenminister **Aristide Briand** arbeitete einen Europa-Plan aus. Dort heißt es: „Das Werk der Zusammenfassung Europas entspricht Notwendigkeiten, die dringend und lebenswichtig genug sind, um dieser Zusammenfassung ihren Selbstzweck in wahrhaft positiver Arbeit zu geben ... dieses Werk muß in vollem Vertrauen, oft sogar in Zusammenarbeit mit allen anderen Staaten oder Staatengruppen betrieben werden, die an der universalen Gestaltung des Friedens genug aufrichtiges Interesse haben, um zu erkennen, wie wichtig es ist, daß in Europa eine größere Einheitlichkeit geschaffen wird."

Jean Monnet

Auch nach dem 2. Weltkrieg gewann die Europa-Idee deutlich an Zugkraft.
Winston Churchill war einer der Vorkämpfer der europäischen Idee. In einer Rede vom 19.9. 1946 heißt es: „Wir müssen etwas wie die Vereinigten Staaten von Europa schaffen. Nur so können Hunderte von Millionen schwer arbeitender Menschen wieder die einfachen Freuden und Hoffnungen zurückgewinnen, die das Leben lebenswert machen … Der erste Schritt ist die Bildung eines Europarates. Wenn zu Anfang auch nicht alle Staaten Europas willens oder in der Lage sind, der Union beizutreten, müssen wir uns dennoch ans Werk machen, diejenigen Staaten, die es wollen und können, zusammenzufassen und zu vereinen. Bei dieser so dringenden Aufgabe müssen Frankreich und Deutschland die Führung zusammen übernehmen."

Vorbehalte gegenüber einer europäischen Exekutive, die die nationale Souveränität einschränken könnte. Der Europarat stand allen Mitgliedern der Organisation für europäische wirtschaftliche Zusammenarbeit offen.

Eine der damals führenden Persönlichkeiten war der Franzose Jean Monnet (1888–1979), der u.a. bereits Stellvertretender Generalsekretär des Völkerbundes gewesen war. Er entwickelte für den französischen Außenminister Robert Schuman einen Plan, dessen Umsetzung eine gemeinschaftliche Verantwortung zur Folge haben würde. Unter anderem schlug Monnet vor, die französische und deutsche Kohle- und Stahlproduktion einer gemeinsamen Behörde zu unterstellen, die Mitwirkung weiterer Staaten war ebenfalls vorgesehen. Dieses Abkommen würde einen deutsch-französischen Krieg unmöglich machen. Schumann erreichte die Annahme des Planes durch die französische Regierung.

1951 wurde der „Vertrag über die Gründung der Europäischen Gemeinschaft für Kohle und Stahl" unterzeichnet, der neben Deutschland und Frankreich auch Belgien, die Niederlande, Luxemburg und Italien angehörten. Mit dieser so genannten Montanunion wurden die Anfänge des gemeinsamen Europa gelegt. Die USA reagierten begeistert, der deutsche Bundeskanzler Adenauer und vor allem auch der italienische Ministerpräsident Alcide de Gasperi waren energische Befürworter.

Aber auch im militärischen Bereich zeigten sich erste Bemühungen um ein europäisches Zusammenwirken. Die Frage der Wiederbewaffnung Deutschlands, die angesichts der Spannungen mit dem Osten weithin als unabdingbar erschien, führte zum französischen Vorschlag, eine europäische Streitmacht zu errichten. Es begannen die Verhandlungen zur Gründung der Europäischen Verteidigungsgemeinschaft. 1953 wurde in der BRD, den Niederlanden und Belgien, 1954 in Luxemburg der entsprechende Vertrag ratifiziert, 1954 schließlich jedoch ausgerechnet von Frankreich die Ratifizierung abgelehnt. Offensichtlich vermochte man das Konzept zum damaligen Zeitpunkt noch nicht durchzusetzen.

Frankreich und Deutschland erarbeiteten dennoch rasch eine Ersatzlösung: Der Brüsseler Vertrag von 1948 sollte durch die Gründung einer Westeuropäischen Union erweitert werden. In langwierigen Verhandlungen wurde erreicht, dass die Bundesrepublik das Recht auf Streitkräfte erhielt, den übrigen Vertragspartnern gleichgestellt und das Besatzungsstatut aufgehoben wurde; ebenso eröffnete man Deutschland die Möglichkeit, dem Atlantik-Pakt als gleichberechtigtes Mitglied beizutreten. Auch über das seit dem Ende des 2. Weltkriegs unter französischer Verwaltung stehende Saarland wurde verhandelt. Durch ein Plebiszit sollte darüber entschieden werden, ob es einen Autonomiestatus innerhalb der Westeuropäischen Union erhalten sollte. 1955 entschieden sich jedoch über zwei Drittel der Saarländer gegen eine „Europäisierung", was zur sofortigen Rückgabe des Saarlandes durch Frankreich führte.

Jean Monnet gründete 1955 das „Aktionskomitee für die Vereinigten Staaten von Europa" und erarbeitete Vorschläge, die sich auf die gemeinsame Nutzung von Atomenergie und einen gemeinsamen Markt bezogen. Nach langwierigen Verhandlungen wurden 1957 in den so genannten Römischen Verträgen durch die sechs Staaten Frankreich, Belgien, Niederlande, Luxemburg, Italien und die BRD die Europäische Wirtschaftsgemeinschaft (EWG) und die Europäische Atomgemeinschaft (EURATOM) beschlossen. Brüssel wurde vorläufiger Sitz für die EWG und EURATOM, Luxemburg ernannte man zum Sitz des im gleichen Zusammenhang gegründeten Europäischen Gerichtshofs und der Montanunion. 1958 konstituierte sich in Straßburg das Europäische Parlament, in dem Delegierte aus allen Mitgliedsstaaten hauptsächlich beratende Funktion ausübten. Als ausführendem Organ bzw. integrierendem Instrument kam der EWG-Kommission in Brüssel die größte Bedeutung unter diesen verschiedenen Institutionen zu.

Aus den **Römischen Verträgen** (1957):
„In dem festen Willen, die Grundlagen für einen immer engeren Zusammenschluß der europäischen Völker zu schaffen. Entschlossen, durch gemeinsames Handeln den wirtschaftlichen und sozialen Fortschritt ihrer Länder zu sichern, indem sie die Europa trennenden Schranken beseitigen. In dem Vorsatz, die stetige Besserung der Lebensbedingungen ihrer Völker als wesentliches Ziel anzustreben. In der Erkenntnis, dass zur Beseitigung der bestehenden Hindernisse ein einverständliches Vorgehen erforderlich ist, um eine beständige Wirtschaftsausweitung, einen ausgewogenen Handelsverkehr und einen redlichen Wettbewerb zu gewährleisten … Entschlossen, durch diesen Zusammenschluss ihrer Wirtschaftskräfte Frieden und Freiheit zu wahren und zu festigen …"

Der „Gemeinsame Markt“ sollte 1959 in Kraft treten. Die Briten blieben dem Vorhaben gegenüber skeptisch. Sie strebten die Gründung einer Freihandelszone für alle OECD-Länder an, konnten jedoch aufgrund des deutschen und französischen Widerstands nur die kleine Wirtschaftszone (EFTA) durchsetzen, so dass diese und der Gemeinsame Markt nebeneinander bestanden.

Als 1961 mit dem Mauerbau in Berlin ein weiteres Symbol der Ost-West-Teilung – deutlicher als je zuvor in Europa – zementiert wurde, war ein noch engeres Zusammenrücken der westeuropäischen Staaten gefordert. Dies lag natürlich auch im Interesse der USA. Der französische Ministerpräsident de Gaulle wandte sich jedoch sowohl gegen einen Beitritt Großbritanniens zur EWG wie auch gegen die fortdauernde Einbindung der französischen Streikräfte in die NATO. Dies erregte vor allem auf Seiten der BRD Missfallen, so dass der deutsch-französische Vertrag von 1963 nur mit einem entsprechenden Zusatzpassus versehen unterzeichnet werden konnte.

Eine der wichtigsten Entwicklungen des europäischen Einigungsprozesses war die deutsch-französische Aussöhnung, die im **Elysée-Vertrag** von 1963 den Grundstein für die Beseitigung der „Erbfeindschaft“ legte und bis heute als wesentliches Element für die Stabilität Europas angesehen wird.

In den Folgejahren war die Debatte um die europäische Einigung stark von nationalen Interessen durchsetzt. De Gaulle verschärfte die Situation, weil Frankreich China als souveränen Staat anerkannte, die Lösung aus der NATO betrieb sowie freundschaftliche Beziehungen zur UdSSR herstellte. Seine Politik zeigte also gegen die USA gewandte Züge

Der gemeinsame Markt, der die Liberalisierung des europäischen Binnenhandels und den Abbau von Kontingentierungen sowie die Niederlassungsfreiheit verwirklichte, brachte – trotz einer weiteren französischen Ablehnung eines Beitrittsgesuchs Großbritanniens im Jahr 1967 – beachtliche wirtschaftliche Erfolge. Das Handelsvolumen versechsfachte sich zwischen 1958 und 1970, der Außenhandel stieg erheblich. Der Rücktritt de Gaulles 1969 schließlich wirkte sich für Europa insgesamt positiv aus.

1967 schlossen sich Montanunion, EURATOM und EWG zur Europäischen Gemeinschaft (EG) zusammen. Bereits 1971 wurde die stufenweise Verwirklichung der Wirtschafts- und Währungsunion beschlossen. 1972 konnte endlich auch Großbritannien beitreten, auch Dänemark und Irland schlossen sich an, 1986 wurden Spanien und Portugal aufgenommen. 1987 erklärte man erstmalig die Schaffung einer politischen Union zum verbindlichen Ziel. Seit 1979 wird das Europäische Parlament direkt von den Bürgern der Mitgliedsstaaten gewählt.

„Großbritannien kommt nicht allein!" – niederländische Karikatur von 1962
Vor allem im Commonwealth, als dem „Anhängsel" Großbritanniens, hatte de Gaulle Gefahren für Europa gesehen. Erst 1973 konnte es (ohne Commonwealth) beitreten.

1992 unterzeichneten die EG-Staaten den Maastrichter Vertrag, mit dem die Europäische Union (EU) gegründet wurde. Gemeinsame Leitlinien hinsichtlich der Außen- und Sicherheitspolitik sowie einer Zusammenarbeit in der Innen- und Justizpolitik wurden dabei festgelegt, die Grenzkontrollen fielen und die Einführung einer gemeinsamen Währung – des Euro – wurde für das Jahr 2002 geplant. Seit 1995 umfasst die EU 15 Mitgliedsstaaten, da sich zwischenzeitlich auch Österreich, Schweden und Finnland angeschlossen haben. Nach dem Fall des Eisernen Vorhangs sind auch viele ehemalige Ostblockstaaten an einem Beitritt interessiert.

Entwicklungen in den USA und den westlichen Demokratien

Bis in die 60er Jahre prägte neben den Erfolgen bei der Beseitigung der Kriegssschäden vor allem der enorme wirtschaftliche Aufschwung das Bild der westlichen Staaten. In Europa stieg die Beschäftigung in Dienstleistungsberufen erheblich an, während die in der Landwirtschaft kontinuierlich abnahm. Der Staat begriff sich in diesen Fragen als verantwortlich und versuchte, die Konjunktur zu steuern. Vor allem das Sozialsystem Großbritanniens, wo im Falle von Krankheiten, Unfällen, bei Arbeitslosigkeit und im Alter der Staat die Fürsorge übernahm, erschien den westeuropäischen Staaten in seinen Grundzügen der Nachahmung wert. Die Unterstützung von Familien und ärmeren Schichten durch Beihilfen und Steuerermäßigungen sowie die Förderung strukturschwacher Regionen prägten das Bild des Sozialstaates ebenso wie steigende Ausgaben für Forschung und Bildung. Zu einem erstrangigen Vorbild sozialstaatlicher Politik entwickelte sich vor allem Schweden.

Frankreich, Großbritannien, Belgien und die Niederlande waren mit Fragen der inneren Entwicklung und vor allem mit der Ablösung ihrer Kolonien beschäftigt. Der britische Commonwealth wurde zu einem Verband souveräner Partner umgestaltet. Irland allerdings schied als selbständige Republik 1949 aus dem Zusammenschluss aus. In Nordirland, seit 1920 Teil Großbritanniens, kam es seit dem Ende der 60er Jahre zu schwersten Auseinandersetzungen zwischen der protestantischen Mehrheit und der katholischen Minderheit, die bis in die Gegenwart andauern.

Zypern musste bis 1960 um seine Unabhängigkeit von Großbritannien kämpfen. Im Anschluss daran kam es zu mehreren gewalttätigen Konflikten zwischen griechischen und türkischen Bevölkerungsteilen. Italien, das zahlreiche Regierungskrisen verzeichnete, kämpfte zum einen mit der Armut im Süden, zum anderen mit teils gewaltsamem Widerstand in dem sich um Autonomie bemühenden Südtirol.

In Spanien hielt sich der 1936 an die Macht gekommene Diktator Franco bis zu seinem Tod 1975, erst dann wurde das Land zur Demokratie. Auch in Portugal hielt sich seit 1926 ein autoritäres Regime, bis es 1974 gestürzt wurde. Griechenland hingegen wurde 1967 durch einen Staatsstreich der Armee zur Militärdiktatur, die allerdings 1974 wieder endete.

USA

In den USA setzte nach 1945 ein gewaltiger Wirtschaftsboom ein, obwohl neun Millionen Kriegsveteranen wieder in die Gesellschaft bzw. das Wirtschaftsleben eingegliedert werden mussten. Während die europäischen Länder mit erheblichen Summen zunächst den Wiederaufbau ihrer zerstörten Länder finanzieren mussten, konnte in den USA unmittelbar in die Wirtschaft investiert werden. Im beginnenden Kalten Krieg gerieten jedoch Teile der Gesellschaft in einen Zustand antikommunistischer Hysterie. Man glaubte an eine kommunistische Unterwanderung des eigenen Landes und begriff diese wiederum als Ursache für den Aufstieg der Sowjetunion zur Atommacht. Der „Ausschuss für unamerikanische Umtriebe" setzte eine Hexenjagd in Gang, die Regierungsstellen, Schulen, Universitäten, Gewerkschaften usw. erfasste, Millionen Amerikaner wurden überprüft, die politische Linke zerstört, der amerikanische Liberalismus diskreditiert. Dies führte schließlich zu politischer Apathie und Reformstau. Mit skrupellosen Kampagnen, in denen jeder liberale Denker als Kommunist diffamiert wurde, scharte der republikanische Senator Joseph R. McCarthy in seiner Eigenschaft als Vorsitzender des Senatsausschusses zahlreiche Anhänger hinter sich, bis endlich 1955 der Senat Stellung gegen ihn bezog.

Joseph R. McCarthy (1908–1957) verbreitete mit seiner Kommunistenhatz in den USA der 50er Jahre Angst und Schrecken.

Die 50er Jahre gingen dennoch als „goldene" Jahre – vor allem im Blick auf den Präsidenten Eisenhower – in die Geschichte ein, gekennzeichnet von materiellem Wohlstand und angenehmen Lebensbedingungen, die allerdings nicht allen US-Bürgern zuteil wurden. In diesen Jahren liegen auch die Anfänge der amerikanischen Bürgerrechtsbewegung, die sich gegen die ständige Unterdrückung und Benachteiligung der Afroamerikaner und übrigen Minderheiten auflehnte.

John F. Kennedy und seine Frau Jackie beim Ball zum Amtsantritt des Präsidenten, 20.1.1960. Kennedy entstammte einer irischen Einwandererfamilie und war der erste katholische Präsident des Landes. Mit seinem Charisma begeisterte er weltweit die Menschen.

Mehr und mehr nahmen bei manchen Bevölkerungsgruppen in den Großstädten Armut, Arbeitslosigkeit und Kriminalität zu. Der 1960 gewählte John F. Kennedy trat mit einem sozialreformerischen Programm an, das er jedoch während seiner kurzen Amtszeit nicht verwirklichen konnte. Stattdessen wurden ungeheure Summen in das Raumfahrtprogramm investiert, um den Vorsprung der Sowjetunion wettzumachen.

Als der charismatische amerikanische Präsident am 22. November 1963 bei einer Fahrt durch Texas aus der ihm zujubelnden Menge heraus erschossen wurde – wobei die Umstände des Mordes bis heute Anlass zu zahlreichen Spekulationen geben –, erschütterte dies die Menschen in den USA und in vielen anderen Ländern – gerade auch in Deutschland – zutiefst.

Unter Kennedys Nachfolger Lyndon B. Johnson wurde das Bürgerrechtsgesetz, das zumindest die Diskriminierung vor dem Gesetz beendete, durchgesetzt und eine umfassende Kampagne gegen die Armut gestartet. Bildungsprogramme wurden initiiert, die Gesundheitsvorsorge für Mittellose eingeführt, der soziale Wohnungsbau intensiviert, die Einwanderung liberalisiert. Aufgrund des Vietnamkriegs verringerte sich jedoch der Umfang der eingesetzten finanziellen Mittel, und die Programme erzielten keine ausreichenden Erfolge. Sozial motivierte Unruhen und Proteste weiteten sich aus und führten – nicht zuletzt im Zuge der Kritik vieler Menschen am Vietnamkrieg – schließlich ab Mitte der 60er Jahre zur Ausbildung einer umfassenden gesellschaftskritischen Bewegung, wie sie sich ähnlich auch in den westeuropäischen Staaten konstiuierte.

Bundesrepublik Deutschland

Die Situation Deutschlands unmittelbar nach dem 2. Weltkrieg war mit der anderer Staaten zunächst kaum vergleichbar. Deutschland hatte den größten Krieg der Menschheitsgeschichte ausgelöst, die Nachbarstaaten überfallen, unschuldige Menschen zu Millionen unterjocht und ermordet. Die Siegermächte standen somit auch vor der Aufgabe, demokratisches Denken und die Achtung der Menschenrechte dauerhaft in der deutschen Gesellschaft, die in den vergangenen zwölf Jahren in allen Bereichen der NS-Ideologie unterworfen gewesen war, zu verankern. In den Nürnberger Prozessen, in denen ein Internationales Militärtribunal über deutsche Kriegsverbrecher zu Gericht saß, wurden

viele der Haupttäter zur Rechenschaft gezogen. NS-Größen wie Streicher oder Rosenberg wurden zum Tode verurteilt und durch den Strang hingerichtet, Göring entzog sich der Exekution durch Selbstmord.

Die politische Entwicklung hin zur Gründung eines demokratischen Staates 1949, aber auch zur Teilung in West- und Ostdeutschland wurde maßgeblich von den Entwicklungen im Kalten Krieg bestimmt. Entscheidend war die Haltung des langjährigen Kanzlers Konrad Adenauer (CDU), der entschieden die Westbindung der Bundesrepublik vorantrieb.

Insbesondere war die Nachkriegssituation von massiven Kriegsschäden geprägt, die vor allem durch die Bombardements der Alliierten entstanden waren. Hinzu kamen Millionen von Flüchtlingen und Vertrie-

273 Tage lang dauerten die Verhandlungen der **Nürnberger Prozesse**. Auf der Anklagebank sitzen hier Göring, Hess, Ribbentrop, Keitel und Kaltenbrunner.

Eines der Hauptziele der Alliierten nach 1945 war die so genannte Entnazifizierung Deutschlands, also das Bemühen, die Auswirkungen der nationalsozialistischen Ideologisierung eines ganzen Volkes unter Kontrolle zu bringen. Dabei wurden die Deutschen in drei Kategorien eingeteilt: 1) „Prominente Nazis", derer man allerdings teilweise äußerst schwer habhaft werden konnte (Hitler, Goebbels und Himmler begingen Selbstmord, der bestialische Arzt Josef Mengele setzte sich – wie viele andere – ins Ausland ab, wieder andere tauchten unter. In zahlreichen Kriegsverbrecherprozessen wurden dennoch nicht wenige von ihnen verurteilt. 2) Internierte, d.h. politische Leiter ab dem Rang eines Ortsgruppenleiters, Angehörige der SS ab dem Rang des Unterscharführers u.Ä. Sie wurden in großen Lagern untergebracht, eine wirkliche Auseinandersetzung mit den Verbrechen der NS-Zeit fand allerdings nicht statt. 3) Die Gruppe der so genannten Mitläufer wurde per Fragebogen und Spruchkammerverfahren aus der restlichen Bevölkerung herausgefiltert.

benen sowie heimkehrende Kriegsgefangene, die sämtlich integriert werden mussten. Dass trotz der Kriegsfolgen bis in die 60er Jahre hinein – vor allem durch die Hilfe der USA – ein stetiger wirtschaftlicher Aufschwung zu konstatieren war, wurde als deutsches „Wirtschaftswunder" bezeichnet. Die Städte wurden wieder aufgebaut, für zerstörten Wohnraum Ersatz geschaffen, Konsum und Lebensqualität nahmen gleichermaßen zu, Freizeitbeschäftigungen kam zunehmend eine größere Bedeutung zu. Seit den 60er Jahren wurden aufgrund eines erheblichen Mangels an Arbeitskräften systematisch „Gastarbeiter" angeworben, die vorwiegend aus der Türkei, Italien, Jugoslawien, Spanien und Griechenland stammten.

Lange Zeit unterblieb jedoch jede wirkliche Auseinandersetzung mit der NS-Vergangenheit. Viele ehemalige Nationalsozialisten, die an den Verbrechen des Dritten Reiches erheblichen Anteil gehabt hatten, verblieben teilweise jahrzehntelang in Amt und Würden und konnten völlig unbehelligt leben. 1952 war ein Wiedergutmachungsabkommen mit Israel geschlossen worden, diplomatische Beziehungen wurden jedoch erst 1965 aufgenommen – man fürchtete die Reaktion der arabischen Staaten. Ebenfalls in den 60er Jahren fand der erste große NS-Prozess – der Auschwitzprozess – gegen 20 ehemalige Aufseher des Vernichtungslagers statt, der aufgrund der schwierigen Beweislage

Konrad Adenauer (1876–1967) erreichte in den 50er Jahren zusammen mit der Aufnahme diplomatischer Beziehungen zur Sowjetunion auch die Freilassung der letzten deutschen Kriegsgefangenen. Von Beruf Jurist war Adenauer 16 Jahre lang Oberbürgermeister von Köln, bis ihn die Nationalsozialisten 1933 aus dem Amt entließen. 1945 war er am Aufbau der CDU beteiligt und von 1946 bis 1949 ihr Vorsitzender in der britischen Besatzungszone; 1948–49 war er Präsident des Parlamentarischen Rates, 1949 wurde er erster Bundeskanzler der BRD und engagierte sich für die Westbindung und die deutsch-französischen Beziehungen.

Eines der Kennzeichen des wirtschaftlichen Aufschwungs der BRD nach dem 2. Weltkrieg war die Zunahme an privatem Autobesitz. Hier wird der millionste VW-Käfer gefeiert.

mit wenig befriedigenden Urteilen endete. Kurze Zeit später entflammte eine Debatte über die Verlängerung der Verjährungsfrist für Verbrechen während der NS-Zeit, ein Vorhaben, das nur mühsam durchgesetzt werden konnte.

Die Debatte um die Notstandsgesetzgebung, auf deren Grundlage in bestimmten Fällen Grundrechte außer Kraft gesetzt werden konnten (1968), verlieh der gegen Mitte der 60er Jahre aufkommenden Protestbewegung erhebliche Schubkraft.

Innere Krisen und gesellschaftlicher Wandel in der westlichen Welt

In den USA formierte sich vor allem in den frühen 60er Jahren eine im weiteren Verlauf zunächst immer stärker werdende Protestbewegung gegen gesellschaftlich verankerte, strukturelle Benachteiligungen der an sich gleichberechtigten Afroamerikaner. Gewaltfreier Widerstand, aber auch radikale Ausschreitungen prägten das Bild. Der Protest gegen eine ungerechte Gesellschaftsordnung blieb jedoch nicht auf die Benachteiligten selbst beschränkt, sondern erfasste auch unzählige jüngere Menschen, wobei vor allem Studenten der Universität von Berkeley, Kalifornien, eine bedeutende Rolle spielten. Mit der „Free Speech Movement" opponierte man gegen die Unterdrückung freier Meinungsäußerung, aber auch gegen sinnentleerte Rituale an den Universitäten, stritt für neue Ansätze in der Hochschulbildung und setzte sich für freie politische Betätigungsmöglichkeit ein. Die Bewegung breitete sich rasch auch auf andere Universitäten aus.

Eine weitere Dimension, die deutlich zeigte, dass es hier um eine grundsätzliche Auseinandersetzung mit dem gesellschaftlichen Selbstverständnis ging, gewann

Symbolische Geste: Ein Antikriegsdemonstrant steckt Blumen in die Gewehre der Schutztruppe vor dem Pentagon.

die Protestbewegung in ihrem Kampf gegen den im Laufe der Zeit als amoralisch und sinnlos empfundenen Vietnamkrieg. Als Präsident Richard M. Nixon die Ausweitung des Kriegs durch den Einmarsch von US-Truppen in Kambodscha bekannt gab, verstärkten sich die Proteste, wurden aber auch gewaltsam bekämpft. Die studentische Bewegung zerfiel in einzelne größere und kleinere Gruppierungen.

Neben den politisch aktiven Protestgruppierungen bildete sich die „Hippie-Bewegung" heraus; die „Blumenkinder" versuchten ein von bürgerlichen Moralvorstellungen freies Leben zu führen, blieben dabei aber weitgehend unpolitisch.

Basisdemokratie, Frauenemanzipation, sexuelle Freizügigkeit – diese Schlagworte waren nicht nur inhaltliche Bestandteile der amerikanischen Protestbewegungen. Auch in Europa, vor allem in Deutschland und Frankreich prägten studentische Protestbewegungen

1969 fand das **Woodstock**-Festival statt, an dem nahezu eine halbe Million Menschen teilnahmen. Zahlreiche Stars der damaligen Musikszene traten auf – u. a. Jimi Hendrix, Joan Baez, Arlo Guthrie, Joe Cocker und Janis Joplin. In Parolen wie „Make love not war" kam das Lebensgefühl vieler Jugendlicher zum Ausdruck.

das Bild der ausgehenden 60er Jahre. Eine besondere Rolle spielte dabei in der BRD die politisch links orientierte Außerparlamentarische Opposition (APO), die sich vor allem auch im Widerstand gegen die Notstandsgesetzgebung formiert hatte.

Nicht nur marxistische Theorien wurden in der Neuen Linken wieder zum Leben erweckt oder Anstöße zur intensiven Auseinandersetzung mit der nationalsozialistischen Vergangenheit gegeben. Eine Bildungsreform wurde in Gang gesetzt und gegen monopolistische Tendenzen in der Presse wurde vorgegangen; als utopisch diffamierte Vorstellungen und die massive Kritik an bisherigen Lebensentwürfen und Umgangsformen gewannen öffentliche Aufmerksamkeit – all dies war das Ergebnis der so genannten 68er-Bewegung. Ähnliche Entwicklungen vollzogen sich auch in anderen Staaten Europas; offensichtlich waren also trotz des wirtschaftlichen Wohlstands viele Probleme in den westlichen Gesellschaften ungelöst geblieben.

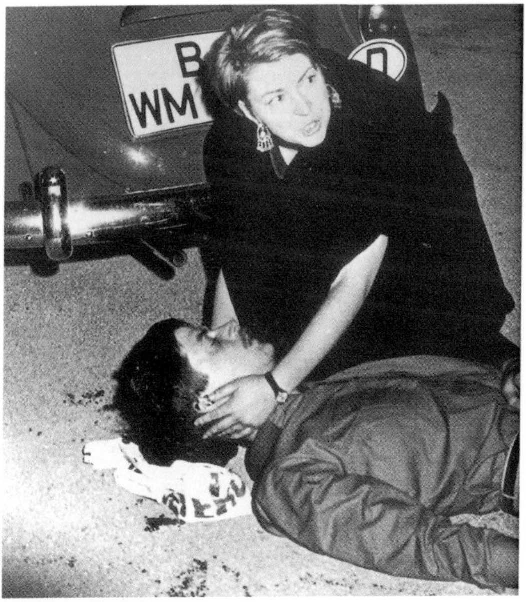

Der Tod des Studenten **Benno Ohnesorg** bei einer Demonstration am 2.6.1967 führte zum Aufstand bei den Studenten. Der Sozialistische Hochschulbund (SHB) verteilte am 3.6. ein Flugblatt: „Gestern abend erschlugen Berliner Polizisten den Studenten der FU, Benno Ohnesorg, 26 Jahre alt. Er befand sich unter den deutschen und persischen Demonstranten, die sich gegen den Besuch des Schah von Persien empörten... Tatsache ist: Die Vorfälle vor der Deutschen Oper haben gezeigt, daß entgegen der Darstellung des Regierenden Bürgermeisters die Polizei schwere Zusammenstöße provozierte. Polizeikommandos stürzten Demonstranten von einem Bauzaun... Die Polizeiaktion zielte darauf ab, einzelne Demonstranten zur Abschreckung zusammenzuschlagen. Als die Prügelei begann, ging es nicht darum, den Schah zu schützen – er war bereits in der Oper ... soweit ist es gekommen. Der Repräsentant unserer Stadt ... empfängt mit Riesenaufwand einen Diktator, dem Folterung und Mord an Hunderten von Politikern, Journalisten, Studenten und Arbeitern nachgewiesen wurde... Berliner Polizisten erschlugen den Studenten Benno Ohnesorg. Sein Verbrechen war: Demonstration gegen diesen Diktator."

Rassismus, Minderheiten, Frauenrechte

Im 20. Jahrhundert erlangten Kategorien wie „Rasse“ oder „Ethnie“ – über die nationalsozialistische Periode hinaus – in der Politik immer größere Bedeutung. Die New York Times listete 1993 beispielsweise 48 verschiedene, aktuelle „heiße“ Kriege auf, die aus ethnischen Spannungen resultierten. Der jahrzehntelange Kampf um Gleichberechtigung von Menschen verschiedener Hautfarbe und verschiedenen Geschlechts ist bis heute nicht abgeschlossen. Dass Frauen und gesellschaftlichen Minderheiten, beispielsweise den Afroamerikanern, den Indianern in den USA oder den Aborigines in Australien, einmal – zumindest laut Gesetz – alle Möglichkeiten politischer Partizipation und alle Berufe offen stehen würden, war am Anfang des 20. Jahrhunderts auch in westlich geprägten Ländern nicht vorhersehbar. Denn damals herrschten noch zahlreiche Einschränkungen, die breite Bevölkerungsschichten erheblich benachteiligten.

Die bereits in der ersten Hälfte des Jahrhunderts unternommenen Bemühungen um Gleichberechtigung wurden in den 60er Jahren öffentlichkeitswirksam verstärkt. Vor allem im Zusammenhang mit den sich in in den westlichen Demokratien formierenden Protestbewegungen gelang es nun auch diesen Gruppierungen, sich in den jeweiligen Gesellschaften endlich hinreichend Gehör zu verschaffen. Eine endgültige Lösung dieser oftmals überaus komplexen Probleme wird wohl auch im 21. Jahrhundert auf sich warten lassen.

Die amerikanische Bürgerrechtsbewegung „Civil Rights Movement“

Trotz Abschaffung der Sklaverei im Jahre 1865 waren die US-Bürger afroamerikanischer Herkunft nicht zu gleichberechtigten Mitgliedern der Gesellschaft geworden. In der Mitte des 20. Jahrhunderts waren Rassismus, Armut, soziale und politische Benachteiligung nach wie vor kennzeichnend für die Situation der Schwarzen. Erst 1954 wurde durch den Obersten Gerichtshof (Supreme Court) die Rassentrennnung an

den Schulen aufgehoben. Diese Entscheidung wurde aber in mehreren Südstaaten nicht anerkannt.

1955 weigerte sich die 42 Jahre alte Afroamerikanerin Rosa Parks, ihren Sitzplatz im Bus, der nur Weißen zustand, zu verlassen. Nach ihrer Inhaftierung formierte sich die „Montgomery Improvement League", deren prominentestes Mitglied Dr. Martin Luther King, ein Baptistenpfarrer war. In einem zähen, gewaltfreien Kampf und gegen teilweise gewaltsamen Widerstand erreichten die Bürgerrechtler schrittweise Verbesserungen ihrer Situation. 1956 erfolgte die Aufhebung der Rassentrennung in den Bussen von Alabama, weil diese als verfassungswidrig angesehen wurde. Im selben Jahr konnte die erste Afroamerikanerin die Universität von Alabama besuchen.

Martin Luther King gilt heute als bedeutendster amerikanischer Bürgerrechtler. Er vertrat den Weg des gewaltfreien Widerstands. Doch nicht alle Afroamerikaner konnten sich mit der Vorstellung einer Integration anfreunden. Der Muslim Malcolm X etwa und die Mitglieder der 1967 gegründeten Black Panther Party, die bis in die 70er Jahre hinein Rassenhass und Klassenkampf propagierte, vertraten weitaus radikalere Positionen.

Obwohl die Bürgerrechtsbewegung gerade auch durch die u.a. gegen den weithin spürbaren Rassismus protestierenden Studenten unterstützt wurde, fällt Martin Luther King am 4. April 1968 dem Mordanschlag eines Weißen zum Opfer.

Martin Luther King (1929–1968) wurde bereits mit 17 Jahren Pfarrer. Nach dem Abschluss am theologischen College 1951 studierte er an der Universität von Boston. Er lernte das Wirken von Mahatma Gandhi kennen, dessen Lehren zum Kern seiner eigenen Philosophie des gewaltlosen Widerstands werden sollten. Nach der Heirat 1953 wurde King Pastor einer Baptistenkirche in Montgomery im Bundesstaat Alabama.
Bei dem historischen „Marsch auf Washington", den er im Zuge seines Engagements für die Bürgerrechtsbewegung anführte, hielt er am 28.8.1963 seine berühmte Rede „I have a dream" – „Ich habe einen Traum". 1964 bekam er als Wortführer der gewaltlosen Rassenintegration den Friedensnobelpreis.

„Ich habe einen Traum, dass eines Tages auf den roten Hügeln von Georgia die Söhne früherer Sklaven und die Söhne früherer Sklavenhalter miteinander am Tisch der Brüderlichkeit sitzen können. Ich habe einen Traum, dass sich eines Tages selbst der Staat Mississippi, ein Staat, der in der Hitze der Ungerechtigkeit und Unterdrückung verschmachtet, in eine Oase und Gerechtigkeit verwandelt. Ich habe einen Traum, dass

meine vier kleinen Kinder eines Tages in einer Nation leben werden, in der man sie nicht nach ihrer Hautfarbe, sondern nach ihrem Charakter beurteilen wird...
Ich habe einen Traum, dass eines Tages in Alabama mit seinen bösartigen Rassisten, mit seinem Gouverneur, von dessen Lippen Worte wie ‚Intervention' und ‚Annullierung der Rassenintegration' triefen..., dass eines Tages genau dort in Alabama kleine schwarze Jungen und Mädchen die Hände schütteln mit kleinen weißen Jungen und Mädchen als Brüdern und Schwestern...

Die **Bürgerrechtsbewegung** dehnte sich auch auf andere unterdrückte und benachteiligte Minderheiten aus. So begannen auch die nordamerikanischen Indianer auf das ihnen von den weißen Siedlern zugefügte Unrecht und auf ihre größtenteils unwürdigen Lebensbedingungen aufmerksam zu machen. 1973 wurde „Wounded Knee" – Schauplatz eines historischen Zusammenstoßes zwischen US-Truppen und Indianern – wochenlang von Sioux-Indianern besetzt gehalten. Durch die gewaltsame Aktion kam es schließlich zu Verhandlungen, in denen den Indianern Hilfen zugesichert wurden.

Auch wenn seit der Mitte des Jahrhunderts vielen Afroamerikanern die Gründe ihrer gesellschaftlichen und sozialen Situation bewusster sind als je zuvor, finden sich bis heute genügend Beispiele einer nicht hinreichend bewältigten Diskriminierung. Der prozentuale Anteil der afroamerikanischen Bevölkerung, der unterhalb der Armutsgrenze lebt oder nur eine eingeschränkte Schulbildung erfährt, ist nach wie vor erheblich größer als auf Seiten der weißen Bevölkerung. Und ein farbiger Kandidat hätte wohl auch heute noch kaum Chancen, ins Präsidentenamt gewählt zu werden.

Die Proteste der 60er Jahre lenkten die öffentliche Aufmerksamkeit aber auch auf andere Minderheiten.

Ethnische Gruppierungen wie in den USA die Indianer und Einwanderer aus Lateinamerika, Sinti und Roma in Europa, die Aborigines in Australien und zahllose weitere Volksgruppen begehrten gegen ihre Unterdrückung auf bzw. wurden sich ihrer kulturellen Besonderheiten bewusst. Auch Benachteiligungen, die im Zusammenhang mit sexuellen Orientierungen wie der Homosexualität standen oder in körperlichen Behinderungen ihre Ursache hatten, konnten nun in Frage gestellt oder zumindest thematisiert werden.

Aus den Protestbewegungen dieser Zeit heraus entwickelten sich jedoch auch terroristische Gruppierungen wie die Rote Armee Fraktion (RAF) in der Bundesrepublik oder die Roten Brigaden in Italien, die den Staat mit Mitteln brutaler Gewalt – Bombenanschlägen, Entführungen, Ermordung hoch gestellter Persönlichkeiten – bekämpften.

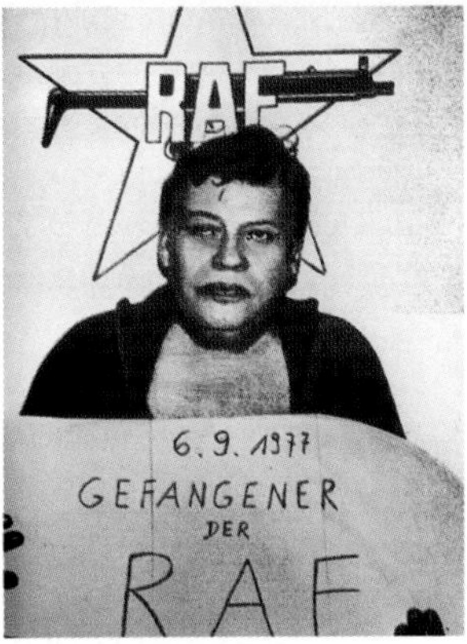

Zu den grausamsten Taten der deutschen Terrorgruppe **RAF** (Rote Armee Fraktion) gehörte die Entführung und Ermordung des Arbeitgeberpräsidenten **Hanns Martin Schleyer** im Jahr 1977 – für die linksextreme Gruppierung war er eine der Symbolfiguren der angeblich herrschenden Unterdrückung. Weitere prominente Opfer waren u. a. der Generalbundesanwalt Siegfried Buback (1977), dor Bankier Jürgen Ponto (1977) und Gerald von Braunmühl (Auswärtiges Amt, 1986).

Frauen

Um 1900 konnte weltweit nicht von Gleichberechtigung der Frau gesprochen werden. Die meisten Frauen lebten in ländlichen Gebieten in vorwiegend patriarchalisch, also von Männern bestimmten Gesellschaften. In der Landwirtschaft mussten sie neben Arbeiten in der Produktion auch alle häuslichen Aufgaben wie Kochen, Waschen, Kindererziehung erledigen. In vielen Ländern des Nahen Ostens, Afrikas und Asiens verheirateten Eltern ihre Töchter so früh wie irgend möglich, häufig auch mit bereits verehelichten Männern; in Indien war in manchen Regionen die Witwenverbrennung üblich, in China sahen sich junge Mädchen oftmals genötigt, ihre Füße in einer Weise zusammenzuschnüren, die deren natürliches Wachstum verhinderte (Lotus-Füße). Soweit Frauen Opfer häuslicher Gewalt waren, hatten sie nirgendwo Möglichkeiten, sich dagegen zu wehren. Auch in den westlichen Staaten waren Ehemänner berechtigt, über ihre Frauen in jeder Hinsicht zu bestimmen. Ein Frauenwahlrecht gab es nicht.

Im Durchschnitt bekamen die Frauen zwischen fünf und acht Kinder, von denen nur die Hälfte das Erwachsenenalter erreichte. Dabei starben mehr Mädchen als Jungen. Nicht zuletzt weil Söhne für die Altersvorsorge und die schwere Arbeit in der Landwirtschaft wichtiger waren, wurden sie oftmals besser behandelt.

Die Verstädterungswellen seit der 2. Hälfte des 19. Jahrhunderts führten vor allem in den westlichen Ländern zu massiven Veränderungen in der Gesellschaftsstruktur. Frauen- und Kinderarbeit, zu niedrigsten Löhnen und unter miserablen Bedingungen, gehörten ebenso zum Alltag wie schlechte Wohnbedingungen und Krankheiten. Andererseits hatte der regelmäßige Schulbesuch ein höheres Bildungsniveau zur Folge. Unterschiedlichste hygienische Maßnahmen und das Angebot medizinischer Versorgung sorgten für eine Verbesserung der Lebensbedingungen. Viele Frauen arbeiteten vor allem als Hausangestellte, in Fabriken oder leisteten Heimarbeit. Frauen mit höherer Bildung waren in der Krankenpflege oder als Lehrerinnen tätig. Der Zugang zur Universitätsbildung jedoch blieb ihnen in den meisten Ländern der Welt noch lange verschlossen.

Dass Frauen nun außerhalb des eigenen Hauses Geld verdienen konnten oder mussten, führte auch zu größerer Unabhängigkeit. Sie waren nun nicht mehr lebenslang auf die Unterstützung durch Männer, vor allem Ehemänner, angewiesen. Dies war wohl eine der entscheidenden Ursachen für das zunehmende Bewusstsein der Frauen, dass ihre gesellschaftliche Situation in hohem Maße von Ungerechtigkeit geprägt war.

Ende des 19., Anfang des 20. Jahrhunderts nahmen sich mehr und mehr Organisationen und Gruppen der Frauenfrage an, in deren Mittelpunkt die Gleichheit vor dem Gesetz und die Benachteiligungen in der Erziehung und im Beruf standen. Vor allem in den protestantischen Ländern mit liberaler Tradition zeigte sich diese Entwicklung deutlich. 1898 etwa, im Rahmen des International Council of Women in London, das grundlegende Rechte für alle Frauen forderte, fanden

Weil im Zuge der industriellen Revolution immer mehr Frauen auch als Fabrik- und Heimarbeiterinnen arbeiten mussten (das um 1900 entstandene Bild zeigt Frauen bei der Herstellung von Kerzen), wurde die Benachteiligung von Frauen auch in den niedrigen Löhnen sichtbar, die sie hierfür erhielten. Bald schon gab es Proteste, wie in diesem Aufruf von Berliner Arbeiterinnen aus dem Jahr 1885: „Arbeiterinnen! eine jede von euch weiß, wie traurig die Verhältnisse sind, unter denen ihr lebt. Ein Lohn wird Euch bezahlt, der Eurer Menschenwürde spottet und Euch in beständiger geistiger und materieller Abhängigkeit erhält… die tägliche Entbehrung lehrt eine jede von Euch bitter und scharf genug, daß euer Lohn der gedrückteste, daß Eure Arbeit die schlechtbezahlteste ist."

sich überwiegend Vertreterinnen aus den USA und Westeuropa ein, aber auch Beobachterinnen aus China, Persien, Indien, Argentinien, Island und Palästina waren vertreten. Anfang des 20. Jahrhunderts schließlich erreichten verheiratete Frauen in zahlreichen Ländern endlich die Verfügungsgewalt über ihr Eigentum und ihren eigenen Verdienst und erstritten sich in den USA, England und Frankreich auch das Recht, im Falle einer Trennung vom Ehepartner das Sorgerecht für die Kinder einzuklagen.

Im Kampf um das Wahlrecht wurden in den USA und England Massenaufmärsche organisiert. 1914 waren bereits über 1000 so genannte Suffragetten – Frauen, die für sich und ihre Geschlechtsgenossinnen das Recht zu wählen einforderten – schon einmal inhaftiert worden. Viele von ihnen unterstützten den Kampf mit Hungerstreiks.

Auch innerhalb der sozialistischen Bewegung wurden Frauen aktiv. Sie sahen vorwiegend in der Armut die Hauptursache für die schlechte Situation der Arbeiterfrau und verknüpften mit dem Glauben an die sozialistische Revolution auch die Hoffnung auf Gleichberechtigung.

Einige Frauenrechtlerinnen sahen bereits zu diesem Zeitpunkt in der „Emanzipation" der Frau von ihrer traditionellen Rolle in der Kinderbetreuung den einzigen Weg zu wirklicher Unabhängigkeit. Sie forderten

Die Proteste der englischen Frauenrechtlerinnen führten immer wieder zu Verhaftungen – wie hier 1911 in England. 1903 hatte sich eine neue Stimmrechtsgesellschaft, die sich Women's Social and Political Union (WSPU) nannte, formiert. Sie war von einer Gruppe von Frauen aus Manchester gegründet worden. Innerhalb weniger Jahre schlossen sich ihr im ganzen Land Tausende von Kämpferinnen für Frauenrechte an, so dass schließlich auch in London Büros eröffnet wurden. Die WSPU wurde von zwei herausragenden Persönlichkeiten geleitet, Mrs. Emmeline Pankhurst und ihrer Tochter Christabel. Die Gesellschaft war hervorragend organisiert und funktionierte wie eine Freiwilligenarmee. Die Mitglieder sollten alle Maßnahmen – einschließlich ungesetzlicher – zur Erreichung des Stimmrechts ergreifen. Durch ihre teils militanten Auftritte wurden sie berühmt. 1906 nannte sie die Daily Mail erstmals „Suffragetten" – eine vom lateinischen suffragium (= Stimmrecht) abgeleitete Bezeichnung, die bis heute erhalten blieb.

Vor den Wahllokalen versammelten sich 1919 in Deutschland die Frauen, als ihnen zum ersten Mal in der deutschen Geschichte das Wahlrecht gewährt wurde.

daher etwa die Einrichtung von Kinderkrippen, mehr gesellschaftliche Anstrengungen im Hinblick auf Probleme der Geburtenkontrolle und mehr Unterstützung für ledige Mütter.

Durch den 1. Weltkrieg erzielte die Frauenbewegung mehr Fortschritte als in den Jahrzehnten zuvor. Frauen waren während des Krieges vermehrt in allen Bereichen der Wirtschaft eingesetzt worden, sie ersetzten die Männer in den Fabriken, spielten in der Pflege der Kriegsverletzten eine bedeutende Rolle und engagierten sich auf patriotischen Kundgebungen. Nach dem Krieg konnten die Politiker kaum mehr den früheren Status wiederherstellen.

Erste Erfolge der Suffragettenbewegung zeigten sich, als 1915 Dänemark und Island das Frauenstimmrecht gewährten, 1917 schlossen sich die Niederlande, Finnland und Russland an, 1918 und 1919 folgten England, Deutschland, fast ganz Zentral- und Osteuropa, Teile Afrikas und auch sechs Provinzen Chinas. In den USA wurde es 1920 erteilt, schwarze Frauen blieben aber ausgeschlossen. In Lateinamerika setzte die dortige Frauenbewegung zwischen 1929 und 1939 in mehreren Ländern das Wahlrecht durch.

In den 20er Jahren lockerten sich in den westlichen Ländern auch die sittlichen Vorstellungen. Frauen trugen kürzere Röcke, schnitten sich die Haare kurz wie Männer, rauchten in der Öffentlichkeit und gewannen auch in sexueller Hinsicht mehr Rechte.

Nach diesen ersten großen Erfolgen hatten die weltweite Depression in den 30er Jahren und der Faschismus bzw. Nationalsozialismus in vielen europäischen Ländern Rückschritte zur Folge. Gerade am Beispiel der nationalsozialistischen Verherrlichung der Mutterschaft, die einer Reduzierung der Frau auf diese Funktion entsprach, wird dies besonders deutlich. Die so genannte Geburtenkontrolle hingegen wurde – auch mit Hilfe der katholischen Kirche – abgelehnt.

Nach dem 2. Weltkrieg und vor allem durch die Krise der westlichen Staaten in den 60er Jahren veränderte sich die gesellschaftliche Situation der Frau neuerlich, wobei vor allem die feministischen Bewegungen auf einen Bewusstseinswandel abzielten, der weit über die Fragen der rechtlichen Gleichstellung hinausging. Als „Women's lib" wurde die zweite Welle der Frauenbewegung, die für die Gleichheit der Geschlechter in allen Lebensbereichen kämpfte, bezeichnet. Der Feminismus westlicher Prägung blieb allerdings zu weiten Teilen eine Angelegenheit des weißen gehobenen Mittelstands und der intellektuellen Eliten. Simone de Beauvoir, Betty Friedan, Germaine Greer, Camille Paglia, Susan Faludi, sie alle verfolgten das Ziel, die Frauen aus dem „Patriarchat" zu befreien und entwickelten dabei teilweise Vorstellungen, die von den realen Entwicklungen längst überholt worden waren.

Durch beide Weltkriege hatte die Rolle der Frau in den westlichen Demokratien entscheidende Veränderungen erfahren: Sie mussten häufig zuhause und an den Arbeitsstellen die Männer ersetzen. Im zerstörten Europa nahmen sie auch nach dem Krieg schwere körperliche Belastungen auf sich, um den Wiederaufbau zu ermöglichen. Trotz der Versuche, in den 50er Jahren in den westlichen Ländern wiederum das Bild der zarten und besonders weiblichen Frau den tatkräftigen Frauen der Kriegsjahre entgegenzusetzen, konnte die Geschichte nicht mehr zurückgedreht werden. Die Forderung nach Gleichberechtigung wurde zunehmend zum brisanten gesellschaftlichen Thema.

Die rechtliche Gleichstellung der Frau war in den westlich geprägten Demokratien spätestens seit den 70er Jahren allgemein realisiert worden. In vielen Regionen der Erde werden Frauen dagegen nach wie vor diskriminiert und unterdrückt. Eines der schrecklichsten Beispiele bot bis vor kurzem Afghanistan: Frauen durften unter dem Regime der Taliban nicht arbeiten, Mädchen erhielten keine Schulbildung, Frauen mussten sich vollständig verschleiern und durften vielerorts nur in Begleitung eines männlichen Verwandten in der Öffentlichkeit erscheinen.

Bis weit in die zweite Hälfte des 20. Jahrhunderts fanden Fragen des Natur- und Umweltschutzes nur geringes Interesse. Zwar hatten sich in verschiedenen Ländern schon zum Ende des 19. Jahrhunderts Menschen unterschiedlichster Gruppierungen zusammengetan, um sich der Natur zu widmen. In den USA entstanden beispielsweise die ersten Nationalparks, doch ein Bewusstsein für die Gefährdung der gesamten Umwelt durch den Menschen war zum damaligen Zeitpunkt noch nicht vorhanden. Vielmehr galt weiterhin ein Verständnis, wonach die Erde dem Menschen „untertan" sei, d.h. ihm zu seinem Nutzen von Gott übergegeben worden sei.

Erst nach dem 2. Weltkrieg, im Zuge des enormen wirtschaftlichen Aufschwungs vor allem in den westlichen Ländern, vermochte man die negativen Folgen der hemmungslosen Nutzung von natürlichen Ressourcen nicht länger zu ignorieren. Mit ihrem Buch „The Silent Spring" erschreckte die US-Amerikanerin Rachel Carson 1962 die Öffentlichkeit, als sie einen Frühling ohne Vögel und ohne Insekten beschrieb, die alle wegen des exzessiven Gebrauchs von Insektiziden ausgestorben waren.

In den 70er Jahren gewann die Umweltbewegung weltweit Bedeutung. 1972 veröffentlichte der Club of Rome seine bedeutsame Studie über „Die Grenzen des Wachstums",

Einen Namen machte sich bei den Protesten für die Umwelt die Organisation Greenpeace, die seit 1971 weltweit durch spektakuläre Aktionen auf drängende Anliegen des Natur- und Umweltschutzes aufmerksam macht.

derzufolge der Glaube an eine schier grenzenlose Belastbarkeit unserer Umwelt nicht aufrechtzuerhalten war. Auch verschiedene Organisationen der UN begannen sich der Umweltfragen anzunehmen.

Zahlreiche Umweltkatastrophen nährten die entstandenen Ängste. Hervorzuheben sind hier besonders: die Dioxin-Katastrophe von Seveso im Jahr 1976, bei der etwa 200 Menschen Verätzungen und Vergiftungen davontragen und ein 320 ha großes Gebiet verseucht wird. Der Giftgasunfall im indischen Bhopal, bei dem etwa 3000 Menschen sterben. Der „Super-GAU" im ukrainischen Kernkraftwerk von Tschernobyl am 26. April 1986 – ein Gebiet von etwa 25 000 km^2 mit einer Bevölkerung von rund 1 Million Menschen ist durch radioaktiven Niederschlag langfristig stark kontaminiert; aber auch in weiten Teilen Europas, insbesondere in Finnland, Schweden, Polen und Rumänien, werden zum Teil erhebliche Überschreitungen von Grenzwerten verzeichnet.

„Saurer Regen", Waldsterben, Luftverschmutzung, Verseuchung der Flüsse und Sorgen um Strahlenbelastungen bei der Nutzung der Atomkraft riefen neue und alte Umweltverbände auf den Plan. In Deutschland formierte sich 1980 mit den „Grünen" eine Partei, die ihre politische Ausrichtung zunächst vornehmlich von der Umweltproblematik her definierte.

Die Dioxin-Katastrophe im italienischen Seveso 1976 war eine der zahlreichen Umweltkatastrophen des 20. Jahrhunderts. Eine Dioxinwolke schwebte nach einer Explosion in der Chemiefabrik tagelang über dem Ort. Die Bevölkerung wurde viel zu spät informiert. Verätzungen und Vergiftungen bei Menschen, der Tod von Tieren und die Verseuchung eines großen Gebietes waren die Folgen.
Noch mehr Menschen waren 1984 in der indischen Stadt Bhopal betroffen, in der sich ein schwerer Giftgasunfall ereignete. Immer wieder kam und kommt es zur Verseuchung von Flüssen und Meeren durch unerlaubtes Ablassen von giftigen Abwässern.

Zum Ende des Jahrhunderts sieht sich die Menschheit vor Umweltfragen von globalem Ausmaß gestellt: Das Ozonloch und die von namhaften Wissenschaftlern prognostizierte Klimaerwärmung – beide durch den Menschen verursacht – bedrohen mit ihren Auswirkungen weite Teile der Welt. Das Artensterben, das Abholzen der Regenwälder, die Verseuchung der Ozeane lassen sich – wenn überhaupt – nur im Zuge globaler Zusammenarbeit stoppen.

Der Aufstieg Chinas und der Kalte Krieg in Asien

Die Friedensschlüsse nach dem 1. Weltkrieg hatten in China insofern zu tiefer Enttäuschung geführt, als man die Interessen Japans, das von Großbritannien und Frankreich unterstützt wurde, vorrangig behandelte. Die vor allem von Studenten geführte chinesische Nationalbewegung erhielt nun breiten Zulauf. Eine umfassende Modernisierung und einen radikalen Bruch mit den überkommenen Traditionen hielt man für unumgänglich. Darüber hinaus kam es zu einer Annäherung an das revolutionäre Russland, das den Chinesen aus freien Stücken die Rückgabe aller eroberten Gebiete anbot. In den folgenden Jahren unterstützten die Russen zunächst die Nationalistische Partei, die Kuomintang und deren Führer Sun Yat-sen, der von Kanton aus ganz China unter seine Herrschaft zu bringen suchte. Gleichzeitig gewann jedoch der Marxismus immer größere Bedeutung. 1921 wurde in Shanghai die Kommunistische Partei Chinas gegründet, einer der Mitbegründer war Mao Zedong.

Der Kuomintang-Führer Chiang Kai-Shek, der sich plötzlich gegen die kommunistische Bewegung im Land wandte und 1927 mit aller Härte gegen sie vorging, rief im selben Jahr eine Nationalregierung ins Leben. Doch diese hatte keine Überlebenschance – zum einen aufgrund der das folgende Jahrzehnt prägenden Auseinandersetzungen mit Japan, das Teile Chinas besetzte, zum anderen wegen der sich immer

Mao auf dem „Langen Marsch“ 1934

Eine der bedeutendsten Persönlichkeiten des kommunistischen China war **Mao Zedong** (auch Tse-tung, 1893–1976). Der in der Provinz Hunann geborene Bauernsohn wurde Hilfsbibliothekar und stieg als Mitbegründer der chinesischen Kommunistischen Partei (1921) rasch ins Zentralkomitee auf. In den Jahren der Auseinandersetzung mit den Kuomintang (1927–1945) führte er Guerillaeinheiten an. 1931 wurde er Vorsitzender des von ihm zusammen mit Zhu De gegen die nationale Regierung errichteten kommunistischen Herrschaftsgebietes. Auf dem so genannten „Langen Marsch“ konnte sich Mao als Führer gegen andere durchsetzen: Durch die Truppen der Nationalregierung bedrängt, gaben die Kommunisten ihre Herrschaftsgebiete im Süden auf und zogen sich mit rund 100 000 Mann vor den Angriffen der Regierungsarmeen zurück, um eine günstigere Ausgangsbasis zu schaffen. Ein Jahr lang dauerte der über 12 000 km lange Zug durch 11 Provinzen. Er führte über Berge und durch Sümpfe – nur 8000 kamen ans Ziel. Der „Lange Marsch“ ging als Gründungsmythos in die Geschichtsschreibung der 1949 ausgerufenen chinesischen Volksrepublik ein.

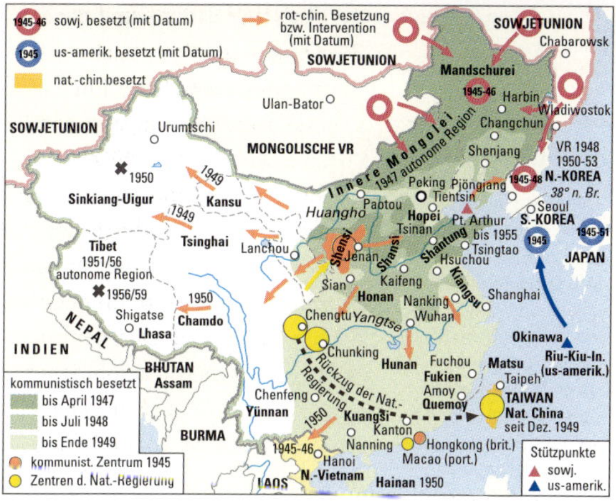

Die Karte verdeutlicht die Entstehung des kommunistischen China nach 1945.
Bis heute gestalten sich die Beziehungen zwischen der Volksrepublik China und Taiwan, auf das die nationale Regierung Chiang Kai-Sheks floh, problematisch.

weiter ausbreitenden und einen Guerilla-Krieg führenden kommunistischen Bewegung. Trotz aller Widerstände gelang es den Kommunisten, politische Strukturen zu etablieren und, unter dem Parteivorsitzenden Mao Zedong, ihren Einflussbereich vor allem während des 2. Weltkriegs weiter auszudehnen. In den Jahren 1946 bis 1949 erkämpften sich die Kommunisten schließlich den Sieg über die Kuomintang. Die Nationalregierung floh nach Taiwan. Die Kommunisten riefen am 1. Oktober 1949 die Volksrepublik China aus.

Auch wenn China nun vom Westen aufgrund seiner Beziehung zur Sowjetunion als Pendant zu den osteuropäischen Satellitenstaaten betrachtet wurde, stellte der chinesische Kommunismus doch eine absolut eigenständige ideologische Variante dar. Dennoch war die kommunistische Führung, die ohne nennenswerte sowjetische Hilfe an die Macht gekommen war, nach der Regierungsübernahme auf die wirtschaftliche Unterstützung der Sowjetunion angewiesen. Infolge der japanischen Besatzung und des Bürgerkriegs befand sich das Land in einem katastrophalen Zustand und benötigte nicht nur dringend Investitionen, sondern auch technisches Know-how. 1950 konnte Mao dazu bewegt werden, einen 30-Jahres-Vertrag mit der Sowjetunion zu unterzeichnen, in dem man sich der gegenseitigen Freundschaft und Unterstützung versicherte und der für die Sowjetunion angesichts relativ niedriger Verpflichtungen zahlreiche Vorteile mit sich brachte.

An Maos Vorgehen nach der Abkehr von der reinen Orientierung am sowjetischen Modell, dem **„Großen Sprung“**, wurde auch starke innerparteiliche Kritik geübt, wie die Rede Liu Shaoqis auf einer Konferenz 1962 verdeutlicht: „Ich besuchte einen Ort in Hunann. Dort sagten die Bauern, dass 30% der Schwierigkeiten durch Naturkatastrophen, 70% aber durch menschliches Versagen verursacht worden seien... Statt mit den Kräften der Massen zu haushalten, haben wir in den letzten Jahren einen Großteil ihrer Energie verschwendet. Das ist ein sehr großer Fehler. Unsere Genossen sind besorgt darüber, dass die Massen keinen Eifer mehr zeigen. Dieses Problem sollte angemessen untersucht werden. Der Grund hierfür liegt darin, dass die Begeisterung und die Kraft der Massen in den letzten Jahren erschöpft und in gewissen Gegenden sogar ernsthaft ausgehöhlt worden sind... Der Große Sprung nach vorn wurde zu früh eingeleitet. Da die Dinge in den drei Jahren außer Kontrolle geraten sind, werden möglicherweise 8–10 Jahre notwendig sein, um Wideranpassungen vorzunehmen. So etwas zahlt sich nicht aus...“

Die innere Entwicklung Chinas

Mit der Ausrufung der Volksrepublik waren große Hoffnungen verbunden. Eine der ersten Maßnahmen war eine Bodenreform, die eine Umverteilung von Grund und Boden und die Neuordnung der politischen Verhältnisse auf dem Land zum Ziel hatte. Zugleich wurde die Verstaatlichung von privaten Wirtschaftsunternehmen bis 1957 weitgehend abgeschlossen. Alle Institutionen, ob in der Verwaltung oder im wirtschaftlichen Sektor, wurden zudem von Anhängern der Kuomintang und „bürgerlichen“ Kräften „befreit“. Zwischen 1953 und 1957 orientierte man sich überwiegend am sowjetischen Vorbild der Stalinzeit und förderte vor allem die Schwerindustrie. Da man mit den Ergebnissen bzw. den erzielten Fortschritten nicht zufrieden war, wählte Mao einen neuen Weg, wobei die so genannte Massenlinie und das Bemühen um „Gleichheit“ in den Mittelpunkt gestellt wurden, während fachliches Können und hierarchische Verwaltungsstrukturen eine eher sekundäre Rolle spielten. Durch eine weitgehende Beteiligung der „Massen“ an Produktion, Verteilung und Entscheidungsfindung sollte das sozialistische Ideal verwirklicht werden. Bald erhoben sich Gegenstimmen, die vor dieser „übertriebenen“ Kollektivierung warnten. Mao aber glaubte weiterhin an die „Schöpferkraft der Massen“. Die Bevölkerung wurde in quasimilitärischen Einheiten organisiert, um als „Produktionsarmee“ überall im Land – ohne die notwendige technische Ausrüstung – wirtschaftliche Aufbauarbeit zu leisten. Das Vorhaben scheiterte nicht zuletzt deshalb, weil sich die Bevölkerung nicht in dieser Weise einbinden ließ. Verheerende wirtschaftliche Folgen führten zu den „bitteren Jahren“ (1960–62) mit Hungersnöten, Seuchen und Millionen Toten.

Maos Ansehen hatte durch diese Entwicklung gelitten, so dass seine Gegner eine realistischere Konsolidierungspolitik einleiten konnten. Wirtschaftliche Entscheidungskompetenz wurde wieder auf höhere Ebenen verlagert, gleichzeitig ließ man marktwirtschaftlichen Elementen Raum. Bis 1964 konnte sich so das Land wirtschaftlich erholen. Mao sah darin jedoch einen Abschied von der Revolution und leitete 1966 seinerseits die so genannte Kulturrevolution ein, um den Machtkampf zu seinen Gunsten zu entscheiden und eine revolutionäre, genuin den kommunistischen Lehren entsprechende Umgestaltung Chinas vornehmen zu können, wobei er hoffte, das Land seiner inneren Verfasstheit nach von der Sowjetunion – dem „Sklaven des Imperialismus“ – deutlich abgrenzen zu können. Die „Roten Garden“, straff organisierte Gruppen von Schülern und Studenten, gingen mit Gewalt gegen Maos Gegner vor. Da die Armee während der Auseinandersetzungen als eigenständige Macht agierte, eröffneten sich hier neue Konfliktfelder. Mit der Entmachtung der Roten Garden kündigte sich das Ende der Kulturrevolution an. In den 70er Jahren, nach Maos Tod und der sich daran anschließenden Eliminierung seiner Anhänger, setzte allgemein eine gewisse Liberalisierung in Wirtschaft und Gesellschaft ein, die bis heute nicht abgeschlossen ist. Gleichzeitig verband sich damit eine vorsichtige Annäherung an den Westen.

Maos Kulturrevolution
Aus dem Programm der Pekinger Roten Garden vom 23.8.1966:
„1. Jeder Bürger soll manuelle Arbeit verrichten.
2. In allen Kinos, Theatern, Buchhandlungen, Omnibussen usw. müssen Bilder Mao Zedongs aufgehängt werden.
3. Überall müssen Zitate Mao Zedongs an Stelle der bisherigen Neonreklamen angebracht werden.
4. Die alten Gewohnheiten müssen verschwinden ...
6. Eine eventuelle Opposition muss rücksichtslos beseitigt werden.
7. Luxusrestaurants und Taxis haben zu verschwinden ...
13. Die Lehre Mao Zedongs muss schon im Kindergarten verbreitet werden.
14. Die Intellektuellen sollen in Dörfern arbeiten ...
19. Die Verbreitung von Photographien von so genannten hübschen Mädchen soll eingestellt werden ...
23. Bücher, die nicht das Denken Mao Zedongs wiedergeben, müssen verbrannt werden.“

Auswirkungen des Kalten Krieges

Einer der durch die Spannungen zwischen Ost und West ausgelösten Konflikte war der Koreakrieg (S. 88f.), der seinerseits wiederum als ein Auslöser für den beginnenden Rüstungswettlauf gilt. Vor diesem Hintergrund erklärt sich, dass die USA Japan als Gegengewicht zum kommunistischen China begriffen und massiv unterstützten, was u.a. dazu führte, dass Mitte der 50er Jahre Japan den höchsten Lebensstandard aller asiatischen Länder aufweisen konnte. 1951 war bereits ein Friedensvertrag mit Japan unterzeichnet worden, mit dem auch die amerikanische Besatzung geendet hatte. Gleichzeitig hatte man einen Sicherheitspakt geschlossen, demzufolge in Japan für unbegrenzte Zeit amerikanische Stützpunkte eingerichtet werden konnten. Wie Deutschland war auch Japan durch den Kalten Krieg vom Feind zum wichtigen Verbündeten geworden.

Auch die Unterstützung für den von den chinesischen Kommunisten vertriebenen Chiang Kai-Shek und das von ihm auf der vor dem chinesischen Festland gelegenen Insel Formosa errichtete National-China – Taiwan – hat in diesen Zusammenhängen ihre Ursache. 1954 wurde ein wechselseitiges Verteidigungsbündnis zwischen den USA und Taiwan geschlossen. 1958 wurde die Taiwan vorgelagerte Insel Quemoy von chinesischen Küstenbatterien beschossen, was beinahe zur Intervention der USA geführt hätte; unter sowjetischem Druck konnte die Krise beigelegt werden.

Während sich die chinesisch-amerikanischen Beziehungen dramatisch verschlechterten, wurde die sowjetisch-chinesische Freundschaft zunächst enger. Beide betrachteten mit Argwohn die Rehabilitierung Japans durch die USA. Die nunmehr engen militärischen Beziehungen der beiden Staaten und der wirtschaftliche Aufstieg Japans lösten tiefe Ängste aus. Während der ersten Hälfte der 50er Jahre unterstützte die Sowjetunion China sowohl wirtschaftlich wie auch in seinen Bemühungen um staatliche Anerkennung, während die Chinesen ihrerseits die sowjetische Vorherrschaft in der kommunistischen Weltbewegung akzeptierten.

Die chinesische-sowjetische Entfremdung

Während im Westen die Furcht vor diesem vermeintlich monolithischen kommunistischen Block und seinem wachsenden Einfluss in Asien wuchs, machte sich in Peking zunehmend Enttäuschung über die als unzureichend empfundene Hilfe der UdSSR breit. Auch die militärische Unterstützung diente eher den Interessen Moskaus als denjenigen Chinas, so dass 1959 ein geplantes Atomabkommen zwischen den beiden Nationen scheiterte.

Darüber hinaus wuchs die ideologische Kluft. China betrachtete die Bemühungen Chruschtschows zur Herstellung eines militärischen Gleichgewichts bzw. die damit verbundene Bereitschaft zur Koexistenz mit Argwohn, weil gemäß der orthodoxen Leninschen Lehre der Krieg zwischen Sozialismus und Kapitalismus unausweichlich war. Auch schien die Annäherung der beiden Supermächte auf ihren Treffen zwischen 1955 und 1960 die zunehmende Gefahr einer weiteren weltpolitischen Isolierung Chinas in sich zu bergen. Das Verhalten der Sowjetunion während der chinesisch-amerikanischen Konfrontation hinsichtlich Taiwans bestätigte diese Befürchtungen. In der Tat dominierten die europäischen Interessen der Sowjetunion und deren Außenpolitik. Um den dortigen Status zwischen sich und dem Westen bzw. die friedliche Koexistenz abzusichern, handelte man ggfs. gegen chinesische Interessen.

Ein weiteres Konfliktfeld eröffnete sich in Tibet. Die einstige chinesische Provinz hatte seit 1914 unter ihrem geistigen Oberhaupt, dem Dalai-Lama, praktisch die Unabhängigkeit errungen, bis sie 1950 wieder unter chinesische Herrschaft geriet. Im Anschluss an einen niedergeschlagenen Aufstand in Tibet kam es 1959 zu verschiedenen Grenzkonflikten mit Indien, wo der Dalai-Lama Zuflucht gefunden hatte. Überraschend erklärte Chruschtschow die Sowjetunion in dieser Frage für neutral und stellte gleichzeitig einen hohen Kredit für Indien in Aussicht, das zu den führenden nicht in den Ost-West-Konflikt verwickelten Staaten der Dritten Welt gehörte.

China nutzte schon bald die Gelegenheit, in der kommunistischen Welt Kritik an der Haltung der Sowjetunion zu üben, woraufhin diese ihre Beziehungen zu Albanien, dem einzigen kommunistischen Staat auf Chinas Seite, abbrach.

Der **Dalai-Lama** (Mönchsname Tenzin Gyatso) wurde am 6. 7. 1935 als Bauernsohn in Tibet geboren. Bereits im Alter von zwei Jahren wurde er als Reinkarnation des XIII. Dalai-Lama erkannt. 1950 wurde er offiziell als XIV. Dalai-Lama, also geistliches und weltliches Oberhaupt Tibets, ausgerufen. Eine Woche nach dem Aufstand gegen die chinesische Besatzung flüchtete er 1959 aus Tibet nach Indien, wo er seitdem lebt. Seine zahlreichen Reisen führten ihn nach Europa, Amerika und Asien, wo er immer wieder die Botschaft des tibetischen Buddhismus – Liebe, Frieden und Toleranz – verkündet und zudem die fortdauernde Unterdrückung Tibets durch China anprangert. Auch Angehörige nichtbuddhistischer Glaubensrichtungen sehen im Dalai-Lama ein Symbol der Menschlichkeit und der überreligiösen Verständigung auf der Grundlage tiefer Spiritualität. Zeichen der weltweiten Anerkennung des Dalai-Lama war die Verleihung des Friedensnobelpreises im Jahr 1989.

Der Aufstieg Chinas zur Atommacht, Grenzkonflikte mit der Sowjetunion, das Entstehen von prochinesischen Bewegungen innerhalb der kommunistischen Bewegung führten der ganzen Welt die Entzweiung des kommunistischen Blocks vor Augen.

Der Vietnamkrieg

Zu diesem Zeitpunkt, da die USA durchaus in der Lage gewesen wären, die beiden kommunistischen Mächte gegeneinander auszuspielen und so erheblich zu schwächen, verstrickten sie sich ihrerseits in einen Konflikt, der eine neuerliche Einigung der Gegenseite mit sich brachte.

Das 1954 in einen kommunistischen Norden und einen autoritär regierten Süden aufgeteilte Vietnam, wurde im Süden von den USA, im Norden von der Sowjetunion und China unterstützt. Die korrupte, repressiv agierende Regierung des Südens sah sich schon bald einer regen Opposition gegenüber, die sich 1960 als Nationale Befreiungsfront gründete und von ihren Gegnern verächtlich „Vietcong" (Viet Nam Cong San, Kommunisten von Vietnam) genannt wurde. In ihrem Guerillakrieg erhielt sie Unterstützung aus Nordvietnam und erzielte rasche Erfolge. Die USA vertraten die Überzeugung, dass im Zweifelsfall ein nichtkommunistisches Regime zu stützen sei, um die

Symbole der Grausamkeit: Die Bilder des im März 1968 verübten Massakers von **My Lai**, das erst nach einem Jahr bekannt wurde…

... und die Flucht der kleinen neunjährigen Kim Phuc vor einem Napalmangriff auf **Trang Bang** 1972, durch den sie schwerste Brandverletzungen erlitt.
My Lai galt als ein Hauptquartier der „Vietcong" und sollte ausgehoben werden. Der Befehl ging dahin, auch alte Männer, Frauen, Kinder und Tiere zu erschießen.
Kim Phuc lebt heute in Kanada und setzt sich für den Frieden ein. Ihr Bild – das zu den berühmtesten der Geschichte gehört – löste vor allem auch in Amerika massivste Proteste gegen den Krieg aus.

Ausbreitung des Kommunismus zu verhindern und entsandten zunächst militärische Berater, schließlich auch Kampftruppen in die Region. Alle Versuche, politische Verbesserungen für die verarmte und entrechtete Bevölkerung auf den Weg zu bringen, scheiterten indessen.
Als 1963 bei einer Kundgebung auf unbewaffnete Demonstranten geschossen wurde, erklärte die Kennedy-Administration öffentlich ihr Missfallen. Nach der Ermordung des südvietnamesischen Staatschefs Diem 1963 folgte eine Phase größter Instabilität, in deren Verlauf insgesamt 12 Regierungen aufeinanderfolgten. 1964 verstärkten die USA ihre Präsenz. Als es im August zwischen amerikanischen Zerstörern und nordvietnamesischen Torpedo-Booten zu einem Zwischenfall kam, leitete Präsident Johnson ohne offizielle Kriegserklärung, aber mit Unterstützung der SEATO-Partner militärische Maßnahmen ein. Die USA vermochten jedoch das von China und der Sowjetunion unterstützte Nordvietnam trotz eines enormen Truppenaufgebotes (1969 waren es 542 000 US-Soldaten), trotz massiver Bombenabwürfe und dem Einsatz moderner chemischer Kampfmittel (z. B. zur Entlaubung der Wälder) nicht zu besiegen, erlitten vielmehr 1968 in der von den Vietkong durchgeführten Tet-Offensive herbe Verluste.

Gleichzeitig erwuchs den USA im Innern eine starke Opposition gegen den Krieg, die insbesondere von der Bürgerrechtsbewegung und den studentischen Protestgruppen getragen wurde. Mehr und mehr wurde der Krieg in Vietnam als ein Kampf gegen ein armes Land

Bereits Anfang 1967 war die Hälfte der US-Amerikaner gegen den Vietnamkrieg. Immer mehr Gruppierungen fanden sich zu Demonstrationen zusammen. (Das Foto zeigt Mitglieder der Organisation „Frauenstreiks für den Frieden“.) Immer stärker wurde das Bewusstsein, dass zahllose junge Männer ihr Leben in einem sinnlosen Krieg lassen mussten.

der Dritten Welt, das um sein politisches Selbstbestimmungsrecht kämpfte, angesehen und nicht mehr als Kampf der USA gegen den Kommunismus und für Freiheit und Demokratie. Den Höhepunkt erreichten die Proteste, als 1969 in dem südvietnamesischen Dorf My Lai etwa 300 Zivilpersonen, darunter 172 Kinder, von amerikanischen Soldaten getötet wurden.

In der Folgezeit verringerten die USA ihre Truppen allmählich, 1973 schlossen der amerikanische Sonderbeauftragte Henry Kissinger und der nordvietnamesische Hauptunterhändler Le Duc Tho einen Waffenstillstandsvertrag. Die Vietkong kämpften alleine weiter und der Süden musste 1974 kapitulieren. Am 2. Juli 1976 wurden Süden und Norden zur sozialistischen Republik Vietnam vereinigt.

Die Vereinigten Staaten hatten einen Krieg geführt, in dem über 50 000 amerikanische, rund 1 Million vietnamesische Soldaten und 2 Millionen Zivilisten ihr Leben verloren und der immense Kosten verursacht hatte. Ihr Kriegsziel aber hatten sie nicht erreichen können und letztlich den Verbündeten seinem Schicksal überlassen. Der politische Schaden – insbesondere in Folge der auf Seiten der US-Army begangenen Gräueltaten und Menschenrechtsverletzungen – war beträchtlich und prägte ein negatives Bild von den USA, vor allem in den ärmeren Ländern der Welt.

Die chinesisch-amerikanische Annäherung

Die ideologische Kluft zwischen der Sowjetunion und China verbreiterte sich in den 60er Jahren weiter und erhielt zunehmend auch militärische Dimensionen. Nach dem Rückzug aus Vietnam wurde unter Nixon der Versuch unternommen, mit China in einen Dialog zu treten, hatte man diese Nation doch bis dahin mit Nichtachtung gestraft. Handels- und Reisebeschränkungen wurden gelockert und nach einer Einladung des amerikanischen Tisch-Tennis-Teams durch China – spöttisch als Ping-Pong-Diplomatie bezeichnet – wurde von den USA auch das 20 Jahre alte Handelsembargo aufgehoben, der Widerstand gegen einen Sitz Chinas im Sicherheitsrat aufgegeben und im indisch-pakistanischen Konflikt 1971 nicht eindeutig Stellung bezogen. 1972 besuchte Nixon als erster US-Präsident China und nahm Verhandlungen über die verschiedensten politischen Fragestellungen auf. Da durch diese überraschende Entwicklung der US-Politik eine von beiden Seiten erwünschte Schwächung der sowjetischen Position erfolgte, hatte sie durchaus politische Gründe, war gleichzeitig aber auch wirtschaftlich motiviert, insofern sich für beide neue Märkte eröffneten.

Fort- und Rückschritte der Entspannungspolitik

Ein Höhepunkt in der Entspannungspolitik wurde erreicht, als sich NATO und Warschauer Pakt 1973 in Helsinki zur Konferenz über Sicherheit und Zusammenarbeit in Europa (KSZE) zusammenfanden. Mit der in der Schlussakte 1975 ausgesprochenen Anerken-

Die Forderungen nach einem Amtsenthebungsverfahren gegen Richard Nixon wurden immer lauter: Während der Amtszeit Präsident Nixons (1969–1974) kam es zu einem der größten politischen Skandale der amerikanischen Geschichte, der **Watergate-Affäre**. 1972 wurden mehrere Personen dabei verhaftet, als sie versuchten, im Watergate-Apartment-Komplex in Washington im Wahlhauptquartier der Demokraten Abhgörgeräte zu installieren. Im Laufe der Untersuchungen, die vor allem auch die Frage betrafen, inwieweit Nixon persönlich hinter der Aktion steckte, wurden massive Vorwürfe, die über Watergate selbst hinausgingen, gegen den Präsidenten erhoben (u.a. Überwachung missliebiger Personen und Missbrauch von öffentlichen Geldern) und ein Impeachmentverfahren angestrebt. Am 8.8.1974 trat Nixon schließlich zurück.

Aus der **KSZE-Schlussakte** vom 1.8.1975, unterzeichnet von allen europäischen Staaten (mit Ausnahme Albaniens), den USA und Kanada:
„Die Teilnehmerstaaten der Konferenz über Sicherheit und Zusammenarbeit erkennen das Recht eines jeden Staates auf territoriale Integrität an… Ebenso nehmen sie davon Abstand, das Territorium eines jeden anderen Teilnehmerstaates durch direkte oder indirekte Gewaltmaßnahmen oder durch die Androhung derselben unter Verletzung des Völkerrechts zum Gegenstand einer militärischen Besetzung zu machen. Keine solche Besetzung oder Aneignung wird als rechtmäßig anerkannt. Die Teilnehmerstaaten respektieren die Menschenrechte und Grundfreiheiten, einschließlich der Gedanken-, Gewissens-, Religions- und Überzeugungsfreiheit für alle ohne Unterschiede von Rasse, Geschlecht, Sprache oder Religion."

nung der Unverletzlichkeit aller Grenzen in Europa hatte man eine Art Ersatz für einen noch immer ausstehenden Friedensvertrag geschaffen. Formal war damit der Kalte Krieg in Europa beendet und auch in Asien war mit der amerikanischen Zurückhaltung, als in Südvietnam, Laos und Kambodscha die Kommunisten siegten, sowie der Annäherung an China ein bedeutender Spannungsherd beseitigt.

Eine neue globale Orientierung schien sich in der amerikanischen Politik anzubahnen: Anstelle des starren bipolaren Systems sollte nach Nixons und Kissingers Vorstellungen ein multipolares System etabliert werden, in dem die USA, die Sowjetunion, Japan, China und Westeuropa die Zentren darstellen sollten.

In Europa wurde der bis dahin nicht nennenswerte Handel zwischen Ost und West intensiviert, so dass die Umsätze während der 70er Jahre sprunghaft anstiegen, ebenso wie private und öffentliche Kredite an Ostblockstaaten. Die Auslandsschulden dieser Staaten stiegen von 19 Milliarden Dollar 1975 auf 62 Milliarden bis Ende 1981. Polen, Rumänien, die DDR und Ungarn waren bei westlichen Gläubigern hoch verschuldet. Mit dieser Politik verband sich die Hoffnung, dass die kommunistischen Staaten die ökonomischen Vorteile aus Handel, Technologietransfer und Krediten in harter Währung mit stabilen gutnachbarlichen Beziehungen vergelten würden. Dass die wirtschaftliche Zusammenarbeit zudem auch eine Erhöhung des Lebensstandards in den Ostblockstaaten mit sich bringen und dessen Sicherung die Regierungen gegenüber der Bevölkerung wiederum in Zugzwang bringen würde, war in diesem Zusammenhang keine unwichtige Überlegung.

Leider wurde diese vor allem auch durch die deutsche Ostpolitik gestützte Entwicklung nicht durch einen Abbau der Spannungen zwischen den USA und der Sowjetunion begleitet. Da die Sowjetunion mit einer Reihe neuer Entwicklungen in ihrem Nuklearwaffenarsenal aufwartete, intensivierte die amerikanische Regierung unter Jimmy Carter die Entwicklung mehrerer neuer Waffensysteme. Zwar wurden 1979 die SALT-

Bei einem Polenbesuch anlässlich der Unterzeichnung des deutsch-polnischen Abkommens, das zur Normalisierung der Beziehungen der beiden Völker beitragen sollte, kniete der deutsche Bundeskanzler **Willy Brandt** vor dem Denkmal für die Opfer des Warschauer Ghettos nieder. In der Bundesrepublik wurde diese Geste, die weltweites Aufsehen erregte, vor allem von konservativer Seite heftig kritisiert.
Zu dieser Geste äußerte Brandt sich später: „Vor dem Denkmal für die im Warschauer Ghetto Umgekommenen kniete ich nieder. Ich habe mich, trotz hämischer Kommentare in der Bundesrepublik, dieser Handlung nicht geschämt... Unter der Last der jüngsten Geschichte tat ich, was Menschen tun, wenn die Worte versagen; so gedachte ich der Millionen Ermordeter... Wer mich verstehen wollte, konnte mich verstehen; und viele in Deutschland und anderswo haben mich verstanden."
Brandt (1913–1992) war von 1966 bis 1969 Vizekanzler und Außenminister in der „Großen Koalition" (CDU/CSU u. SPD). Von 1969 bis 1974 war er mit der sozialliberalen Regierung Bundeskanzler. 1971 erhielt Brandt für seine Leistungen im Entspannungsprozess zwischen Ost und West den Friedensnobelpreis.

II-Verträge zur Begrenzung strategischer Waffen unterzeichnet, doch die vermehrte Stationierung von sowjetischen SS-20-Raketen, die innerhalb von 20 Minuten Ziele in Westdeutschland erreichen konnten, schürte innerhalb der NATO erneut die Furcht vor einer möglichen nuklearen Überlegenheit der Sowjetunion auf dem Kontinent. So wurde auch im Westen beschlossen, eine neue Generation von Raketen aufzustellen. 108 dieser Pershing-II-Raketen sollten in Deutschland stationiert werden. Gleichzeitig erklärte man nachdrücklich die Bereitschaft, im verbleibenden Zeitraum bis zur Stationierung über eine beiderseitige Verringerung der strategischen Waffen in Europa zu verhandeln (NATO-Doppelbeschluss, Dezember 1979).

In Europa machte sich breiter Widerstand gegen die westliche Strategie bemerkbar, allen voran die Friedensbewegung Westdeutschlands, die hier die bislang größten Demonstrationen der Nachkriegsgeschichte initiierte.

Mit ihrem Einmarsch in Afghanistan konterkarierte die Sowjetunion die Haltung der pazifistischen Kreise des Westens. Mit dieser ersten außerhalb der Grenzen ihres osteuropäischen Herrschaftsbereichs durchgeführten militärischen Operation seit dem 2. Weltkrieg suchte man die sowjetfreundliche Regierung Afghanistans, die unter starkem Druck fundamentalistischer Kräfte stand, zu stabilisieren. 1980 befanden sich rund 100 000 sowjetische Soldaten zur Stützung der afghanischen Regierung unter Babrak Karmal im Lande. Es

Immer stärker artikulierte sich – wie hier bei einer der größten Friedensdemonstrationen der bundesdeutschen Geschichte im Oktober 1981 – seit dem Ende der 70er Jahre das Bedürfnis der Westeuropäer nach einem Ende der Hochrüstung. Die Vorstellung, bei einer atomaren Auseinandersetzung zwischen den Supermächten der sicheren Vernichtung preisgegeben zu sein, spielte dabei eine erhebliche Rolle.

Der **Ayatollah** (Führer, mit dem Zeichen Gottes gesegnet) Ruhollah Mussawi Hendi **Khomeini** war Gegner der westlich orientierten Politik des iranischen Schahs und wurde deshalb des Landes verwiesen. Während seines 15 Jahre dauernden Exils organisierte er eine Oppositionsbewegung. Im Februar 1979 kehrte er – nach der Flucht des Schahs vor der revoltierenden Bevölkerung – in den Iran zurück, wo der Schah zuvor vergebens versucht hatte, die aufflammenden islamistischen und antiwestlichen Strömungen im Lande mit teilweise brutalsten Maßnahmen zu unterdrücken. Ganz wesentlich war Khomeini an der Bildung der neuen, streng religiösen Regierung beteiligt und blieb bis zu seinem Tod am 3.6.1989 der oberste moralische und geistliche Führer des Landes.

begann ein jahrelanger Krieg gegen den afghanischen Widerstand, der erst 1989 endgültig beendet wurde.

Zwar hatte sich durch diese Aktion das Ost-West-Gleichgewicht nicht verschoben, weil Afghanistan seit jeher der sowjetischen Einflusssphäre zugerechnet worden war, doch reagierten die USA mit einer Schärfe, die anzeigte, dass die Entspannungsphase beendet war. Präsident Carter erhöhte die Verteidigungsausgaben und betrieb eine deutlich gegen die Sowjetunion gerichtete Politik, was sich etwa im Boykott der Olympischen Spiele in Moskau 1980 zeigte.

Die USA, die nach der Entwicklung im Iran 1979 (Umsturz und Etablierung einer äußerst amerikafeindlichen Regierung) ihre Position in der Region durch den sowjetischen Vorstoß ein weiteres Mal geschwächt sahen, intensivierten hier ihre Anstrengungen, ureigene Interessen zu wahren. Dabei spielten (und spielen) nicht zuletzt die reichen Ölvorkommen in der Golfregion eine große Rolle. So erneuerten die USA ihre Beziehungen zu Pakistan und suchten die Zusammen-

arbeit mit den in der Region ansässigen prowestlichen Regierungen, um dort gegebenenfalls militärische Basen einzurichten.

In Afghanistan unterstützte man zudem die Mudschaheddin in ihrem Freiheitskampf, was sich im Blick auf die Ereignisse am 11. September 2001 und den nachfolgenden amerikanisch-afghanischen Krieg als verhängnisvoll erweisen sollte.

Im Nahen Osten hatten die USA ihre Position schließlich erfolgreich stärken können. Die unter ihrer Ägide betriebene Versöhnung zwischen Israel und Ägypten, 1978 in Camp David besiegelt, stabilisierte die Region, auch wenn dies gegen den Willen der Palästinenser und großer Teile der arabischen Welt geschah.

Das ungelöste Palästinenserproblem bzw. die Ansiedlung der PLO-Führung im Libanon führten allerdings 1982 zur israelischen Invasion in den Süden des Landes. Der militärische Sieg Israels demonstrierte zwar dessen Stärke, doch die USA sahen die Gefahr der Destabilisierung der Region und es kam zu Irritationen

im amerikanisch-israelischen Verhältnis. Ein Versuch Präsident Reagans, eine palästinensisch-jordanische Kooperation auf den Weg zu bringen, scheiterte an mangelnder Zustimmung auf arabischer Seite. Zudem machten die Entwicklungen im Libanon, wo sich muslimischer Widerstand sowohl gegen die christlichen Bevölkerungsteile wie auch gegen die stationierten Friedenstruppen richtete, die Hoffnungen auf eine baldige friedliche Lösung fürs Erste endgültig zunichte.

Mit dem Begriff **„Mudschaheddin“**, der mit „Glaubenskämpfer“ oder „Heilige Krieger“ übersetzt werden kann, wurden jene Gruppen bezeichnet, die dem sowjetischen Einmarsch in Afghanistan militärischen Widerstand entgegensetzten. Die damit suggerierte Einheitlichkeit war jedoch nicht gegeben. Vielmehr handelte es sich bei den Widerstandskämpfern um zahlreiche Gruppierungen – häufig auf Stammesgrundlagen organisiert –, die sowohl in religiöser wie in politischer Hinsicht höchst unterschiedliche und keineswegs auf das Gesamtwohl ausgerichtete Interessen vertraten.

Der Weg zum Ende der Blockteilung

Margaret Thatcher gewinnt 1979 die Wahlen in Großbritannien und übernimmt als erste Frau das Amt des britischen Premierministers.

Die 80er Jahre waren zum einen von einer neuerlichen Konfrontation der Supermächte, zum anderen von weltwirtschaftlicher Rezession geprägt. In Großbritannien wurde unter der Premierministerin Margaret Thatcher, der „Eisernen Lady", eine neue Richtung in der Wirtschaftspolitik eingeschlagen. Sie propagierte die Abwendung vom Modell des europäischen Wohlfahrtsstaates und förderte vor allem eine von Reglementierung „befreite" Marktwirtschaft. Das soziale Netz wurde im Mutterland des sozialstaatlichen Denkens weitmaschiger geknüpft – Arbeitslosigkeit, Armut und Obdachlosigkeit stiegen an. Gleichzeitig verzeichnete der „Thatcherismus" wirtschaftliche Erfolge. Mit dem Antritt einer CDU/CSU-FDP-Regierung unter Helmut Kohl widmete man ab 1982 auch in Deutschland (ebenso wie in anderen Ländern Europas) dem Abbau staatlicher Regelungen größere Aufmerksamkeit, da man annahm, dass sie die unternehmerische Initiative behinderten.

1982 kam es zum zweiten Misstrauensvotum in der bundesdeutschen Geschichte. Nach 13 Jahren gemeinsamer Regierungsarbeit war die sozialliberale Koalition durch den Austritt der FDP auseinandergebrochen. Helmut Kohl (CDU) wurde über dieses so genannte „konstruktive Misstrauensvotum" zum neuen Bundeskanzler gewählt. Der SPD-Kanzler Helmut Schmidt musste abtreten.

Die neue Hochrüstung

Die weltpolitische Lage hatte sich mit dem Einmarsch der sowjetischen Truppen in Afghanistan in Bezug auf die Entspannungsbemühungen erheblich verschlechtert. Bereits unter dem US-Präsidenten Carter stiegen die Rüstungsausgaben drastisch. Sein Nachfolger, der ehemalige Filmschauspieler Ronald Reagan, verpflichtete die USA nach seinem Amtsantritt 1981 auf eine neue weltpolitische Konzeption. Er verwarf Grundsätze der Entspannungspolitik und sah die Aufgabe des Westens darin, aktiv gegen das „Reich des Bösen" anzugehen. Dazu gehörte es seiner Ansicht nach auch, die gegenseitigen Einflusssphären nicht länger grundsätzlich zu respektieren, sondern auch Oppositionsbewegungen im Ostblock zu unterstützen – aufgrund der fortbestehenden militärischen bzw. nuklearen Bedrohung ein nicht ungefährliches Unterfangen. In Lateinamerika wurden deshalb die „Contras“ in Nicaragua unterstützt und in Grenada das kommunitische Regime beseitigt. Die USA nahmen unter Reagan die Produktion von Neutronenwaffen wieder auf. Besonders intensiv verfolgte der Präsident den Plan, einen atomaren „Schutzschild“ im Weltraum zu installieren (SDI – Strategic Defense Initiative), mit dem ein Atomangriff hätte abgewehrt werden sollen. Die Verwirklichung dieses Vorhabens hätte das strategische Gleichgewicht empfindlich beeinträchtigt und zudem dem ABM-Vertrag widersprochen.

Im März 1983 verkündete der 40. Präsident der USA Ronald Reagan (*1911, Regierungszeit 1981–1989) in einer Fernsehansprache seine Pläne zum Bau eines weltraumgestützten Abwehrsystems (SDI). Mit der in Anlehnung an das Weltraumepos „Star Wars“ als „Star-Wars-Speech“ bekannt gewordenen Ansprache belegte Reagan erneut seine Politik der massiven Aufrüstung.

Trotz der Pläne Reagans liefen gleichzeitig auch Abrüstungsverhandlungen, mit denen die Zahl der Interkontinentalraketen vermindert werden sollte (START – Strategic Arms Reduction Talks, seit 1982). Die USA drohten im Falle des Scheiterns mit massiver Aufrüstung. Trotz breiter, wenn auch letztlich erfolgloser Proteste weiter Bevölkerungsteile gegen die laut NATO-Doppelbeschluss vorgesehene Stationierung von Marschflugkörpern, die sich in Westeuropa, hier vor allem in der Bundesrepublik in Demonstrationen, Menschenketten und Sitzblockaden niederschlugen, blieb die Sowjetunion weiter unter Druck. Sie sah sich mit dem Umstand konfrontiert, dass weitere Hochrüstung angesichts der schlechten wirtschaftlichen Lage des Landes nicht mehr sinnvoll sein konnte. Breschnews Nachfolger Andropow und Tschernenko konnten das Problem nicht lösen.

Nach dem Tod Leonid Breschnews am 10. 11. 1982 wurde **Juri W. Andropow** zum neuen Generalsekretär der KPdSU und am 17. 6. 1983 zum Staatsoberhaupt ernannt. Andropow, der von 1967–82 den sowjetischen Geheimdienst leitete, war bei seinem Amtsantritt 68 Jahre alt und starb bereits am 9. 2. 1984.

Die Wende

Erst unter Michail Gorbatschow, der 1985 zum Generalsekretär der KPdSU ernannt worden war, kam Bewegung in die festgefahrene Situation. Mit Blick auf die innere Lage der Sowjetunion setzte er in der Außenpolitik neue Prioritäten. Der erfolglose Krieg in Afghanistan, die schlechte wirtschaftliche Lage und die zunehmende Korruption ließen Reformen unabdingbar erscheinen, gleichzeitig konnte eine massive Hochrüstung, wie sie von den USA auch jetzt weiter betrieben wurde, von der Sowjetunion nicht mehr finanziert werden. Bereits 1986 war es auf der „Konferenz über vertrauens- und sicherheitsbildende Maßnahmen und Abrüstung in Europa" zu einem erheblichen Fortschritt gekommen. Man hatte sich darauf geeinigt, militärische Manöver rechtzeitig anzukündigen, sich gegenseitig zu Beobachtungen einzuladen und Inspektionen durch andere Teilnehmerstaaten zuzulassen.

Gorbatschow gelang es zudem, die Diskussion so weit voranzutreiben, dass 1987 das INF-Abkommen (Intermediate-range Nuclear Forces) unterzeichnet werden konnte, wonach die Demontage landgestützter Mittelstreckenraketen in Europa erfolgte. 1988 zog Gorbatschow die sowjetischen Truppen aus Afghanistan

Im Dezember 1985, neun Monate nach seinem Amtsantritt, trafen sich **Michail Gorbatschow** und **Ronald Reagan** in Genf. Dies war das erste Treffen der Regierungschefs der beiden Supermächte seit sechs Jahren. Trotz der rigide ablehnenden Haltung des Antikommunisten Reagan bahnte sich bei diesem Treffen der große Umschwung im Ost-West-Verhältnis an, weil der Reformer Gorbatschow zu erheblichen Veränderungen der bisherigen sowjetischen Positionen bereit war.

ab. 1989 wurde das START-Abkommen zur Begrenzung von Sprengköpfen für schwere Interkontinentalwaffen und zur Schaffung eines Kontrollsystems unterzeichnet, obwohl die USA nicht bereit gewesen waren, ihr SDI-Programm zu verwerfen. Dies bedeutete ein enormes Zugeständnis von Seiten der Sowjetunion. 1990 schließlich unterzeichneten die Mitgliedsstaaten von NATO und Warschauer Pakt auf einem KSZE-Gipfel in Paris ein Abkommen, aufgrund dessen durch höhere Abrüstung auf Seiten der Sowjetunion als bei den westlichen Vertragspartnern das Gleichgewicht bei den konventionellen Waffen hergestellt werden konnte. Das Ende des Kalten Krieges war damit besiegelt, was durch den Zusammenbruch des Sowjetsystems 1989 bestätigt wurde.

Krisen und Neuerungen im Ostblock

Seit der Errichtung des sowjetischen Imperiums hatte sich – in unterschiedlichster Weise und zu verschiedenen Zeitpunkten – Widerstand nicht nur in den Satellitenstaaten, sondern auch in der Sowjetunion selbst geregt. Die vorhandene Unzufriedenheit beförderte den Umbruch 1989 in nachhaltiger Weise, wie die folgenden Beispiele zeigen:

Polen

In den 70er Jahren formierte sich in Polen erneut eine Oppositionsbewegung, die ihren deutlichsten Ausdruck in der Gewerkschaft Solidąrność (Solidarität) fand. Während eines Streiks in der Danziger Lenin-Werft 1980 hatten die Arbeiter die neue Organisation gegründet, die nun ihrerseits nicht, wie die bisherigen Gewerk-

1988 – neun erfolglose und zermürbende Jahre nach dem sowjetischen Einmarsch in Afghanistan – wird der Vertrag über den Abzug der sowjetischen Truppen geschlossen. Das Ende des Krieges – der weit über 10 000 Soldaten das Leben gekostet hat – wird von Teilen der sowjetischen Bevölkerung begrüßt. Doch gibt es auch kritische Stimmen, die den von Gorbatschow mit dem Rückzug vollführten Wandel in der Außenpolitik als Preisgabe sowjetischer Interessen sehen.
Statt sich nach dem Abzug dem Aufbau des Landes zu widmen, wird in Afghanistan der Krieg zwischen den verschiedenen Gruppierungen und Stämmen in den folgenden Jahren hemmungslos weitergeführt und das Land noch tiefer in den Ruin getrieben.

Am 1.8.1980 waren in Polen erneut die Preise für Lebensmittel erhöht worden. Dies führte – zusätzlich zu der bereits überall schwelenden Unzufriedenheit – zum Ausbruch von Unruhen an den Lenin-Schiffswerften von Danzig. Damit war die Initialzündung für die Streikwelle gegeben, die in der Folgezeit das ganze Land erfasste und der mit der Formierung der politischen Oppositionsbewegung eine neue Stoßrichtung gegeben wurde.

schaften, ein Organ von Partei und Regierung war, sondern eine unabhängige Vertretung der Arbeiterschaft. Solidarność erlangte jedoch rasch eine weit über diese unmittelbaren Anliegen hinausreichende Bedeutung und forderte schließlich demokratische Rechte für alle Polen. Sie genoss innerhalb der Bevölkerung breiteste Zustimmung. Hinzu kam, dass mit Karol Wojtyła 1978 ein Pole Papst geworden war. Ihm schlug bei seinem ersten Besuch in seiner Heimat überwältigende Begeisterung entgegen. Millionen Menschen nahmen an den Gottesdiensten teil und hörten seine Plädoyers für die Einhaltung der Menschenrechte. Streikbewegung und religiös motivierter Widerstand gingen ineinander über, der Papst selbst wurde von vielen als Rückhalt im Kampf um demokratische Rechte betrachtet.

1981 stellte der polnische Ministerpräsident General Jaruzelski das Land unter Kriegsrecht und verbot die Solidarność, die jedoch im Untergrund tätig blieb. Die innenpolitische Bedeutung der Kirche, durch den zweiten Papstbesuch 1983 und die Mahnung Johannes Pauls II. zum Dialog noch deutlicher geworden, nahm weiter zu.

Die Oppositionsbewegung in Polen hatte zweifellos die Erlangung demokratischer Freiheiten zum Ziel. Längst schon wurde eine gesellschaftliche und politische Erneuerung nicht mehr von der Kommunistischen Partei erwartet. Diese stand den Entwicklungen nahezu hilflos gegenüber, viele ehemals überzeugte Kommunisten schlossen sich der Opposition an.

Der am 29.9.1943 in Popowo geborene Elektromonteur **Lech Walesa** wurde zu einer der Leitfiguren der polnischen Oppositionsbewegung und stand lange an der Spitze der Gewerkschaft Solidarność. 1983 erhielt Walesa den Friedensnobelpreis. Nach dem Zusammenbruch des Ostblocks wurde er 1990 polnischer Staatspräsident.

Sowjetunion

Auch in der Sowjetunion selbst gelangte man mehr und mehr zu der Auffassung, dass das bestehende System dringend reformbedürftig war. Die ständigen Menschenrechtsverletzungen etwa hatten Bürgerrechtler (wie beispielsweise der Schriftsteller Solschenizyn oder der Physiker Sacharow) seit Jahrzehnten lautstark angeprangert.

In den 80er Jahren vermochten auch die Politiker nicht länger auszublenden, dass die Situation weithin unhaltbar geworden war. Generalsekretär Andropow hatte erkannt, dass vor allem wirtschaftliche Reformen nötig waren, sein Nachfolger Tschernenko leitete eine Bildungsreform ein. Insbesondere die zentrale Planwirtschaft geriet in die Kritik, da sie den Anforderungen moderner Produktion nicht gewachsen war. Schlagwörter wie „Dezentralisierung“, „Marktwirtschaft“, „materielle Anreize“ kamen auf. Besonders unter Michail Gorbatschow, der 1985 sein Amt als Generalsekretär des ZK der KPdSU antrat, verstärkte man die Reformbewegungen. Die Begriffe Glasnost (Offenheit, Transparenz) und Perestrojka (Umbau) stehen für den Versuch einer grundlegenden Reform der sowjetischen Wirtschaft und Gesellschaft. Gorbatschow zielte nicht auf einen Sturz des Systems ab – vielmehr war sein Vorgehen durchaus in die kommunistische Ideologie und das sozialistische System eingebunden. Doch starke Widerstände innerhalb der Partei und der Armee, Forderungen nach radikaleren Reformen und völliger Demokratisierung, von Politikern wie dem späteren russischen Ministerpräsidenten Boris Jelzin und zahlreichen Regimekritikern erhoben,

Auch in der Sowjetunion gab es immer wieder Kritik am System und an der Politik. Trotz aller Versuche, diese zu unterdrücken, drangen die Stimmen einiger Dissidenten (politisch Andersdenkende) auch in den Westen. Sie waren die herausragenden Vertreter einer Bewegung, die sich um Menschen- und Bürgerrechte bemühte. 1974 wurde der weltbekannte Schriftsteller und Regimekritiker **Alexandr Issajewitsch Solschenizyn** – hier bei seiner Rückkehr 1994 – des Landes verwiesen. Solschenizyn hatte selbst lange Jahre in sowjetischen Straflagern verbracht. Vor allem in seinem Werk „Der Archipel Gulag“ beschreibt er das Leben in diesen Lagern. 1970 hatte er den Literaturnobelpreis erhalten, durfte ihn jedoch nicht persönlich entgegennehmen. 1991 wurde Solschenizyn rehabilitiert. Ein weiterer bedeutender Dissident war der Atomphysiker und Friedensnobelpreisträger **Andrej Sacharow** (1921–1989), der zwischen 1980 und 1987 in Gorkij in der Verbannung lebte.

die wachsende Unzufriedenheit der Menschen in der Sowjetunion und in den Satellitenstaaten – dies alles trug dazu bei, dass der Versuch der inneren Erneuerung scheiterte.

DDR

Die DDR galt als einer der stabilsten Staaten des Warschauer Paktes. Breitere Oppositionsbewegungen wie in Polen oder der Tschechoslowakei hatten sich hier nicht etablieren können, doch wurden gerade unter Schriftstellern und Künstlern immer wieder kritische Stimmen laut, die man im Allgemeinen rasch zu unterdrücken pflegte. Mehrfach wurden Regimekritiker in den Westen ausgewiesen, prominentestes Beispiel ist Wolf Biermann. Von einer grundsätzlichen Kritik der intellektuellen Elite am sozialistischen System kann jedoch nicht die Rede sein. Gewisse sich vom Staat distanzierende Strömungen bildeten sich vor allem in der evangelischen Kirche aus. In den 70er Jahren boten sich hier tendenziell unabhängige Diskussionsforen zu den Fragen, die viele Menschen bewegten. Die Selbstverbrennung zweier Pastoren 1976 und 1978 aus Protest gegen die Unterdrückung der freien Meinungsäußerung zeigte, wie weit in einzelnen Fällen die Abkehr vom System gehen konnte. Die Absichten der westlichen Friedensbewegung wurden in der

Viele bekannte Kritiker des DDR-Regimes – wie hier der Kernphysiker **Robert Havemann** und der Liedermacher **Wolf Biermann** – wurden streng überwacht, unter Hausarrest gestellt, inhaftiert, erhielten Berufsverbot oder wurden ausgewiesen. Dabei handelte es sich häufig nicht um Menschen mit antisozialistischer Einstellung – sie übten nur Kritik an Auswüchsen des Systems, nicht an dessen grundsätzlicher Ausrichtung.
Wolf Biermann zählt zu den prominentesten Dissidenten der DDR. 1976 ist er nach einer Tournee durch die Bundesrepublik mit der Begründung, dass sein Programm gegen die DDR und den Sozialismus gerichtet sei, des Landes verwiesen worden.
In einem seiner bekanntesten Liedertexte, fordert er programmatisch: „Warte nicht auf beßre Zeiten“:

DDR zwar aufgegriffen und in dem Slogan „Schwerter zu Pflugscharen" auch zum Ausdruck gebracht, doch alle entsprechenden Aktivitäten vom Staat sogleich unterbunden.

Der sich abzeichnende Wandel in einigen Staaten des Ostblocks verstärkte die Frustration der ostdeutschen Bevölkerung nachhaltig. Weil sich die SED-Führung weigerte, ebenfalls Reformen in Angriff zu nehmen, stieg die Bereitschaft zur Flucht oder zur Abkehr vom System deutlich an.

Nationale Spannungen und Autonomiebestrebungen

In zahlreichen Ländern des Ostblocks, aber auch in der Sowjetunion selbst machten sich in den 80er Jahren darüber hinaus lange unterdrückte ethnische Probleme bemerkbar. Es kam zu gewalttätigen Auseinandersetzungen zwischen den Angehörigen verschiedener Volksgruppen und gleichzeitig wurde der Ruf nach Autonomie mancherorts unüberhörbar. 1986 brachen beispielsweise in Alma Ata (Kasachstan) Unruhen aus. 1987 demonstrierten die unter Stalin umgesiedelten Krimtataren für eine Rückkehr in die ursprüngliche Heimat. Zwischen Aserbaidschan und Armenien kam es zu Kämpfen um die in ersterem gelegene Enklave Nagorny-Karabach. Die baltischen Republiken machten ihren Wünschen nach Unabhängigkeit Luft. In Bulgarien wurde 1984 damit begonnen, die türkischstämmige Bevölkerung auszuweisen. In Jugoslawien forderte 1981 die albanische Bevölkerung des Kosovo ihre Unabhängigkeit von Belgrad. Neue „alte" Nationalismen verstärkten so die Instabilität im Sowjetimperium und machten seine Brüchigkeit auch nach außen hin deutlich.

Die Implosion des Sowjetsystems

Der Zusammenbruch der Sowjetunion und des kommunistischen Machtblocks erfolgte, ohne dass es – wie in früheren Jahrzehnten – zu militärischen Eingriffen gekommen wäre, um das bestehende System aufrechtzuerhalten. Stattdessen vollzogen sich in

„Manchen hör ich bitter sagen / ‚Sozialismus – schön und gut / Aber was man uns hier aufsetzt / Das ist der falsche Hut!' / Manchen seh ich Fäuste ballen / In der tiefen Manteltasche / Kalte Kippen auf den Lippen / Und in den Herzen Asche

Wartest du auf beßre Zeiten / Wartest du mit deinem Mut / Gleich dem Tor, der Tag für Tag / An des Flusses Ufer wartet / Bis die Wasser abgeflossen / Die doch ewig fließen

…

Manche hoffen, daß des Flusses / Wasser nicht mehr fließen kann / Doch im Frühjahr, wenn das Eis taut / fängt es erst richtig an / Manche wollen diese Zeiten / wie den Winter überstehn / Doch wir müssen Schwierigkeiten / Bestehn! Bestehn! Bestehn -

…

Viele werden dafür sorgen / daß der Sozialismus siegt / Heute! Heute, nicht erst morgen! / Freiheit kommt nie verfrüht / Und das beste Mittel gegen / Sozialismus (sag ich laut) / Ist, daß ihr den Sozialismus / AUFBAUT!!! Aufbaut! (aufbaut)"

Wolf Biermann

vielen Staaten unblutige, „sanfte“ Revolutionen, die weithin das Ende von Diktatur und Unterdrückung bedeuteten.

Im Frühsommer 1989 beginnt Ungarn mit dem **Abbau der Grenzanlagen** zu Österreich. Der so genannte Eiserne Vorhang hat seinen ersten Riss bekommen. Im September ermöglichen die Ungarn – nach Gesprächen mit der Bundesregierung – über 50 000 DDR-Bürgern die Ausreise in die Bundesrepublik über ihr Land.

Als erstes Land entledigte sich Ungarn, das in Wirtschaftsfragen schon immer einen eigenen Weg verfolgt hatte, des Kommunismus als Staatsdoktrin. 1989 wurden ein Mehrparteiensystem eingeführt und die Opfer des Kommunismus rehabilitiert. In einem symbolischen Akt wurde der Stacheldrahtzaun zerschnitten, der Ungarn von Österreich trennte. 1989 wurde auch in Polen die Opposition offiziell akzeptiert und mit Tadeusz Mazowiecki, einem katholischen Intellektuellen, zum ersten Mal im Ostblock ein nichtkommunistischer Regierungschef gewählt. Dem Fall der Mauer zwischen der DDR und der BRD im November 1989 folgten die reformfreundliche Umbildung der Regierung in Bulgarien und kurz darauf die „samtene Revolution“ in der Tschechoslowakei, wo seit längerem eine Bürgerrechtsbewegung Proteste initiiert hatte. Der Dramatiker Václav Havel spielte hierbei eine bedeutende Rolle. Er wurde noch 1989 Staatspräsident und der große alte Mann des Prager Frühlings, Alexander Dubček, Parlamentspräsident. In Rumänien stürzte man den zwar von der Sowjetunion relativ unabhängig, aber dennoch diktatorisch regierenden Nicolae Ceauşescu durch einen Aufstand. Noch im Dezember 1989 wurden er und seine Frau verurteilt und hingerichtet.

Auch in der Sowjetunion selbst wendete man sich gegen das zentralistische Regime. Der Zusammenbruch der Union war – wenngleich mit Zustimmung Gorbatschows teilweise versucht wurde, gewaltsam dagegenzusteuern – nicht mehr aufzuhalten. 1990 erklärten die baltischen Staaten Estland, Lettland und Litauen einseitig ihre Unabhängigkeit, im gleichen Jahr erklärte Russland unter Boris Jelzin seine Souve-

Im Zentrum Prags versammelten sich im Spätherbst 1989 hunderttausende Menschen, um friedlich für einen politischen Wandel zu demonstrieren.
Sie erreichten den Rücktritt der Regierung am 24.11.1989. **Alexander Dubček**, die Leitfigur des Prager Frühlings, kehrte in die Hauptstadt zurück und verkündete mit **Václav Havel** gemeinsam den jubelnden Menschen das Ende des alten Regimes.

ränität, bis zum Dezember folgten die übrigen 15 Republiken. Gorbatschow, der zusehends an Autorität verlor, suchte den totalen Zerfall des Imperiums zu verhindern. Doch 1991 scheiterte ein Putschversuch gegen ihn aufgrund des von weiten Bevölkerungskreisen, unter maßgeblicher Führung Boris Jelzins, geleisteten Widerstands. Gorbatschows politische Macht war dennoch endgültig untergraben. In Russland wurde die Kommunistische Partei verboten und es erfolgte eine Neuorganisation der bis dahin zentralistisch ausgerichteten Staatsorgane. 13 Sowjetrepubliken erklärten zwischen August und Oktober 1991 ihre Unabhängigkeit. Im Dezember gründeten Russland, Weißrussland und die Ukraine die Gemeinschaft unabhängiger Staaten (GUS), der sich weitere acht ehemalige Sowjetrepubliken anschlossen, nicht jedoch die baltischen Staaten und Georgien. Das Ende der UdSSR war damit besiegelt, am 25. Dezember 1991 trat Michail Gorbatschow von seinem Amt zurück.

In China hatten dagegen die vornehmlich von Studenten getragenen Protestbewegungen für Menschenrechte und Demokratisierung keine Chance: Im Juni 1989 werden die seit Wochen andauernden Massendemonstrationen blutig niedergeschlagen.
Das Massaker auf dem Tiananmen-Platz, dem Platz des Himmlischen Friedens, forderte tausende von Opfern unter den friedlich streikenden Studenten. Etwa 120000 Menschen wurden festgenommen, in den folgenden Wochen wurden zahlreiche Todesurteile vollstreckt.

Die Revolution in Deutschland und die Wiedervereinigung

Die DDR-Führung hatte sich hartnäckig allen Forderungen verweigert, einen ähnlichen Kurs wie Polen, Ungarn oder auch nur die Sowjetunion selbst einzuschlagen. Wie in der DDR im Allgemeinen üblich, wurden die Ergebnisse der Kommunalwahlen auch im Mai 1989 gefälscht, was diesmal jedoch zu breiten Protesten führte. Dass die SED-Spitze zudem die blutige Niederschlagung der studentischen Proteste in China ausdrücklich begrüßte, löste enorme Empörung aus. Im Spätsommer nutzten zehntausende DDR-Bürger die Gelegenheit, um über die zwischen Ungarn und Österreich unterdessen geöffnete Grenze in den Westen zu gelangen. Innerhalb der DDR kam es zu immer massiveren Demonstrationen. Im September begannen in Leipzig, regelmäßig am Montag nach dem so genannten Friedensgebet an der Nikolaikirche die „Montagsdemonstrationen“, deren Teilnehmerzahl von Woche zu Woche stieg. Es bildeten sich Bürgerbewegungen und die Proteste griffen auf andere Städte über. Als Michail Gorbatschow am 6. Oktober 1989 die DDR anlässlich der Feierlichkeiten zum 40. Jahrestag ihrer Staatsgründung besuchte, gab er deren Staatschef Erich Honecker in Berlin zu verstehen, dass er sich den Zeichen der Zeit beugen müsse. Der Besuch wurde begleitet von großen Demonstrationen, die von „Gorbi, Gorbi“-Rufen und dem Slogan „Wir sind das Volk“ geprägt waren. Während sich die Staatsgewalt auf dem Alexanderplatz in Berlin angesichts der Medienpräsenz dort zurückhielt, wurden Demonstranten in entfernteren Stadtteilen bei ihrer Rückkehr dann doch noch Opfer der Staatsgewalt.

Michail Gorbatschow begrüßte bei seinem Besuch im Oktober 1989 anlässlich des 40. Jahrestags der Gründung der DDR Erich Honecker mit dem sozialistischen Bruderkuss. Bei einer persönlichen Unterredung riet der sowjetische Staatschef unerwartet zu baldigen Reformen: „Ich halte es für sehr wichtig, den Zeitpunkt nicht zu verpassen und keine Chance zu vertun … Wer zu spät kommt, den bestraft das Leben… wir sind in einer Etappe sehr wichtiger Beschlüsse. Es müssen weit reichende Beschlüsse sein, sie müssen gut durchdacht sein, damit sie reiche Früchte tragen. Unsere Erfahrungen und die Erfahrungen von Polen und Ungarn haben uns überzeugt: Wenn die Partei nicht auf das Leben reagiert, ist sie verurteilt.“ Bei Honecker erzielten diese Worte jedoch nicht die beabsichtigte Wirkung. Wenig später wurde er tatsächlich von den Ereignissen der Geschichte „bestraft“.

Die Montagsdemonstrationen verzeichneten in der Folge nichtdestotrotz immer mehr Teilnehmer. Auch innerhalb der Partei wurde Widerstand gegen Honecker spürbar. Am 17. Oktober wurde er, unter der Führung von Egon Krenz, zum Rücktritt aufgefordert. Krenz, zu seinem Nachfolger gewählt, konnte den Bürgern jedoch nicht glaubhaft vermitteln, dass nun auch in der DDR die Zeit der Reformen angebrochen war. Trotz verschiedener angekündigter Liberalisierungsmaßnahmen, stieg die Zahl der Demonstranten überall im Land ständig weiter. Am 4. November versammelte sich auf dem Berliner Alexanderplatz über eine halbe Million Menschen, am 6. November ähnlich viele in Leipzig, und Zehntausende in zahlreichen anderen Städten. Die gerade erst etablierte Führung trat zurück und Hans Modrow wurde als neuer Ministerpräsident der DDR in Aussicht gestellt. Bis zu diesem Zeitpunkt hatten, vor allem über Ungarn und die Tschechoslowakei, bereits 225 000 Menschen die DDR in Richtung BRD verlassen. Allein vom 8. zum 9. November kamen mehr als 11 000 Flüchtlinge in Westdeutschland an.

Immer mehr Menschen versammelten sich zu den so genannten **Montagsdemonstrationen**. Diese hatten am 4. 9. 1989 nach einem Friedensgebet in der Nicolaikirche mit 1200 Menschen, die u. a. Forderungen nach Reise- und Versammlungsfreiheit stellten, in Leipzig begonnen. Bis Ende September wuchs die Zahl auf 5000 Teilnehmer und bald nahmen Hunderttausende daran teil, wie hier am 14. 11.

Die DDR-Führung war sich darüber im Klaren, dass vor allem die bislang überaus restriktiven Reisebestimmungen ein zentrales Problem darstellten. Die Menschen forderten bereits lautstark unbeschränkte Reisefreiheit. Der innenpolitische Druck erhöhte sich, als die Tschechoslowakei damit drohte, ihre Grenze für

DDR-Bürger zu schließen. Egon Krenz übergab am 9. November dem Sekretär des Zentralkomitees der SED, Günter Schabowski, im Hinblick auf eine anstehende Pressekonferenz einen Entwurf der Regierung zur Einführung der Reisefreiheit. Schabowski trug den Text in einer Weise vor, als handle es sich um Bestimmungen, die sofort in Kraft treten würden und nicht um eine erst noch zu beschließende Gesetzesvorlage. Obwohl die Reisefreiheit durch die Erteilung von Ausreisevisa geregelt werden sollte, stürmten noch in derselben Nacht Tausende von DDR-Bürgern an die Grenze, wo unter den Grenzern vielerorts Verwirrung herrschte und gleichzeitig der Druck so anwuchs, dass die Grenzen geöffnet wurden.

In der Nacht des 9. 11. 1989 wurde die Berliner Mauer von Tausenden Menschen überstiegen – ein symbolischer Akt, der das Ende der deutschen Teilung vorausahnen ließ.

Damit war nach 28 Jahren die Mauer gefallen. Der Jubel der Menschen auf beiden Seiten des Eisernen Vorhangs war im wahrsten Sinn des Wortes grenzenlos. Es kam zu spontanen Feiern und Kundgebungen und am 10. November sprach der ehemalige Bundeskanzler Willy Brandt, dessen Ostpolitik in den 70er Jahren den Weg zur Entspannung vorbereitet hatte, im Rahmen einer Feierstunde vor dem Schöneberger Rathaus die prophetischen Worte: „Jetzt wächst zusammen, was zusammengehört."

Trotz vieler Versuche, die DDR als eigenständiges Staatsgebilde zu erhalten, trotz zahlreicher Vorbehalte auf Seiten Frankreichs und Englands, die ein starkes neues Deutschland als Bedrohung empfanden, wurde die Wiedervereinigung der deutschen Staaten bereits am 3. Oktober 1990 Wirklichkeit. Der Druck der Demonstranten, die in der DDR nun nicht mehr nur Freiheit, sondern immer lautstärker auch die Wiedervereinigung forderten, und das schnelle Handeln des westdeutschen Bundeskanzlers Helmut Kohl, dem es Zug

Die Wiedervereinigung Deutschlands wurde am 3. 10. 1990 mit einem großen Festakt begangen. **Helmut Kohl**, der „Architekt der Einheit", jubelt hier gemeinsam mit Außenminister Hans-Dietrich Genscher und Bundespräsident Richard v. Weizsäcker. Doch gab es auch bei befreundeten Staaten durchaus Widerstände. Margaret Thatcher beispielsweise erklärte, dass ein wiedervereinigtes Deutschland „schlichtweg viel zu groß und zu mächtig" sein werde und befürchtete eine destabilisierende Wirkung auf Europa.

um Zug gelang, alle Beteiligten von den besten Absichten der BRD in dieser Frage zu überzeugen, ermöglichten diese Entwicklung, die wenige Jahre zuvor noch niemand für möglich gehalten hätte.

Die historischen Ursachen

Die Veränderungen der 80er Jahre im Ostblock und die rasche Auflösung des riesigen sowjetischen Imperiums, wie sie 1989 einsetzte, stellen einen historischen Prozess dar, der nach so kurzer Zeit von den Historikern noch nicht abschließend beurteilt werden kann. Die Gründe für den Zusammenbruch des kommunistischen Blocks können aus derart kurzem Zeitabstand kaum angemessen analysiert werden, zumal wichtige Forschungsgrundlagen fehlen. Einige Wis-

Am Brandenburger Tor feiern die Menschen den Jahreswechsel 1989/90.

senschaftler haben zwar eine Reihe von Thesen entwickelt, doch gehen die meisten von ihnen von einer Vielzahl wechselseitig ineinander verschränkter Ursachen aus.

Eine besondere Rolle kommt in der Diskussion dem so genannten Gorbatschow-Faktor zu, obwohl viele Wissenschaftler die allzu enge Verknüpfung historischer Entwicklungen mit Einzelpersönlichkeiten ablehnen. Die von Gorbatschow initiierte Reform der Wirtschaft, Perestroika und Glasnost sowie der neue Kurs in der Außenpolitik spielten ohne Zweifel eine bedeutende Rolle, aber auch seine Persönlichkeit, seine politischen Vorstellungen und seine einzigartige Position als Führer in der damaligen kommunistischen Welt.

Als weitere Ursachen gelten die schlechte wirtschaftliche Lage und die ökonomische Struktur selbst, wodurch die Masse der Verbraucher ständig benachteiligt – wenige Güter, geringe Qualität – und die Unzufriedenheit weithin geschürt wurde. Bedeutsam waren selbstverständlich auch die oppositionellen Bewegungen und die Dissidenten. Die zermürbende Konkurrenz mit dem Westen, in der die Sowjetunion vor allem im Hinblick auf den Rüstungswettlauf und die wirtschaftliche Entwicklung unterlag, hatte mit Sicherheit ebenfalls einen Anteil am Zusammenbruch. Darüber hinaus spricht man von einer Legitimationskrise der kommunistischen Herrschaft, die ihre ursprüngliche Autorität und Überzeugungskraft im Verlauf der Geschichte immer deutlicher einbüßte.

Neue alte Konfliktfelder

Der Zusammenbruch des Ostblocks, das Ende des Kalten Krieges und der Teilung der Welt in zwei konkurrierende Systeme bedeuteten auch das Ende der permanenten Bedrohung durch einen jederzeit möglichen nuklearen Konflikt, der wohl für weite Teile der Welt die totale Zerstörung jeglichen Lebens bedeutet hätte. Die Menschheit war zwar von einem zentralen und existenzbedrohenden Konflikt befreit worden – insgesamt jedoch nahm die Zahl der Konfliktfelder zu.

Dabei wurde deutlich, dass ein ganzes Jahrhundert nicht genügt hatte, Probleme zu lösen, die schon an seinem Anfang gestanden hatten. Besonders denkwürdig erscheint es, dass es gerade auf dem Balkan zu einer der ersten bewaffneten Auseinandersetzungen in Europa nach dem Ende des Ost-West-Konfliktes kam – also dort, wo 1914 der 1. Weltkrieg begonnen hatte. Der Zerfall des Vielvölkerstaates Jugoslawien wurde mit den Unabhängigkeitserklärungen Kroatiens und Sloweniens eingeleitet, worauf die serbisch dominierte Staatsmacht militärisch reagierte. Nachdem diese Konflikte beigelegt werden konnten, kam es in anderen Regionen Jugoslawiens, etwa in Bosnien und im Kosovo, zu „ethnischen Säuberungen“, Kriegsverbrechen und schweren Menschenrechtsverletzungen, was in letzter Konsequenz 1999 zu den NATO-Einsätzen im Kosovo führte.

Auch in der zerfallenden Sowjetunion brachen nationale Konflikte auf, die sich bereits im 19. Jahrhundert gezeigt hatten. Die Situation der islamischen Welt scheint im Jahre 2001 kaum zufrieden stellender als um 1900 – zumindest berufen sich weit verbreitete gewalttätige islamistische Bewegungen auf die Benachteiligung der Muslime.

Der Zusammenbruch der rigiden Ost-West-Ordnung ließ überall neue Staaten entstehen. In immer mehr Völkern entstand das Bedürfnis nach Unabhängigkeit, das sich teilweise auch in militärischen Auseinandersetzungen artikulierte. Der Nationalismus trieb wieder neue Blüten. Gerade der Balkan mit seinen vielen Völkern und Minderheiten wurde zum neuralgischen Punkt.

Die bisherige Darstellung folgte dem Gang der Weltgeschichte wie er von den eigentlichen Machtzentren der Welt des 20. Jahrhunderts geprägt wurde. Europa, die Vereinigten Staaten und die Sowjetunion bestimmten wesentlich die weltweit bedeutsamen Ereignisse und Entwicklungen. Aber auch China, Japan und die Konfliktherde in Südostasien und im Nahen Osten spielten eine Rolle. Ein Überblick über das 20. Jahrhundert bleibt jedoch unzureichend, wenn nicht auch die geschichtliche Entwicklung in den Blick genommen wird, die sich in gewisser Weise „abseits“ der weltpolitisch bedeutsamen Prozesse vollzieht.

„Entwicklungsländer“ und „Dritte Welt“

Begriffe wie „Entwicklungsländer“ und „Dritte Welt“ sind hinsichtlich ihrer Bedeutung nicht unproblematisch, „Entwicklung“ suggeriert den Weg zur westlich geprägten Industrienation als vorgegeben. Unter der Bezeichnung „Dritte Welt“ fasst man jene Länder zusammen, die nicht der „Ersten“ und der „Zweiten Welt“ angehören, d. h. den westlichen bzw. den östlichen Industrieländern. Der Terminus „Vierte Welt“ kristallisierte sich zusätzlich als Bezeichnung für die am wenigsten entwickelten Länder heraus, doch sind diese Unterscheidungen nach 1989 nicht mehr zeitgemäß.

Weite Teile der Erde fallen unter den Begriff „Entwicklungsländer“. Vor allem im Afrika südlich der Sahara und in Südasien liegen die am schwersten betroffenen Regionen. 48% bzw. 49% der Bevölkerung gelten hier als arm, wenn die Armutsgrenze für ein Pro-Kopf-Einkommen von etwa 420 US-Dollar festgelegt wird (gemäß der Preise von 1990).

Gemäß der Definition der „Unabhängigen Kommission für internationale Entwicklungsfragen“ umgreift ein Begriff wie „Entwicklung“ nicht nur ein bestimmtes Niveau materiellen Wohlstands, sondern auch menschliche Würde, Gerechtigkeit und Gleichheit. Hinzu kommt der Begriff „Nach-

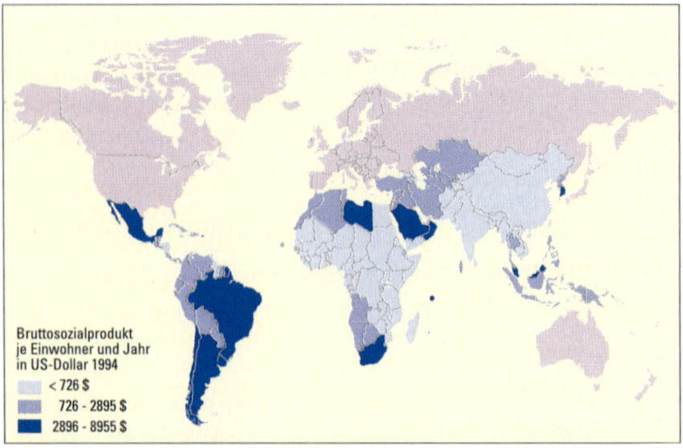

haltigkeit“, d.h. Entwicklung ist so zu gestalten, dass sie nicht auf Kosten der zukünftigen Generationen geht, etwa indem Rohstoffe verschwendet werden.

Das Bild zeigt eine Familie in Bombay in ihrer armseligen Behausung. In den Mega-Städten haben zahlreiche Menschen jedoch gar keine Unterkünfte mehr – sie leben auf den Straßen. Unter ihnen sind auch viele Kinder.

Gerade Frauen sind in den armen Ländern oft doppelt benachteiligt, sowohl im Hinblick auf Bildung und Ausbildung als auch auf ihre Persönlichkeitsrechte. In Indien werden beispielsweise zehntausende Frauen jährlich ermordet, weil sie eine zu niedrige oder keine Mitgift haben oder in der neuen Familie keine ausreichende Arbeitsleistung erbringen.

Die Klassifizierung als Entwicklungsland erfolgt durch verschiedene Institutionen, wobei durchaus unterschiedliche Kriterien angelegt werden. Allgemein gelten jedoch folgende Merkmale: ein geringes durchschnittliches Bruttosozialprodukt pro Kopf bei gleichzeitig extrem ungleicher Verteilung, eine unzureichende Infrastruktur, ungenügende Schul- bzw. Ausbildungsmöglichkeiten, geringe Beschäftigung, Dominanz von Land- und Forstwirtschaft, Fischerei und Bergbau sowie unzureichende Ernährung und medizinische Versorgung der Bevölkerung. Die Außenwirtschaft der Entwicklungsländer ist vornehmlich auf die Industrieländer ausgerichtet und zumeist geprägt von einer eingeschränkten Exportpalette; daneben sind ein ungünstiges Verhältnis von Import und Export sowie eine hohe Auslandsverschuldung zu verzeichnen.

Eine besondere Rolle spielt das extreme Bevölkerungswachstum sowie die fortschreitende Verstädterung. Geringe Lebenserwartung und hohe Analphabetismusraten prägen das Bild ebenso wie geringe soziale Mobilität und die Benachteiligung von Frauen. Der Staat, zumeist autoritär gelenkt, ist aber trotzdem zu schwach, um mit den anstehenden Problemen zurechtzukommen. Verletzungen der Menschenrechte sind an der Tagesordnung. Die weit verbreitete Bereitschaft zu gewaltsamen Konfliktlösungen schlägt sich nicht zuletzt in hohen Rüstungsausgaben nieder.

Der rasante Anstieg der Weltbevölkerung gilt als eines der bezeichnendsten Merkmale des 20. Jahrhunderts. Im Zeitraum von 1650 bis 1900 ist die Zahl der Menschen von 500 Millionen auf 1,6 Milliarden gestiegen. Im 20. Jahrhundert betrug sie 1950 bereits 2,5 Milliarden, 1970 3,7, 1985 4,9, 1994 5,6 und 2001 über 6 Milliarden. Der größte Anteil entfällt dabei auf die weniger entwickelten Länder (eingeschlossen China): von 1,7 Milliarden Menschen im Jahr 1950 auf über 4 Milliarden 1990. In den Industriestaaten hingegen stieg die Zahl im gleichen Zeitraum von 750 000 000 auf 1,25 Milliarden. Der Rückgang der Geburtenrate in den höher entwickelten Ländern – der sich allerdings nicht kontinuierlich vollzog – wird auf verschiedene Weise erklärt: höheres Heiratsalter, Verhütung, soziale, kulturelle und ökonomische Veränderungen. In den Entwicklungsländern begriff man ein hohes Bevölkerungswachstum lange Zeit auch als positives Anzeichen ökonomischer Entwicklung. So startete China beispielsweise erst 1983 sein Programm zur Regulierung des Bevölkerungswachstums.

Auch wenn es sich hier um ein selbstgewähltes Vergnügen handelt – die Aufnahme eines überfüllten Badestrands verdeutlicht das Problem der Überbevölkerung

Vor allem das Altersprofil einer Gesellschaft wird durch die Geburtenrate geprägt. Im Afrika südlich der Sahara etwa findet sich das jüngste Altersprofil, was für die entsprechende Gesellschaft immense Herausforderungen bedeutet, die sichtlich nicht bewältigt werden können. Die bevölkerungsreichsten Länder der Erde sind China und Indien, die mit zusammen 2 Milliarden Menschen ein Drittel der Weltbevölkerung stellen.

Inwieweit dieses rapide Bevölkerungswachstum, das sich zwar verlangsamt hat, aber dennoch gemäß vieler Prognosen bis zu 11 oder 12 Milliarden Menschen ansteigen wird, eine Gefahr darstellt, wird unterschiedlich eingeschätzt. Der Verlust landwirtschaftlicher Flächen,

Bodenerosion, überhöhter Wasserverbrauch und abnehmende Biodiversität zeigen an, dass ein anderer Umgang mit den Ressourcen und der Umwelt dringend erforderlich ist, wenn allen Menschen ein lebenswertes Dasein ermöglicht werden soll.

Als besonderes Problem erweist sich die rasante Verstädterung im 20. Jahrhundert. Gründe für deren explosives Wachstum waren und sind nicht zuletzt die dort vermeintlich besseren Lebensbedingungen. 1900 lebten nur 14% der Weltbevölkerung in Städten, im Jahr 2000 ist es hingegen über die Hälfte aller Menschen, vornehmlich in der „Dritten Welt“. Dabei haben sich Megastädte entwickelt, die die Grenzen des bis dahin Vorstellbaren sprengten. Mexico City beispielsweise zählte um 1900 334000 Einwohner – 1995 waren es mehr als 20 Millionen. In Tokio leben 23,4 Millionen Menschen, in Peking 6,7 Millionen. Kairo wächst täglich um 1000 Einwohner.

Das Foto symbolisiert die Müllprobleme der Stadt New York im Jahr 1969, als über 6 Millionen Tonnen Abfall anfielen.
Mit der wachsenden Bevölkerung und dem sich stetig steigernden Konsum nehmen bis zum Ende des Jahrhunderts auch die Entsorgungsprobleme gerade in den Mega-Städten immer bedrohlichere Ausmaße an. Doch nur in wenigen Ländern der Welt wird bislang ein umweltverträgliches Abfallentsorgungssystem – etwa mit umfassenden Recyclingmaßnahmen – betrieben.

Die Probleme der Armut lösen sich auf diese Weise natürlich nicht. Die Lage der Menschen in den Städten – vor allem in der Dritten Welt – ist gezeichnet von Arbeitslosigkeit und Obdachlosigkeit, von „wild“ errichteten und daher auch infrastrukturell kaum oder gar nicht versorgten Siedlungen an den Peripherien, von großflächiger Luft- und Wasserverschmutzung, gewaltigen Müll- und Abwasserproblemen und stetig wachsender Kriminalität.

Erst in den letzten Jahren spielt die Erkenntnis, dass Umweltzerstörung nicht nur eine grenzüberschreitende, sondern zumeist auch eine globale Dimension besitzt, in der Umweltpolitik eine größere Rolle. Entsprechende Vereinbarungen, etwa auf dem „Erdgipfel“ der UN-Konferenz für Umwelt und Entwicklung 1992 in Rio de Janeiro, blieben bislang jedoch aufgrund mangelhafter Instrumentarien für ihre Durchsetzung weitgehend wirkungslos.

Gruppierungen von Entwicklungsländern

In den Entwicklungsländern leben nahezu vier Fünftel der Weltbevölkerung. In der Diskussion unterscheidet man verschiedene Gruppierungen:

1) Zu den „am wenigsten entwickelten Ländern" (Least Developed Countries – LLDC) zählten Mitte der 90er Jahre 48 Staaten mit 500 Millionen Menschen. Mehrheitlich sind dies afrikanische Staaten südlich der Sahara sowie Haiti.

2) „Länder mit hohen Schulden"

3) „Schwellenländer", d.h. an der Schwelle zum Industriestaat stehende Staaten. Wer zu dieser Gruppe zu rechnen sei, wird unterschiedlich beurteilt; u.a. werden Brasilien, Argentinien, Mexiko und Indonesien dazu gezählt.

Politische Zusammenschlüsse

Nach der Konferenz von Bandung (1955), auf der sich erste Anfänge einer Zusammenarbeit von afrikanischen und asiatischen Staaten ergaben, wurde in den 60er Jahren die Bewegung Blockfreier Staaten gegründet – Länder, die sich nicht in den Ost-West-Konflikt einbinden lassen wollten. Jugoslawien, Ägypten und Indien spielten eine Führungsrolle. Die Blockfreien zielten dabei zum einen auf die Unabhängigkeit von den Großmächten bzw. darauf, nicht in deren militärische Konflikte verwickelt zu werden; andererseits unterstützte man die Unabhängigkeitsbewegungen in den verschiedenen Regionen der Welt, die unter kolonialer Herrschaft standen. Zunächst beteiligten sich die lateinamerikanischen Staaten nicht, doch als nach dem Abschluss der Entkolonialisierungsphase und den ersten Anzeichen einer beginnenden Entspannung im Ost-West-Konflikt entwicklungspolitische Themen größere Bedeutung gewannen, schlossen sich auch mehr und mehr südamerikanische Staaten an.

Während einer Konferenz der United Nations Conference on Trade and Development (UNCTAD) 1964 in Genf kam es zur Gründung der Gruppe der 77, einem losen Zusammenschluss von ursprünglich 77 Entwicklungsländern (1995 waren es bereits 132 Mitgliedsstaaten). Die Gruppe der 77, der China nicht angehört, wurde die wichtigste Interessenvertretung der Dritten Welt. Besonderes Augenmerk richtete man auf die Organisation der Weltwirtschaft, die bis heute vornehmlich auf die Interessen der Industrienationen ausgerichtet ist. In den 60er Jahren legten die UN erstmals Entwicklungsziele für die Dritte Welt fest, etwa die Steigerung des Pro-Kopf-Einkommens oder der industriellen und landwirtschaftlichen Produktion. Durch die Weltwirtschaftskrise kam es zu Diskussionen über Ziele und Strategien sinnvoller Entwicklungspolitik, was zum einen eine Abkehr vom reinen Wachstumsgedanken mit sich brachte, zum anderen aber auch bedeutete, dass ökologische Aspekte zunehmend Aufmerksamkeit fanden.

Den Entwicklungsländern ging es vorrangig um eine Änderung der Weltwirtschaftsstrukturen. Unter dem Begriff „Neue Weltwirtschaftsordnung" gewannen ihre Forderungen 1974 in verschiedenen Erklärungen der UN weltpolitischen Stellenwert. Dass zuvor die OPEC (Organization of Petroleum Exporting Countries) begonnen hatte, mit ihrer Ölpreispolitik die reichen Länder massiv unter Druck zu setzen, hatte das Selbstbewusstsein der Dritten Welt deutlich gestärkt. In den Forderungen nach einer Neuen Weltwirtschaftsordnung (NWWO) – Gleichberechtigung, Verantwortung der Ersten für die Dritte Welt – dokumentierte sich das deutlich. Allerdings konnten letztlich kaum nennenswerte strukturelle Veränderungen bewirkt werden. Zudem wird das Konzept der NWWO von mancher Seite bis heute in Frage gestellt, weil die grundlegende Abhängigkeit vom Weltmarkt bestehen bleibt. 1981 fand eine erste Nord-Süd-Gipfelkonferenz in Cancun in Mexiko mit 22 Staats- und Regierungschefs aus acht westlichen Industrieländern und 14 Entwicklungsländern statt. China nahm teil, während die Sowjetunion fernblieb. Doch die mit dem Gipfel verknüpften Hoffnungen auf eine definitive Verbesserung der Situation erfüllten sich nicht.

Folgende Länder gehörten 1964 zu den Gründungsmitgliedern der **„Gruppe der 77"**, einem der wichtigsten Zusammenschlüsse der Entwicklungsländer: Afghanistan, Algerien, Argentinien, Äthiopien, Bolivien, Brasilien, Burma, Burundi, Ceylon, Chile, Costa Rica, Dahomey, Dominikanische Republik, Ecuador, El Salvador, Gabon, Ghana, Guatemala, Guinea, Haiti, Honduras, Indien, Indonesien, Irak, Iran, Jamaika, Jemen, Jugoslawien, Jordanien, Kambodscha, Kamerun, Kenia, Kolumbien, Kongo (Brazzaville), Kongo (Leopoldville), Kuwait, Laos, Libanon, Liberia, Libyen, Madagaskar, Malaysia, Mali, Marokko, Mauretanien, Mexiko, Nepal, Nicaragua, Niger, Nigeria, Obervolta, Pakistan, Panama, Paraguay, Peru, Philippinen, Republik Korea, Republik Vietnam, Ruanda, Saudi Arabien, Senegal, Sierra Leone, Somalia, Sudan, Syrien, Tanganjika und Sansibar, Thailand, Togo, Trinidad und Tobago, Tschad, Tunesien, Uganda, Uruguay, Venezuela, Vereinigte Arabische Republik, Zentralafrikanische Republik, Zypern.

In den 80er Jahren geriet vor allem die enorme Verschuldung der Dritten Welt zum entscheidenden Thema – durch sie war auch das internationale Finanzsystem bedroht. Zwar fanden einzelne Umschuldungsaktionen statt, doch konnte eine tief greifende Lösung aufgrund des Widerstands der Industrienationen und der unterschiedlichen Interessen der Entwicklungsländer nicht gefunden werden.

Kennzeichnend für die 80er Jahre war aber auch der wirtschaftliche Aufschwung der ostasiatischen Schwellenländer Singapur, Hongkong, Taiwan und Südkorea sowie, nach der Durchführung grundlegender Wirtschaftsreformen, der Aufstieg Chinas und Indiens. Dies führte zu einer Auseinanderentwicklung der Staaten der Dritten Welt, ein Prozess, der sich in den 90er Jahren fortsetzte.

Afrika

Die Kolonialisierung Afrikas im 19. Jahrhundert hatte zu erheblichen Veränderungen der dort bestehenden politischen, wirtschaftlichen und sozialen Strukturen geführt. Vor allem die durch die imperialen Mächte festgelegten Grenzen, die den traditionellen politischen Einheiten unbekannt waren, bildeten einen tiefen Einschnitt.

Seit der Mitte des 20. Jahrhunderts ist Afrika von einem gewaltigen Bevölkerungswachstum geprägt, von etwa 200 Millionen Menschen 1950 auf 600 Millionen 1990. Von größter Bedeutung für den Kontinent waren aber auch der Kampf der verschiedenen Befreiungsbewegungen gegen die Kolonialmächte bzw. ihre autoritären Nachfolgeregime. Die Dekolonisation erstreckte sich über mehrere Jahrzehnte und wurde nicht nur von den höchst unterschiedlichen Interessen der verschiedenen Kolonialmächte, sondern auch von den Absichten der jeweiligen nationalistischen Bewegungen geprägt, wobei oftmals Gewalt und schwerste Menschenrechtsverletzungen die politischen Auseinandersetzungen bestimmten. Die so erkämpfte Unabhängigkeit erbrachte jedoch weder die erhoffte politische und soziale Stabilität noch den ersehnten wirtschaftlichen Wohlstand für die Menschen.

Vor allem südlich der Sahara erweist sich Afrika als ein Kontinent, der zu weiten Teilen, insofern es wirtschaftliche und soziale Aspekte anbelangt, hinter dem Entwicklungsstand der übrigen Nationen zurückliegt. Die hohe Kriminalitätsrate, enorme Kindersterblichkeit, geringe Lebenserwartung und unzureichende Schulbildung sind typische Kennzeichen. Aids und andere Krankheiten sind weiter verbreitet als irgendwo sonst in der Welt. Bürgerkriege, Grenzkonflikte und Massaker sind an der Tagesordnung, über die Hälfte der Bevölkerung Afrikas lebt in Slums.

In jüngster Zeit sehen auch afrikanische Wissenschaftler nicht nur die Auswirkungen der Kolonialzeit, sondern auch die afrikanischen Herrscher bzw. Regierungen für die Situation als verantwortlich an. Schließlich waren – gerade auch im Gefolge des Ost-West-Konflikts – Männer an die Macht gekommen, deren Gewaltherrschaften in hohem Maß durch Korruption und Brutalität gekennzeichnet sind, beispielsweise

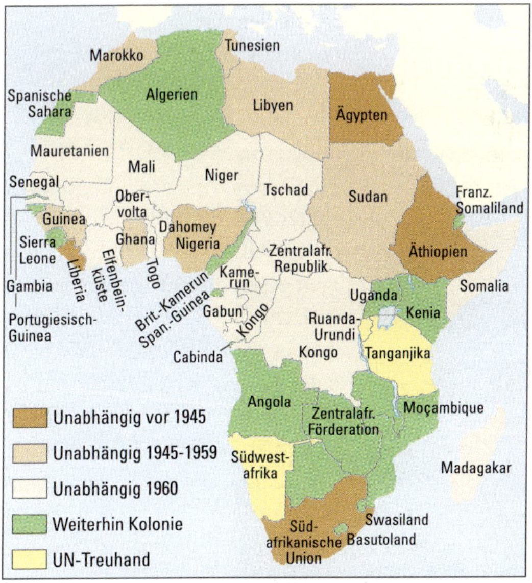

Afrikas Entkolonisierung ging in verschiedenen Etappen vor sich. Doch auch die neu entstehenden selbständigen Staaten tragen das Erbe willkürlicher Grenzziehung in sich und bieten so bis heute vielfach den Nährboden für gewalttätige Auseinandersetzungen, die wiederum zu Hunger und Elend führen.

Der Name **Biafra** stand lange als Synonym für das Elend des Hungertodes in Afrika. Vor allem die Bilder der verhungernden Kinder mit ihren aufgeblähten Bäuchen erregten großes Aufsehen in der Weltöffentlichkeit. Auch hier war ein militärischer Konflikt die Ursache der Katastrophe: Nigerianische Truppen besetzten den einzigen Hafen der abtrünnigen Provinz Biafra und blockierten so die Versorgungswege. Nur auf dem Luftweg konnte die hungernde Bevölkerung durch Spendenmittel versorgt werden.

Siad Barre in Somalia, Mengistu Haile Mariam in Äthiopien, Idi Amin in Uganda, Mobutu im Kongo oder Bokassa in der Zentralafrikanischen Republik, der sich 1977 sogar zum Kaiser ausrufen ließ. In Tansania wiederum setzte Julius Nyerere auf ein sozialistisches Modell, was dem Land aber ebenso wenig wie die „afromarxistischen“ Systeme in Angola, Moçambique oder Äthiopien zur Bewältigung der anstehenden Probleme verhalf.

Anfang der 90er Jahre gab es in nur vier von insgesamt 54 afrikanischen Staaten demokratisch gewählte Regierungen. Zahlreiche Länder waren vollkommen herabgewirtschaftet, staatliche Institutionen zusammengebrochen und die Infrastruktur teilweise völlig zerstört. Das Ende des Kalten Krieges hatte auch den Rückzug der Großmächte bedeutet, die die despotischen Regime vor allem aus strategischen Gründen unterstützt hatten. Damit begann die Zeit der Herrschaft der „war lords“; die Zahl der Bürgerkriege stieg seither an.

Anfang 1966 kam Jean-Bedel **Bokassa** durch einen Militärputsch in der Zentralafrikanischen Republik an die Macht und wurde zum skrupellosen und ausbeuterischen Diktator. Die Kosten der Krönungszeremonie bei seiner Selbsternennung zum Kaiser 1977 machten ein Fünftel des Staatshaushaltes aus. Erst 1979 rückten die Franzosen von dem bis dahin von ihnen unterstützten Mann ab, als bekannt wurde, dass er am Mord an 100 Schulkindern beteiligt war. Bokassa wurde am 20. 9. 1979 abgesetzt.

Sonderfall Südafrika

Die Entwicklung der Republik Südafrika allerdings verlief bislang gänzlich untypisch. Hier war nach dem 2. Weltkrieg ein rigides System der Apartheid entstanden, mit dem die Ausbeutung der afrikanischen Bevölkerung durch die europäisch-stämmige Minderheit festgeschrieben wurde. Die Bevölkerung wurde räumlich nach „Rassen" getrennt, die verfassungsmäßigen Rechte galten nur für die „weiße" Bevölkerung. Oppositionelle Bewegungen wie etwa der African National Congress, dessen Gründungspräsident Nelson Mandela war, wurden gewaltsam unterdrückt. Innenpolitische Probleme, Sanktionen, größere wirtschaftliche Schwierigkeiten und schließlich das Ende des Kalten Krieges hatten in den späten 80er Jahren einen Richtungswechsel in der südafrikanischen Politik zur Folge. 1990 entließ der damalige Präsident Frederik de Klerk die politischen Gefangenen und ließ deren Parteien wieder zu. Zwar blieben gewaltsame Konflikte nicht aus, doch gelang es den Beteiligten, das Land vor dem Zusammenbruch zu bewahren. Die politische Ordnung wurde neu strukturiert, Nelson Mandela, das Symbol des südafrikanischen Widerstandes, 1994 an die Spitze des Staates gewählt.

Im Juni 1976 protestierten im südafrikanischen **Soweto** tausende junger Schwarzer gegen das diskriminierende Bildungssystem. Die südafrikanische Polizei ging gewaltsam gegen die Demonstranten vor und tötete und verletzte zahlreiche Personen. Daraufhin weiteten sich die Proteste aus und griffen auf zahlreiche Wohngebiete von Schwarzen über; sie dauerten mehrere Monate und wurden erst 1977 weitgehend unterdrückt, bis sie 1984 wieder aufflammten.
Auch bei den Protesten der 70er Jahre war der inhaftierte Nelson Mandela die Symbolfigur des Befreiungskampfes.

Lateinamerika

Bereits im 19. Jahrhundert hatten sich die lateinamerikanischen Staaten ihre Unabhängigkeit von den europäischen Kolonialmächten weitgehend erkämpft. Doch wurde der Großteil der Bevölkerung, die sich aus Indianern, Mestizen (Nachkommen von Europäern und Indianern) und Mulatten (Nachkommen von Europäern und Schwarzafrikanern) und den Nachkommen der aus Afrika als Sklaven Verschleppten zusammensetzte, von einer durch Weiße geprägten Oberschicht dominiert. Großgrundbesitzer beherrschten nicht nur die Landwirtschaft, sie konkurrierten auch mit der Zentralgewalt.

Nach dem Ende des Sezessionskrieges in den USA und im Zusammenhang mit deren Aufstieg zur Weltmacht machte sich auch ihr wirtschaftlicher, politischer und kultureller Einfluss auf die mittel- und südamerikanischen Staaten immer deutlicher bemerkbar. Der „Dollarimperialismus", mit dem sich die USA um die Jahrhundertwende politische und wirtschaftliche Vorteile zu sichern suchten, wurde in vielen lateinamerikanischen Staaten als eine Art neuer Kolonisation empfunden. Die wirtschaftliche Entwicklung Lateinamerikas hatte im Lauf des 19. Jahrhunderts zu einer starken Abhängigkeit vom Außenhandel geführt. Ausländisches Kapital förderte zwar gezielt bestimmte Wirtschaftsbereiche, so dass auch ökonomische Zentren entstanden, doch blieben der größte Teil der Bevölkerung und weite Regionen von diesen Entwicklungen ausgeschlossen, was zu starker Verstädterung führte. Niedriger Bildungsstand, explosionsartiges Bevölkerungswachstum und Rassismus förderten die Verelendung breiter Bevölkerungsschichten, wobei sich alle Krisen der Weltwirtschaft aufgrund der außenwirtschaftlichen Abhängigkeit der lateinamerikanischen Wirtschaft besonders intensiv auf den südamerikanischen Kontinent auswirkten.

Die Geschichte der lateinamerikanischen Staaten verlief im 20. Jahrhundert höchst wechselvoll, Revolutionen, rechts- und linksgerichtete autoritäre Regime, direkte und indirekte Einflussnahme der USA prägen das Bild. Auch nach dem 2. Weltkrieg gelang es nicht, Gesellschaft, Politik und Wirtschaft zu modernisieren und soziale Gerechtigkeit zu schaffen. Der „Peronismus" in Argentinien scheiterte ebenso wie auch die nationalrevolutionäre Bewegung in Bolivien. In Guatemala ergriffen die USA im Verlauf des Kalten Krieges die Initiative und ließen die ihnen missliebige Reformregierung durch die CIA beseitigen. Ein durch die UN

1947 nahmen Juan und Eva „Evita" Duarte de Perón an den Feierlichkeiten anlässlich der Ernennung General Francos zum spanischen Staatsoberhaupt auf Lebenszeit teil. Die Politik des argentinischen Staatschefs Perón trug diktatorische, populistische und sozialstaatliche Züge. Eine besondere Rolle kam seiner zweiten Frau, der ehemaligen erfolglosen Schauspielerin Evita, zu. Sie wurde wegen ihrer sozialreformerischen Vorschläge und ihrer Ausstrahlung im In- und Ausland tief verehrt. Als sie mit 34 Jahren an Krebs starb, wurde sogar ihre Heiligsprechung diskutiert. Durch das Musical „Evita", in den 90er Jahren mit der Pop-Ikone Madonna verfilmt, bleibt Eva Perón bis in die Gegenwart hinein lebendig. Der Song „Don't cry for me, Argentina", der ihren wechselvollen Lebenslauf beschreibt, wurde weltberühmt.

entwickeltes Konzept zur Verbesserung der Lage scheiterte nicht zuletzt an der egoistischen Politik einiger Staaten, die zu einer Integration nicht bereit waren. Dies wiederum führte vermehrt Situationen herauf, in welchen die teils erhobenen Forderungen nach einer radikalen Umwandlung von Wirtschaft und Gesellschaft breite Unterstützung erfuhren. 1959 siegten die Revolutionäre Fidel Castro und Ernesto „Che" Guevara auf Kuba und beseitigten das brutale Regime des Diktators Batista y Zaldívar.

Vom kubanischen Vorbild inspiriert, bildeten sich in vielen anderen Staaten – u.a. Venezuela, Kolumbien, Peru – ebenfalls revolutionäre Gruppierungen. Die zunehmende innenpolitische Instabilität führte dazu, dass das Militär in vielen Ländern seit den 60er Jahren die Macht übernahm. In Chile etwa wurde der demokratisch legitimierte Präsident Salvador Allende mit Unterstützung der USA gestürzt. Doch auch den Militärregimen gelang es nicht, die Probleme auch nur ansatzweise zu lösen, die bestehenden Missstände wurden vielmehr zementiert. In diesem autoritären Klima sozialer Ungerechtigkeit und eingeschränkter Bürgerrechte wuchs insbesondere den Kirchen eine bedeutende Rolle zu. Viele Theologen und Geistliche setzten sich im Rahmen der „Befreiungstheologie" für die Armen und Entrechteten ein.

Seit den 80er Jahren gewann die Demokratie verlorenes Terrain zurück. Doch eine enorme Verschuldung, fortbestehende soziale Probleme, weit verbreitete Korruption und die neuen Guerillabewegungen erschweren den Weg Lateinamerikas in eine bessere Zukunft.

Kunst, Mythen und Lebensweise der Aborigines, der australischen Ureinwohner, stoßen im Westen erst in den letzten Jahrzehnten des 20. Jahrhunderts auf breiteres Interesse. Gerade auch ihre Vorstellung von der „Traumzeit", in der die ersten Aborigines die Erde formten, also eine Art Schöpfungsmythos, fasziniert Menschen auf der ganzen Welt. Dass sich zudem in diesem Mythos tatsächliche naturgeschichtliche Entwicklungen niedergeschlagen haben, bestätigt die Annahme, dass die Ureinwohner den australischen Kontinent bereits seit unvordenklichen Zeiten bevölkern (vormutlich seit etwa 50000 Jahren).

Australien

Nicht allein die weniger entwickelten Staaten der Welt stehen weitgehend abseits des weltpolitischen Interesses. Australien etwa, der einzige Kontinent, der mit dem gleichnamigen Staat identisch ist, oder das „benachbarte" Neuseeland sind im öffentlichen Bewusstsein kaum präsent. Entstanden aus einer britischen Sträflingskolonie, wurde 1901 der „Commonwealth of Australia" proklamiert. Am 1. Weltkrieg nahm Australien auf der Seite Großbritanniens teil. Die Weltwirtschaftskrise wirkte sich, durch den Einbruch des Weizen- und Wollmarktes, auch massiv auf Australien aus. Nicht nur im Hinblick auf den Konflikt zwischen den USA und Japan um die Vormachtstellung in Asien war Australien im 2. Weltkrieg auf Seiten der Alliierten. Die damals begründeten engen Beziehungen zu den USA führten auch zu einem australischen Engagement im Vietnamkrieg.

Nach 1945 wurde die Einwanderung durch ein Programm gezielt gefördert, das bis Ende der 70er Jahre fast ausschließlich auf Europäer beschränkt war, seit den 80er Jahren aber auch auf Asiaten und Einwohner aus verschiedenen Ländern der Dritten Welt ausdehnt wurde.

1951 schlossen Australien, Neuseeland und die USA einen militärischen Beistandspakt. 1954 trat Australien der South East Asia Treaty Organization (SEATO) bei. Seit den 70er Jahren begegnete das Land auch den asiatischen Nachbarstaaten in politischer und wirtschaftlicher Hinsicht mit größerer Offenheit.

Ein besonderes Problem stellt in der australischen Geschichte der Umgang der Weißen mit den Ureinwohnern, den Aborigines, dar. Sie sind das Volk mit der ältesten kontinuierlichen Kultur der Erde, kamen vermutlich bereits um 50 000 v. Chr. nach Australien und blieben dort bis in die Gegenwart ihrer traditionellen Lebensweise verbunden. Über zwei Jahrhunderte hin wurden sie unterdrückt und u. a. barbarischen Umerziehungsmaßnahmen ausgesetzt. Erst 1967 erhielten sie das Bürgerrecht, 1992 wurden auch ihre ursprünglichen Rechte auf das von den Weißen in Besitz genommene Land anerkannt.

Teilweise leben die Ureinwohner auch heute noch in ihren traditionellen Verbänden außerhalb der besiedelten Zonen. Im übrigen sind sie nicht das einzige Volk der Welt, dessen Kultur und Tradition quer zu denen der moderneren Gesellschaften liegen, die ihre angestammte Heimat dominieren. Mit dem Begriff „Vierte Welt“ ist speziell an diese Ethnien gedacht, wenngleich man offiziell, d. h. im Rahmen der UN, das Wort bislang nicht verwendet.

Das folgende Gedicht von Mandawuy Yunupingu zeigt das Widerstreben gegen die westliche Besiedlung und das Beharren auf den eigenständigen Traditionen der australischen Ureinwohner:

„This land was never given up
This land was never bought and sold
The planting of the Union Jack
Never changed our law at all“

(Dieses Land wurde nie aufgegeben
Dieses Land wurde nie gekauft oder verkauft
Das Aufstellen des Union Jacks
Hat unsere Gesetze niemals verändert)

Schlussbetrachtung

Eine Darstellung der Geschichte des 20. Jahrhunderts, wäre sie auch erheblich umfangreicher als der hier vorliegende „Schnellkurs“, kann immer nur einige wenige Ausschnitte aus diesem „Zeitalter der Extreme“ bieten. Nur wenige der unzähligen historisch bedeutsamen Ereignisse, der politischen und gesellschaftlichen Umwälzungen und Entwicklungen, der kriegerischen Auseinandersetzungen und ihrer verheerenden Begleit- und Folgeerscheinungen ließen sich hier darstellen. Indessen haben die Menschen des 20. Jahrhunderts auch Leistungen zustande gebracht, die durchaus als respektabel gelten dürfen. Auch in Forschung und Wissenschaft, Kunst und Kultur bietet das 20. Jahrhundert mehr Erfindungen und Entwicklungen als jedes Zeitalter zuvor. Vor allem anderen hatte der technische Fortschritt große Auswirkungen auf die Gestaltung der menschlichen Existenz – sofern es den Menschen möglich war bzw. ist, daran teilzuhaben, was etwa in den armen und ärmsten Ländern gerade nicht der Fall ist. Technische Neuerungen führten beispielsweise zur Entwicklung von Maschinen, die in der industriellen Produktion, der Landwirtschaft oder im privaten Haushalt eingesetzt wurden. Elektrischer Strom ersetzte andere Energien und erleichterte das Leben in vielen Bereichen. Mit überaus effizienten Verkehrsmitteln zu Land, zu Wasser und in der Luft lässt sich nahezu jeder denkbare Ort innerhalb relativ kurzer Zeit erreichen. Die moderne Kommunikationstechnik ermöglicht Gespräche über Kontinente hinweg und eröffnete den elektronischen Postweg, während die Menschen durch Mobiltelefone nahezu jederzeit und überall erreichbar sind. Computer dienen zur Bearbeitung komplexester Aufgaben bei Arbeiten auf verschiedensten Gebieten. Das Massenmedium Film unterhält, nicht zuletzt im Rückgriff auf immer ausgefeiltere Produktionstechniken, Milliarden von Menschen, während durch die Archivierungstechniken künstlerische Ereignisse zu jeder Zeit und in eindrucksvoller Qualität wiedergegeben werden können. Die medizinische Forschung entdeckte ungeahnte Möglichkeiten, den Menschen im Kampf gegen Krankheit und Tod zu unterstützen. Die Biochemie verzeichnet geradezu revolutionäre Fortschritte im Wissen über die belebte Materie.

Im Zuge dieser Entwicklung wurden Sozial- und Wirtschaftsstrukturen, Werte und gesellschaftliches Selbstverständnis maßgeblich und in bis dahin ungeahnter Geschwindigkeit dem Wandel unterworfen. Zeit und Raum, Grundkategorien des menschlichen Daseins, haben in den „entwickelten" Ländern einen gänzlich anderen Stellenwert als in früheren Epochen.

Viele der „Leistungen" dieses Jahrhunderts haben jedoch auch eine hässliche Kehrseite, bergen sie doch Risiken, die nicht gesehen oder aber ignoriert wurden. Die Erkenntnisse über die Kernspaltung wurden sowohl für die atomare Rüstung genutzt wie für die Kernenergie, in beiden Bereichen mit teils unüberschaubaren Risiken. Der Fortschritt in der chemischen Forschung führte beispielsweise zum Einsatz von Insektiziden in der Landwirtschaft, doch stiegen damit nicht nur die Produktionsmengen – gleichzeitig kam es zur Anreicherung von Giften in der Nahrungskette. Bei vielen Errungenschaften des 20. Jahrhunderts wird sich erst in den kommenden Jahrzehnten erweisen, ob sie Segen oder Fluch der Menschheit sind. Wir sind diesem Jahrhundert noch zu nahe, um es in all seinen Entwicklungen auch nur annähernd erfassen und beurteilen zu können.

Das 21. Jahrhundert beschert uns eine Unzahl offener Fragen und ungelöster Probleme: Welche Mächte werden in Zukunft auf der weltpolitischen Ebene dominieren? Wie wird sich das Bild der Welt, wie werden sich Kultur und Gesellschaft durch die Bevölkerungsexplosion in den ärmeren Ländern verändern? Wie wird die Zerstörung der Umwelt sich auswirken? Welche Konflikte werden weltpolitisch bedeutsam bleiben oder werden? Viele dieser Fragen werden die Historiker erst in einigen Jahrzehnten beantworten können und erst dann wird sichtbar sein, welchen Anteil das 20. Jahrhundert an den künftigen Entwicklungen hat.

Ähnlich wie der Untergang des als unsinkbar geltenden Luxusliners „Titanic“ (1912) symbolisiert auch die Katastrophe des Luftschiffes „Hindenburg“ das Janusgesicht des technischen Fortschritts.
Am 6.5.1937 explodierte der Zeppelin beim Landeanflug auf Lakehurst in New Jersey; 35 Menschen starben, 27 von ihnen hatten versucht, sich durch einen Sprung aus 61 m Höhe zu retten.

1908 Bosnische Krise – Österreich annektiert Bosnien und die Herzegowina.
1911 2. Marokkokrise
1912/13 Balkankrise
1914 28.6. Ermordung des österreichischen Thronfolgers
28.7. österreichische Kriegserklärung an Serbien: Ausbruch des 1. Weltkriegs
1915 Versenkung des Passagierdampfers Lusitania durch die Deutschen
1916 Kampf um Verdun
1917 Kriegseintritt der USA
Rückkehr Lenins nach Russland – Oktoberrevolution
Deutsch-russischer Waffenstillstand
1918 Verkündung der Vierzehn Punkte durch Präsident Wilson.
Waffenstillstand.
Revolution in München.
Flucht des Königs.
Revolution in Berlin.
Abdankung Wilhelms II.
1919/20 Friedensverträge von Versailles, Saint-Germain-en Laye, Neuilly, Trianon, Sèvres
Gründung des Völkerbunds
1921 Konferenz in Paris: Festsetzung der deutschen Reparationen
1922 Vertrag von Rapallo: Verständigung zwischen Deutschland und der Sowjetunion
1923 Besetzung des Ruhrgebiets durch die Franzosen; „passiver Widerstand" der Deutschen
1924 Tod Lenins
1925 Konferenz von Locarno. Deutschland erkennt seine Westgrenzen an.
1927 Erster Nonstop-Atlantikflug durch Charles Lindbergh
Stalin gewinnt Machtkampf um Lenins Nachfolge.
1929 24./25. 10. Börsencrash in New York. Beginn der Weltwirtschaftskrise
1933 30.1. Machtergreifung der Nationalsozialisten in Deutschland
1934 Aufnahme der Sowjetunion in den Völkerbund
1935 Ende des „Langen Marsches" der Roten Armee unter Mao Zedong
1936 Putsch General Francos in Spanien; Beginn des Bürgerkrieges
1937 Japanische Aggressionen gegen China
1938 Anschluss Österreichs an Deutschland
Münchner Abkommen – die Tschechoslowakei muss die sudetendeutschen Gebiete an das Deutsche Reich abtreten.
9./10.11. Reichspogromnacht
1939 Beginn des 2. Weltkriegs durch den Angriff Deutschlands auf Polen
1940 Deutsche Siege über Dänemark, Norwegen, die Niederlande, Belgien, Luxemburg und Frankreich; Großbritannien wehrt sich erfolgreich gegen die deutschen Luftangriffe.
1941 Überfall der deutschen Armee auf die Sowjetunion
Überfall der Japaner auf den amerikanischen Flottenstützpunkt Pearl Harbor auf Hawaii.
1942 Wannseekonferenz in Berlin: Die organisatorische Durchführung der „Endlösung der Judenfrage" wird geklärt.
1943 Schlacht um Stalingrad
Konferenz von Teheran. Die Nachkriegsordnung Europas wird von Roosevelt, Churchill und Stalin in groben Zügen festgelegt.
1944 Vorrücken der Alliierten in Italien
Landung in der Normandie
1945 Kapitulation der deutschen Streitkräfte am 8. Mai
Aufteilung Deutschlands in Besatzungszonen
Gründung der UNO
Kapitulation Japans am 2.9. nach Atombombenabwurf durch die USA
1945 Beginn der Auseinandersetzungen um Indochina
1947 Indien wird unabhängig.
1948 Staatsgründung Israels
Angriffskrieg der arabischen Nachbarn
Währungsreform in den deutschen Westzonen
Blockade Westberlins durch die Sowjetunion
Teilung Koreas
1949 Gründung der NATO
Gründung der Bundesrepublik Deutschland
Gründung der Deutschen Demokratischen Republik
Sieg der Kommunisten in China; Ende des Bürgerkriegs; Ausrufung der Volksrepublik China
1950 Beginn des Korea-Krieges
1953 Tod Stalins
Aufstand in der DDR (17.6.); Niederschlagung durch sowjetische Truppen
1955 Konferenz von Bandung; die blockfreien Staaten fordern Gleichberechtigung und völlige Befreiung von der Kolonialherrschaft.
Die Bundesrepublik wird als souveräner Staat anerkannt und tritt der NATO bei.
1956 Suez-Krise
Der Aufstand in Ungarn wird von sowjetischen Truppen niedergeschlagen.
1957 Gründung der Europäischen Wirtschaftsgemeinschaft (EWG)
1959 Revolutionärer Umsturz in Kuba. Fidel Castro kommt an die Macht.
1960 17 afrikanische Staaten werden unabhängig.
1961 Bau der Berliner Mauer
1962 Kubakrise
1963 Präsident Kennedy wird ermordet.
1965 Entsendung von Truppen der USA nach Vietnam
1967 Sechstagekrieg (5.–10.6.) Israel erobert den Sinai, die Golanhöhen, die Westbank und Gaza.
1968 Einmarsch von Truppen des Warschauer Paktes in der Tschechoslowakei zur Niederschlagung demokratischer Bewegungen (Prager Frühling)

1969 Erste Mondlandung
1972 Nixon besucht China
Unterzeichnung der Ostverträge. Aufnahme der BRD und der DDR in die UNO
1975 Unterzeichnung der KSZE-Schlussakte von Helsinki
1979 Islamische Revolution im Iran; Einmarsch der Sowjetunion in Afghanistan
1985 Gorbatschow wird Parteichef in Morkau; Einleitung des Reformkurses
1989 Beginn der Revolutionen im Ostblock
1990 Die deutsche Einheit: 3.10. Beitritt der DDR zur BRD
1991 Operation „Desert Shield" zur Befreiung des vom Irak besetzten Kuweit
1992 „Ethnische Säuberungen" in Bosnien
1994 In Südafrika wird Nelson Mandela der erste schwarze Präsident des Landes.
1995 Militärische Intervention der NATO in Bosnien-Herzogowina
Ermordung des israelischen Ministerpräsidenten Rabin
1998 Pakistan zündet als erstes islamisches Land eine Atombombe.
1999 NATO-Lufteinsätze gegen Jugoslawien – erst nach 70 Tagen stimmt Slobodan Milošević dem Friedensplan der G-8-Staaten zu.

Literatur

Ulrich Beck: Was ist Globalisierung? Frankfurt/M. 1997

Wolfgang Benz, Hermann Graml (Hg.): Fischer Weltgeschichte. Europa nach dem Zweiten Weltkrieg 1945-1982. Das zwanzigste Jahrhundert II. Frankfurt/M., aktualisierte Ausgabe 1997

Wolfgang Benz, Hermann Graml (Hg.): Fischer Weltgeschichte. Weltprobleme zwischen den Machtblöcken. Das zwanzigste Jahrhundert III. Frankfurt/M., aktualisierte Ausgabe 1997

Wolfgang Benz (Hrsg.): Die Juden in Deutschland 1933–1945. Leben unter nationalsiozialistischer Herrschaft. München 1988

Richard W. Bulliet (Hg.): The Columbia History of the 20th Century. Columbia University Press 1998

Karl Dietrich Bracher: Die Krise Europas seit 1917. Frankfurt/M., aktualisierte Ausgabe 1993

Chronik des 20. Jahrhun derts. Chronik Verlag im Bertelsmann Lexikon Verlag GmbH. Gütersloh 1999

Deutsches Übersee-Institut (Hg.): Jahrbuch Dritte Welt 1991. München 1990

Horst Dippel: Geschichte der USA. 3. Auflage, München 1999

Jürgen Domes, Marie-Luise Näth: Geschichte der Volksrepublik China. Mannheim u.a. 1992

dtv-Atlas Weltgeschichte, Bd. 2. Von der Französischen Revolution bis zur Gegenwart. 33. Auflage, München 1999

Jean-Baptiste Duroselle: Europa. Eine Geschichte seiner Völker. München 1990

Reinhard Elze, Konrad Repgen (Hg.): Studienbuch Geschichte. Eine europäische Weltgeschichte. Bd. 2, Frühe Neuzeit. 19. und 20. Jahrhundert. 5. Auflage, Talheim 1999

Klaus Fröhlich, Jörn Rüsen (Hg.): Menschenrechte im Prozeß der Geschichte. Pfaffenweiler 1990

Eduardo Galeano: Die offenen Adern Lateinamerikas. Wuppertal 1988

Rudolf Hartmann: Geschichte des modernen Japans. Von Meiji bis Heisei. Berlin 1996

Eric Hobsbawm: Das Zeitalter der Extreme. Weltgeschichte des 20. Jahrhunderts. Frankfurt/M. 1996

Manfred Hildermeier: Geschichte der Sowjetunion 1917–1991. München 2001

John Iliffe: Geschichte Afrikas. München 1997

William R. Keylor: The Twentieth Century World. An International History. New York, Oxford 1992

R.A.C. Parker: Fischer Weltgeschichte. Das zwanzigste Jahrhundert I. Europa 1918–1945. Frankfurt/M., aktualisierte Ausgabe 1997

Mark Peel: Kleine Geschichte Australiens. Melbourne 1997

Hagen Schulze: Phoenix Europa. Die Moderne. Von 1740 bis heute. Berlin 1998

Der große Ploetz. Die Daten-Enzyklopädie der Weltgeschichte. Daten, Fakten, Zusammenhänge. Begründet von Dr. Carl Ploetz. Bearbeitet von 80 Fachwissenschaftlern. Freiburg 1998. (32. neu bearb. Auflage)

Reinhard Schulze: Geschichte der islamischen Welt im 20. Jahrhundert. München 1994

J.M. Roberts: The Penguin History of the Twentieth Century. London u.a. 1999

Nicholas Tarling (Hg.): The Cambridge History of Southeast Asia. Bd. 2: The Nineteenth and Twentieth Century. Cambridge 1992

Personen

Länder und Orte

Bildnachweis

AFP, Paris 75
Agence Vu, Paris 164
AKG, Berlin 8 u, 33, 58, 79 u, 97, Umschlagvorderseite u r
Associated Press, Frankfurt 163, 177
Bettmann-Corbis, New York 22, 118, 129, 147, Umschlagrückseite r
Bildarchiv Preußischer Kulturbesitz, Berlin 38 u, Umschlagvorderseite: obere Reihe l, untere Reihe Mitte
Cartomedia, Karlsruhe 12, 16, 20 u, 27, 36, 46, 52, 68, 70, 78, 83, 85, 94, 105, 139, 167, 168, 175
Contact Press Images, New York 176 o
Corbis Sygma, New York 150 u, 156 o, 161 o, 176 u
Corbis, Düsseldorf 92, 146, 152 o, 183,
CTK/Sipa Press, New York 113
Culver Pictures Inc., New York 66 u
David King Collection, London 23, 31
DIZ, München 13, 48 o, 80 u, 137, 138, 165 o
dpa, Frankfurt/M. 42, 149, 158, 165 u, Umschlagvorderseite: untere Reihe l und r
epd, Frankfurt/M. 169
Greenpeace – Keziere 136
Hulton Archive, London 9 u, 26, 30, 32, 33 o, 48 u, 51 o, 60
Imperial War Museum, London 21 o
Interfoto, München 51 u
Jürgens Ost + Europa-Photo, Berlin 154 o
Keystone, Hamburg 62, 69, 116, 156 u
Library of Congress, Washington D.C. 14
Magnum Photos, Paris 57, 77, 100, 103, 126, 154 u
Paul Hahn, laif, Köln 10 o
PhotoFest, New York 35 o
Planet News, New York 53
Popperfoto, Northampton 65, 179, Umschlagvorderseite Mitte o
Reuters, Frankfurt/M. 160, 161 u
Ruhrlandmuseum, Essen 136
Sipa Press, Paris 10 u, 81, 150 o, 151, 152 Mitte, 155
Süddeutscher Verlag Bilderdienst, München 45 o, 50 o, 131, 133
Sygma, Paris 9 o
Time Life, New York 72, 93, 122, 126 o, 145, 146, 170, 171
Ullstein Bilderdienst, Berlin 8 o, 91, 127, 132, 134
UPI, Washington D.C. 41, 50 u, 58, 66 o, 80 o, 88, 98, 106, 108, 110, 121, 123, 130, 157
© VG-Bildkunst, Bonn 2002 33, 35 u

Der Verlag hat sich bemüht, alle Rechteinhaber ausfindig zu machen. Leider ist dies in einigen Fällen nicht gelungen. Berechtigte Ansprüche werden selbstverständlich im Rahmen der üblichen Vereinbarungen abgegolten.